もう一度 高校英文法をひとつひとつわかりやすく。

富岡 恵 著

はじめに

数ある本の中からお選びいただき，ありがとうございます。本書は 2022 年に発刊した「高校英文法をひとつひとつわかりやすく。改訂版」と 2023 年に発刊した「高校英文法・語法をひとつひとつわかりやすく。」の 2 冊の内容に，加筆，修正を加え，コンパクトな 1 冊にまとめたものです。

この本は次のような方のためにつくりました。

- 高校英語の復習をしながら，実践力につなげたい高校生や大学生
- 基本文法から「プラスα」の知識までをおさらいしたい社会人
- 中学英語の次のステップでさらに上達したい学習者のみなさま
- 分厚い文法書にはなかなか手が伸びないが，文法や語法の基本を身につけたい方

このような方々に**すっと理解してもらえて，自信をもって英語を使えるように，英文法と語法の基礎をかみ砕いてひとつひとつ解説しました**。また，旅行や仕事など実践の場でも使える知識や表現が身につく参考書になるよう心がけました。場面を具体的にイメージしていただけるように，イラストも豊富に掲載しました。

本書は見開き 2 ページでひとつの項目を学べます。左ページの解説とイラストでルールや例文をインプットし，右ページの練習問題でアウトプットしながら知識を定着させる仕組みになっています。短時間の勉強時間でもテンポ良く学習できるので，スキマ時間などで英語学習に取り組みたい方にぴったりです。

一度解き終えたあとも「読む・聞く・書く・話す」といったさまざまな方法で，くり返し学習してください。その際には，それぞれの英文が使われる場面や感情を，ぜひ想像してみてください。想像力をフル回転させて取り組めば，英文がしっかり身につき，みなさんが同じような場面に出くわしたときに，きっとその英文が活きてくるはずです。

英語の文法や語法は日本語と大きく異なります。ですので，一度で理解して覚えるのがむずかしいのは当然のことです。**反復練習を重ねることで身につくものですから，どうぞ焦らずにわかりにくいところは何度もくり返し解説を読んだり，問題を解いたり，音声に合わせて英文を音読したりして，勉強を進めてください**。新しいことを知って，理解して，自分で使えるようになるのは，本当に面白く有意義なことです。本書が英語学習に取り組むみなさまのお役に立てば，著者として大変光栄です。

富岡恵

本書の使い方

「読んで，書き込んで，聞いて，話す」学習法！

1. 左ページの説明を読んで，右ページの書き込み式 EXERCISE（練習問題）に取り組みましょう。
書き込みやすいように，**開きやすい製本**になっています。
「パッと Speak!」の問題では，**自分の視点**で描かれたイラストで，「こんな場面ではどう言う？」という実践的な英会話の練習ができます。
2. 別冊解答を使って答え合わせをしましょう。
3. 答え合わせが終わったら，音声を聞いて，話す練習をしましょう。

音声の聞き方は3通り。自分のスタイルで選べる！

1 二次元コードで聞く

各ページの二次元コードを読み取ることで，インターネットに接続されたスマートフォンやタブレットで再生できます。（通信料はお客様のご負担になります。）

2 アプリで聞く

音声再生アプリ「my-oto-mo（マイオトモ）」に対応しています。下のURL からダウンロードしてください。

https://gakken-ep.jp/extra/myotomo/

アプリは無料ですが，通信料はお客様のご負担になります。パソコンからはご利用になれません。

スマホなら2種類の音声で学べる！

1 発音練習用音声

EXERCISE と「復習タイム」の英文のみの音声です。

2 スピーキング・トレーニング用音声（和→英）

テキストなしでいつでも・どこでも音声だけで復習できるような特典音声を用意しました。

右ページの問題を「日本語訳→ポーズ→英語→ポーズ」の順で読んでいます。**日本語を聞いてパッと英語で言う練習***をしましょう。

（*復習タイムには対応していません。）

3 パソコンにダウンロードして聞く

下記 URL のページ下部のタイトル一覧から，『高校英文法をもう一度ひとつひとつわかりやすく。』を選択すると，MP3 音声ファイルをダウンロードできます。

https://gakken-ep.jp/extra/myotomo/

ダウンロード音声のトラック番号

001

本書は，高校生向け参考書『高校英文法をひとつひとつわかりやすく。改訂版』『高校英文法・語法をひとつひとつわかりやすく。』の２冊の内容を１冊にまとめ，英語の学び直し用として加筆・修正して再構成したものです。

・学習項目を学び直し用に再構成しています。
・問題を追加したり，大人向けに一部の英文を変更したりしています。
・「基礎ができたら，もっとくわしく」や「Column」など，大人向けのコラムを追加しています。

CONTENTS

CHAPTER 09
その他の重要文法

CHAPTER 10
動詞

「解答例と解説」は，答え合わせがしやすいように別冊になっています。
外してお使いください。

英語の基本ルール

本編に入る前に，高校英文法の勉強を進めていく上で基本となる用語やルールを確認しておきましょう。はじめから読んでもいいですし，わからない部分があればそこだけ読んでもかまいません。また，本書を読んでいて，基本ルールがわからなくなったら，ここに戻って確認しましょう。

英語の文をつくるパーツ

文が「完成品」だとすると，単語は文をつくるための「パーツ」にあたります。その単語はそれぞれの役割に応じて，次の10種類に分類されます。これを「品詞（ひんし）」といいます。

①名詞（めいし）：人やもの，ことの名前を表す語です。

②動詞（どうし）：「～する」「～である」のように動作や状態を表す語です。

③形容詞（けいようし）：人やもの，ことの様子や状態を表す語です。名詞や代名詞を修飾します。「修飾」とは飾ること，つまり情報をプラスして，くわしく説明するということです。

④副詞（ふくし）：動詞・形容詞・ほかの副詞を修飾する語です。「程度・頻度」「様子」などの情報をプラスします。

⑤代名詞：名詞の代わりに使う語です。

「あれ，これ」と指で示すときに使う「指示代名詞」(this，that など）や，人をさすときに使う「人称代名詞」(I，you，we など）などがあります。

⑥冠詞：名詞の前につく語です。名詞のアタマ（前）に「冠」のようにつく語だと覚えましょう。

冠詞には「不定冠詞」と呼ばれる a[an] と「定冠詞」と呼ばれる the があります。後ろに発音が母音（a/i/u/e/o の音）ではじまる単語がくる場合には，**a は an** になります。

不定冠詞 a[an] は「どれでもいいひとつ」(不特定）を表します。the は会話をしているメンバーの中で「これ！」と決まっている（特定）ことを表します。

⑦助動詞：動詞の前に置かれ，話し手の気持ちや判断を付け加える語です。

例 will（～だろう)，can（～できる)，may（～かもしれない)，should（～すべきだ）

⑧前置詞：文字どおり，名詞や代名詞の「前に置かれる語」のことです。名詞や代名詞とセットになって，「時間」「場所」「方向」などを表します。

⑨接続詞：単語と単語，文と文などをつなげる働きをする語です。

接続詞には等位接続詞と従属接続詞があります。

・**等位接続詞**：単語と単語，文と文などを**対等な関係**でつなげる働きをする接続詞。

例 and（～と…)，but（しかし)，or（または）

・**従属接続詞**：名詞や副詞などの役割をするカタマリをつくる接続詞。従属接続詞がつくるカタマリは「従属節」と呼ばれ，メインの節（主節）に情報をプラスする働きをします。

例 that（～ということ)，when（～のとき)，while（～するあいだに）

⑩間投詞：驚きや喜びなどの感情や，呼びかけなどを表す語です。

例 oh（おお)，hi（やあ)，wow（うわあ）

単語の役割に関する用語

単語は文の中でさまざまな役割を果たします。ここでは単語の役割を表す用語をまとめておきます。

●主語：「～は」「～が」という動作をする人やものを表す単語です。主語になるのは名詞や代名詞です。

●述語動詞：主語の後ろに続いて，「～する」（動作）「～である」（状態）などの意味を表す単語です。

●目的語：他動詞や前置詞の後ろに置いて，動作の対象を表す単語。目的語になるのは名詞や代名詞です。

●補語：主語や目的語に説明を補う単語です。補語になるのは名詞や形容詞です。

●修飾語：文や語句を「飾る」単語，つまり情報をプラスする単語ということです。形容詞や副詞などが修飾語にあたります。

単語のカタマリに関する用語

主語と動詞を含み，ピリオド（.）やクエスチョンマーク（？）で終わるものを「文」といいます。「文」よりも小さな単語のカタマリとして「句」と「節」と呼ばれるものがあります。

●句：〈主語＋動詞〉を含まない，２語以上の単語からできているカタマリのことです。句は名詞，形容詞，副詞の働きをします。

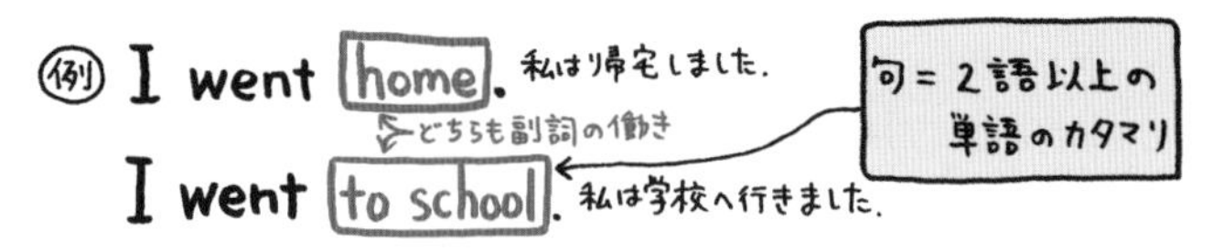

●節：〈主語＋動詞〉を含む，２語以上の単語からできているカタマリのことです。節は名詞，形容詞，副詞などの働きをします。

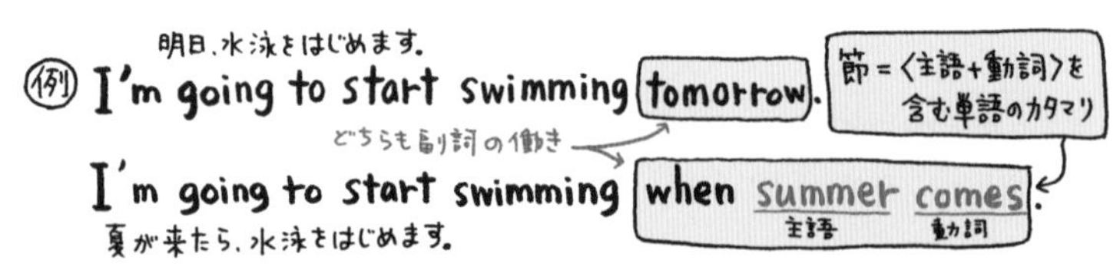

名詞の種類

英語では，名詞が「数えられるか，数えられないか」ということが強く意識され，「可算(かさん)名詞」と「不可算(ふかさん)名詞」の２種類に分けられます。

●可算名詞：「１つ，２つ…」と数えられる名詞のことです。

可算名詞には単数（１つ［１人］）を表す形（単数形(たんすうけい)）と，複数（２つ［２人］以上）を表す形（複数形(ふくすうけい)）があります。単数のときは名詞の前に a[an] を置き，複数のときは名詞の語尾に s[es] をつけます。名詞の複数形のつくり方も確認しておきましょう。

基本のルール	語尾に s をつける。 例 book (本) → books, dog (犬) → dogs
s,o,x,ch,sh で終わる名詞	語尾に es をつける※。 例 class (クラス) → classes, box (箱) → boxes
〈a,i,u,e,o 以外の文字（子音字）+y〉で終わる名詞	語尾の y を i にかえて，es をつける。 例 country (国) → countries, city (都市) → cities
f,fe で終わる名詞	語尾の f,fe を v にかえて，es をつける。 例 leaf (葉) → leaves, life (生命) → lives
不規則変化	man (男性) → men, woman (女性) → women, child (子ども) → children などのように不規則に変化する。

※ o で終わる名詞でも，s をつけるだけのものもあります（例：piano → pianos）。

●不可算名詞：**具体的な形をもたない名詞（love（愛），happiness（幸せ）など）や液体や素材・材料（water（水），bread（パン），sugar（砂糖），paper（紙）など）を表す名詞です。**

不可算名詞には a[an] はつきません。また，複数形にもしません。some（いくらかの）や a lot of（たくさんの）などをつけて量を表すことや，容器や単位などを用いて数えることができます。

代名詞の種類

ここでは「指示代名詞」と「人称代名詞」について説明します。

指示代名詞には，近くのものを指さすときに使う this（これ），these（これら）と，遠くのものを指さすときに使う that（あれ），those（あれら）があります。

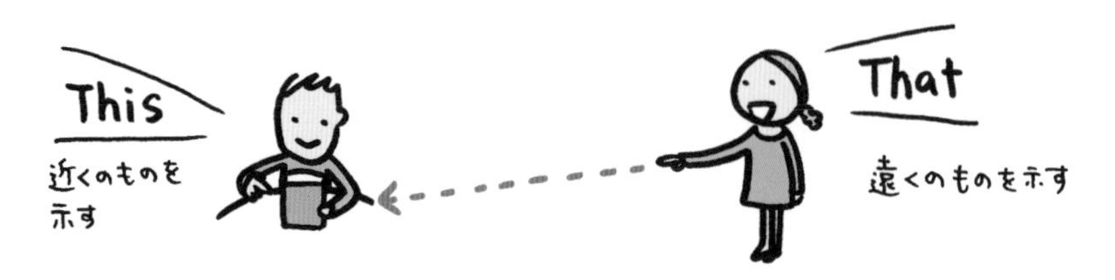

指示代名詞は単独で使われるほか，名詞の前に置かれることもあります。

例 **this** book（この本），**those** cups（あれらのカップ）

次に人称代名詞について，くわしく見ていきましょう。人称代名詞は文中での働きによって，下の表のように形が変わります。

- **主格**（しゅかく）：「～は[が]」という意味で，文の主語になるもの。
- **所有格**（しょゆうかく）：「～の」という意味で，名詞の前に置いて，所有者（持ち主）を表すもの。
- **目的格**（もくてきかく）：「～を[に]」という意味で，動詞や前置詞などの後ろに置き，目的語になるもの。
- **所有代名詞**（しょゆうだいめいし）：「～のもの」という意味で，所有格と名詞を合わせた形。
- **再帰代名詞**（さいきだいめいし）：-self[-selves] の形で，「～自身」という意味を表す代名詞。

	主格「～は[が]」	所有格「～の」	目的格「～を[に]」	所有代名詞「～のもの」	再帰代名詞「～自身」
私	I	my	me	mine	myself
あなた	you	your	you	yours	yourself
彼女	she	her	her	hers	herself
彼	he	his	him	his	himself
それ	it	its	it	–	itself
私たち	we	our	us	ours	ourselves
あなたたち	you	your	you	yours	yourselves
彼[彼女]ら	they	their	them	theirs	themselves

※ it は人ではなく「それ」という意味で，人以外の生き物やものをさします。また，時間・天候・距離を表すときに，主語として使うこともあります。

動詞の種類

動詞は文の形を決定する重要な働きをします。高校英語で学習する「文型(ぶんけい)」を理解する上で，欠かすことのできない品詞です。種類や意味をしっかり押さえておきましょう。

英語の動詞は，「be(ビー)動詞」と「一般動詞」の２種類に分けられます。am，is，are が be 動詞で，それ以外の動詞が一般動詞です。

be 動詞は，その前後にくる名詞を「イコール（＝）」でつなぎ，「A＝B」という状態を表します。

一般動詞は，主に「～する」という動作を表します。「自動詞(じどうし)」と「他動詞(たどうし)」に分けられます。

自動詞は「歩く」，「住んでいる」などの完結した動作や状態を表す動詞で，直後に人やものなどを表す**名詞（目的語）を必要としません。**

他動詞は「…を～する」という意味を表します。動詞のあとに，動作の対象となる人やものなどを表す**名詞（目的語）を置く必要があります。**

主述の一致と3単現のs

英語には主語の形に合わせて，動詞の形を変える「主述の一致」というルールがあります。このルールをマスターするためには，名詞の「数」と「人称」を押さえておく必要があります。

名詞の数は「名詞の種類」で説明した「単数」と「複数」のちがいです（→ p.13）。

「人称」には，「1人称」「2人称」「3人称」の3つの種類があります。

「1人称」は「私」(I)，「私たち」(we)という話し手(自分)自身をさす語です。

「2人称」は「あなた(たち)」(you) という話の相手をさす語です。

「3人称」は話し手(自分)と相手以外をさす語です。he(彼)，she(彼女)，Jim(ジム) など人を表す語のほか，**ものや動物などもすべて3人称**です。

特に主語が「3人称単数」で「現在形」の場合，**一般動詞の語尾にs（3単現のs）をつける**というルールがあります。ここでは，3単現のsのつけ方のルールを確認しておきましょう。

基本のルール	語尾にsをつける。 例 come（来る）→ comes,　like（好き）→ likes
s,o,x,ch,shで終わる動詞	語尾にesをつける。 例 do（する）→ does,　catch（つかむ）→ catches
〈a,i,u,e,o以外の文字（子音字）+y〉で終わる動詞	語尾のyをiにかえて，esをつける。 例 carry（運ぶ）→ carries,　try（努力する）→ tries
特別な変化	have（もっている）→ has

一般動詞の過去形・過去分詞

英語では動詞の形を変えて，さまざまなことを表現します。「〜した」「〜だった」のように過去のことを言うときには，動詞を過去形に変えます。高校英語で頻繁に登場する「過去分詞」も過去形と同じルールにしたがって活用します。一般動詞の過去形，過去分詞の活用のルールをセットでマスターしましょう。

過去形・過去分詞の変化のルールには「規則変化」と「不規則変化」の２種類があります。多くの場合は，語尾に ed をつけるというルールにしたがった規則変化をします。このような動詞は規則動詞と呼ばれます。ただし，語尾の形により ed のつけ方に注意が必要なものがあります。その規則変化のルールを確認しておきましょう。

基本のルール	語尾に **ed** をつける。 例 play（する）→ play**ed**，help（助ける）→ help**ed**
e で終わる動詞	語尾に **d** だけをつける。 例 use（使う）→ use**d**，live（住む）→ live**d**
〈a,i,u,e,o 以外の文字（子音字）＋y〉で終わる動詞	語尾の y を i にかえて，**ed** をつける。 例 study（勉強する）→ stud**ied**，carry（運ぶ）→ carr**ied**
〈子音字＋アクセントのある母音字＋子音字〉で終わる動詞	語尾の子音字を重ねて **ed** をつける。 例 stop（止まる）→ sto**pped**，drop（落ちる）→ dro**pped**

このほかに，上のルールにはしたがわず，不規則に変化する動詞があります。このような動詞を不規則動詞といいます。

主な不規則動詞
過去形 過去分詞
speak（話す）- spoke - spoken
see（見える）- saw - seen
give（与える）- gave - given
do（する）- did - done
eat（食べる）- ate - eaten
come（来る）- came - come
過去形 過去分詞
write（書く）- wrote - written
know（知っている）- knew - known
take（取る）- took - taken
break（こわす）- broke - broken
go（行く）- went - gone
become（〜になる）- became - become

巻末（p.298 〜）に不規則動詞の語形変化一覧もあるのであわせてチェックしましょう。

一般動詞のing形

3単現のsや過去形・過去分詞と並んで，大切な動詞の変化にing形があります。be動詞と結びついた〈be動詞+動詞のing形〉で「現在進行形(げんざいしんこうけい)」(→ p.054）を表すなど，動詞のing形も文中でさまざまな役割を果たします。一般動詞のing形の活用ルールを確認しておきましょう。

基本のルール	語尾にingをつける。 例 walk（歩く）→ walk**ing**, go（行く）→ go**ing**
eで終わる動詞	eをとってingをつける。 例 come（来る）→ com**ing**, use（使う）→ us**ing**
〈子音字+アクセントのある母音字+子音字〉で終わる動詞	最後の子音字を重ねてingをつける。 例 run（走る）→ run**ning**, swim（泳ぐ）→ swim**ming**
ieで終わる動詞	ieをyにかえて，ingをつける。 例 die（死ぬ）→ d**ying**, lie（嘘(うそ)をつく）→ l**ying**

be動詞の活用

ここまで一般動詞の活用を見てきましたが，be動詞も主語の数，時制などに応じて，さまざまな形に変化します。ここでbe動詞の活用についてもまとめておきましょう。

<table>
<tr><th colspan="2">主語</th><th>原形</th><th>現在形</th><th>過去形</th><th>過去分詞</th><th>ing形</th></tr>
<tr><td rowspan="2"></td><td>I</td><td rowspan="11">be</td><td>am</td><td>was</td><td rowspan="11">been</td><td rowspan="11">being</td></tr>
<tr><td>You</td><td>are</td><td>were</td></tr>
<tr><td rowspan="6">単数</td><td>John</td><td rowspan="6">is</td><td rowspan="6">was</td></tr>
<tr><td>That house</td></tr>
<tr><td>He</td></tr>
<tr><td>She</td></tr>
<tr><td>This</td></tr>
<tr><td>That</td></tr>
<tr><td rowspan="3">複数</td><td>John and Paul</td><td rowspan="3">are</td><td rowspan="3">were</td></tr>
<tr><td>We</td></tr>
<tr><td>They</td></tr>
</table>

文の種類

英語の文には，①肯定文，②否定文，③疑問文，④命令文，⑤感嘆文の５つの種類があります。肯定文と否定文をあわせて「平叙文」と呼ぶこともあります。

①肯定文：「～だ」「～です」という意味を表す文です。

②否定文：「～ではない」「～しない」という意味を表す文です。否定文では主に not が使われます。

③疑問文：「～ですか？」と会話の相手に質問をする文です。

疑問文には相手に Yes か No をたずねる「Yes/No 疑問文」と，疑問詞を使って相手に具体的な情報をたずねる「疑問詞疑問文」の２つがあります。

疑問文	Are you Japanese?	あなたは日本人ですか？
	Do you like cats?	あなたはネコが好きですか？
疑問詞疑問文	What do you like?	あなたは何が好きですか？

④命令文：「～しなさい」という命令や「～するな」という禁止を表す文です。

命令を表す文は動詞の原形（s などがつかない動詞そのままの形）で文を始めます。禁止を表す文は命令を表す文の前に Don't を入れた〈Don't ＋動詞の原形〉で文を始めます。

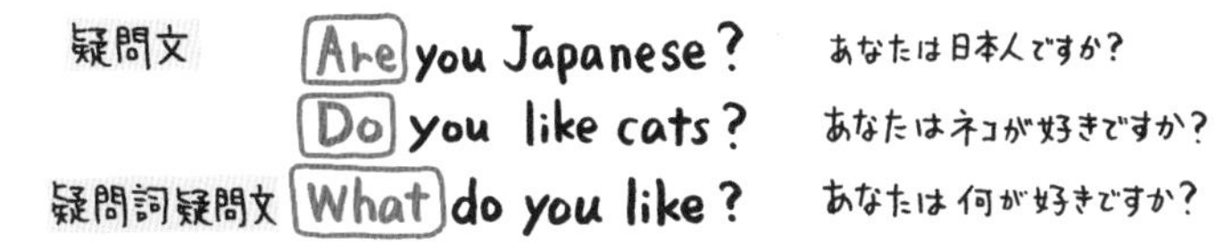

⑤感嘆文：「なんと～なんだろう」のように，驚きや感動を表す文です。

〈形容詞＋名詞〉を強調するときは〈What ＋（a［an］）＋形容詞＋名詞＋主語＋動詞！〉，形容詞や副詞を強調するときは〈How ＋形容詞［副詞］＋主語＋動詞！〉を使います。

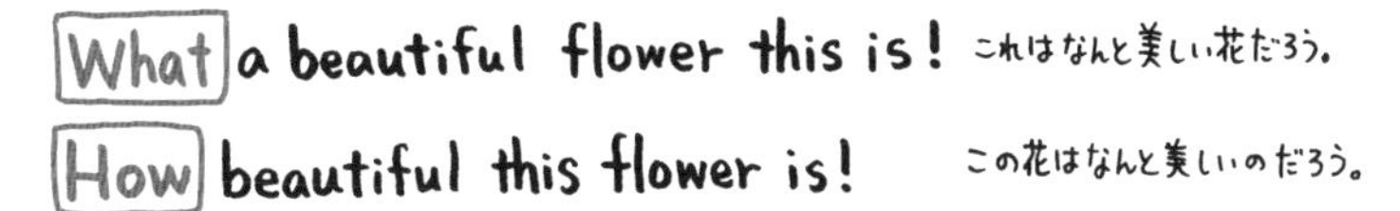

否定文のつくり方

否定文は be 動詞の文か，一般動詞の文かによってつくり方がちがいます。

be 動詞の場合は，be 動詞（am, is, are, was, were）のあとに **not** を入れれば否定文になります。be 動詞を含む文の否定文は，このつくり方が基本になるのでしっかり覚えておきましょう。

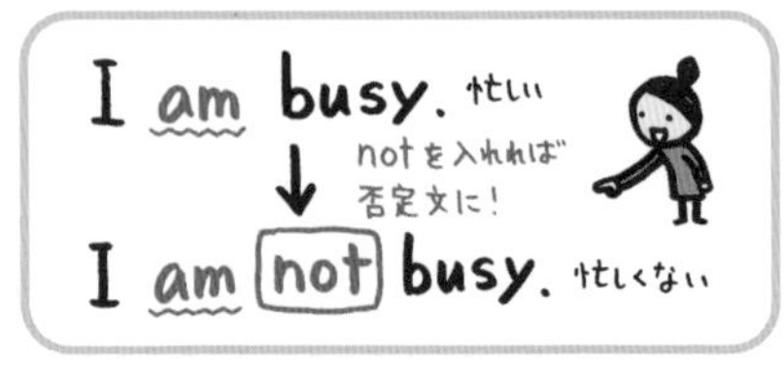

一般動詞の場合は，動詞の前に **do not**（短縮形は **don't**）を入れれば否定文になります。ただし，主語が 3 人称単数のときは do に 3 単現の s をつけた **does** を使い，**does not**（短縮形は **doesn't**）を入れます。一般動詞の否定文では動詞の形はいつも原形です。

過去の文では，don't[doesn't] のかわりに，**did not**（短縮形は **didn't**）を使えば OK です。

疑問文のつくり方

疑問文も否定文と同じように，be 動詞の文と一般動詞の文とでつくり方がちがいます。

be 動詞の場合は，be 動詞と主語を入れかえて，**be 動詞で文を始める**と疑問文になります。be 動詞を含む文の疑問文は，このつくり方が基本になるのでしっかり覚えておきましょう。

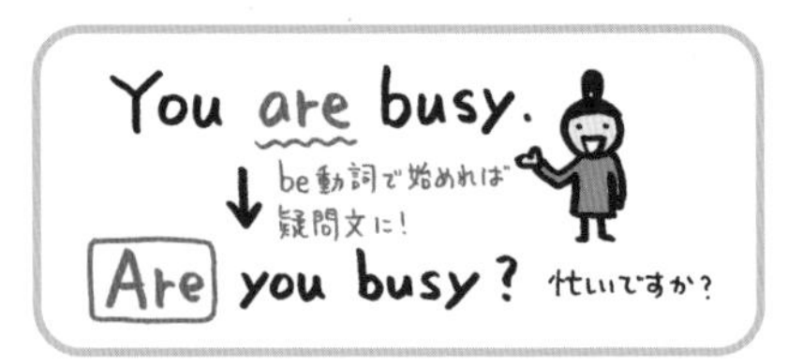

一般動詞の場合，文の最初に **Do** か **Does** を置くと疑問文になります。〈Do[Does]＋主語＋動詞～？〉という語順になります。疑問文でも動詞の形はいつも原形です。

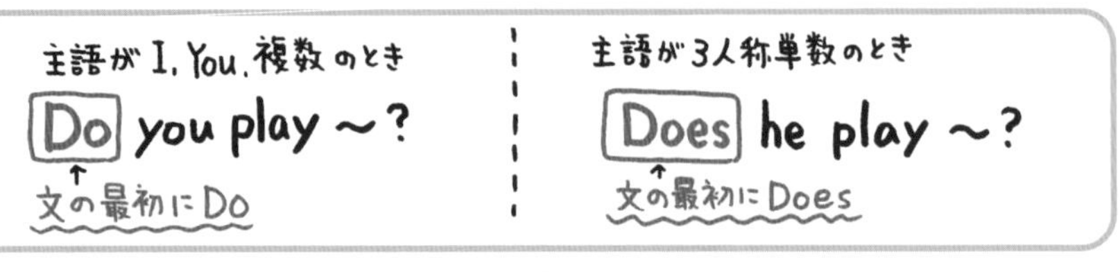

過去の文では，Do[Does] のかわりに，**Did** を使えば OK です。

疑問詞のまとめ

「何」「だれ」「どこ」「いつ」「なぜ」など，自分がわからないことを相手にたずねる際に使う語を疑問詞といいます。

ここでは，基本的な疑問詞とその意味をまとめます。疑問詞は疑問文をつくる以外にも，さまざまな形で使われるものなので，ここでしっかり押さえておきましょう。

疑問詞と意味	例
what（何）	What is this?（これは何ですか？）
who（だれ）	Who is she?（彼女はだれですか？）
which（どちら，どの）	Which is your pen?（どちらがあなたのペンですか？）
whose（だれの，だれのもの）	Whose car is this?（これはだれの車ですか？）
when（いつ）	When is your birthday?（誕生日はいつですか？）
where（どこ）	Where are you going?（あなたはどこに行くところですか？）
why（なぜ）	Why are you angry?（あなたはなぜ怒っているのですか？）
how（どのように）	How do you come to school?（どうやって学校に来ていますか？）

疑問詞がほかの単語とセットになって，1つの疑問詞のような役割をすることがあります。その代表的なものについてもまとめておきます。

疑問詞と意味	例
what kind of ～（どんな種類の）	What kind of movie did you see?（どんな映画を見ましたか？）
what time（何時）	What time is it now?（今何時ですか？）
how old（何歳の）	How old are you?（あなたは何歳ですか？）
how long（どれくらいの長さの）	How long is this movie?（この映画はどのくらいの長さですか？）
how many（いくつの）数	How many books do you have?（あなたは何冊の本を持っていますか？）
how much（いくらの，どれくらいの）値段 量	How much is this?（これはいくらですか？）

英語学習のアドバイス

「読む」「聞く」「書く」「話す」の４つのスキルをフル活用しよう！

テキストを開いてじーっと読むだけではなく，インプット＝「読む」「聞く」＋アウトプット＝「書く」「話す」という４つのスキルの練習を組み込みましょう。**いろんな感覚を使うことで，記憶にどんどん定着していきます。**また，自分で書けるようになると，読みやすくなります。自分で話せるようになると，聞きやすくなります。

「使える」ようになるまでくり返しトレーニングしよう！

一度「わかった！」と思っても，実際に「使える」ようになるには，練習をくり返すことが不可欠です。**一度取り組んだ項目でも，何度もおさらいすることでさらに定着していきます。**本書に掲載されている例文や練習問題を，何も見ずに言えたり書けたりできるようにするのを目標に，反復練習する心持ちと環境を整えましょう。

「英語を学び直す」という価値ある体験を楽しんで！

みなさんご自身が「やりやすい」「面白い」「楽しい」と感じるように取り組んでみてください。楽しく続けられる方法を見つけるのが上達への第一歩。**英語という外国語を理解しようとすることで，自分の外側も内側も，世界や視野が広がります。**

本書に掲載している Coffee Break や Column でも勉強方法について書いているのでぜひ，今後の学習の参考にしてください。

このテキストに取り組むことを通して「英語学習」という有意義な体験が，さらに面白いものになりますように！

CHAPTER

01

英文をつくる５つの「型」＝文型を学びます。

「型」を知れば，文が理解しやすくなり，

作文もしやすくなります。

LESSON 01

第１文型(SV)の文

基本文型①/Sentence pattern 1: SV

「私は走ります」「あなたは泳ぎます」など，主語と動詞で成り立つ文型を**第１文型**といいます。この文型は，「走る」「泳ぐ」「住んでいる」など**主語の動作や状態**を表します。

英語で「主語」は Subject，「動詞」は Verb ということから，それぞれの頭文字をとって，主語を S，動詞を V と表すことがあります。SV の第１文型で使う動詞は**自動詞**です。

第１文型の文では多くの場合，「いつ」「どこで」「どうやって」「何に対して」のことかを，くわしく示すために，SV の後ろに時や場所，方向などを表す表現がプラスされます。

また，be 動詞を使った第１文型に場所の情報をプラスして，ものの位置を表せます。

EXERCISE

答えは別冊2ページ
答え合わせが終わったら，音声に合わせて英文を音読しましょう。

1 （　　）内の指示にしたがって，書きかえましょう。

1 I work for twelve hours a day. （否定文に）

2 We go to the station at 9 in the morning.
（We を you に変えて疑問文に）

3 Does he come to the office on Monday? （肯定文に）

4 They usually sleep here. （疑問文に）

2 （　　）内の語を並べかえて，英文を完成させましょう。

1 あなたは友達とよく話しますか？
(do / friends / talk / often / to / your / you)?

?

2 そのドアは静かに閉まります。
(door / the / quietly / closes).

.

静かに：quietly

3 彼女は朝5時に起きます。
(at / morning / gets / in / up / she / five / the).

.

4 私のネコたちはすばやく動きません。
(don’t / my / quickly / move / cats).

.

LESSON 02 第２文型(SVC)の文

基本文型②/Sentence pattern 2: SVC

主語と動詞の後ろに補語(ほご)を置く文型を**第２文型**といいます。「私は幸せです」「私は教師です」など，**主語の名前や状態などを説明する**際に使う文型です。補語は「説明を補う語」という意味です。英語で「補語」は Complement ということから，その頭文字をとってＣと表すことがあります。形容詞や名詞が補語として使われます。

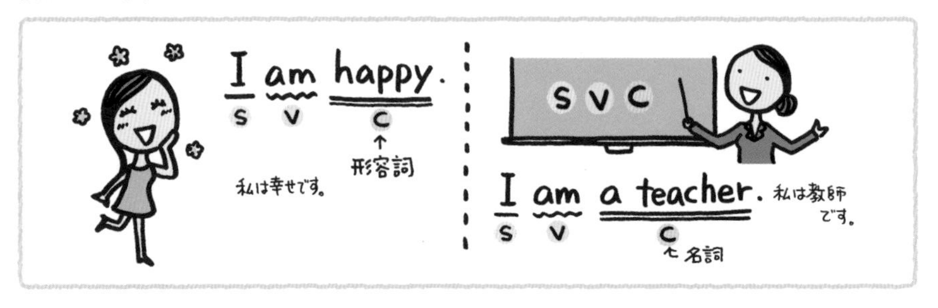

第２文型では，主語（Ｓ）と補語（Ｃ）のあいだに「**Ｓ＝Ｃ**」というイコールの関係が成り立ちます。動詞の後ろに主語の名前や性質などを表す語がきて，「Ｓ＝Ｃ」というイコールの関係になっていれば，その文は第２文型です。

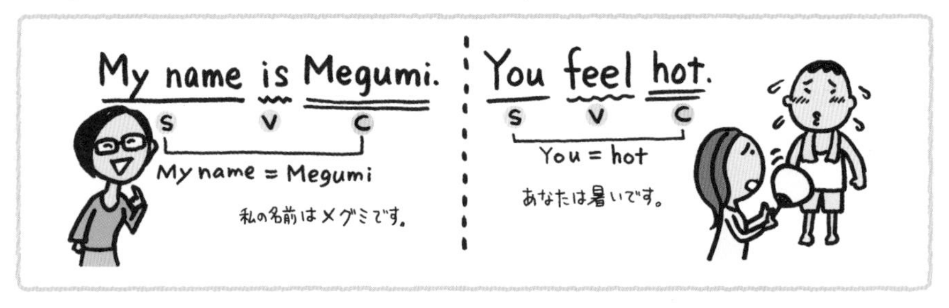

第２文型をつくる動詞には，上の例文にある be 動詞のほか，**「状態（～である）」**，**「変化（～になる）」**，**「様子（～のようだ）」**，**「知覚（～と感じる）」** などを表す自動詞があります。

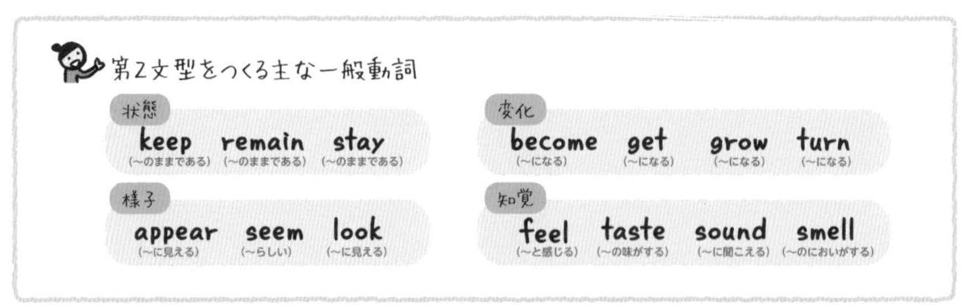

EXERCISE

答えは別冊2ページ
答え合わせが終わったら，音声に合わせて英文を音読しましょう。

（　　）内の語を並べかえて，英文を完成させましょう。

1 あなたは健康です。
(are / healthy / you).

________________.

2 彼女はいつも穏やかです。
(is / she / calm / always).

________________.

3 彼は悲しそうですか？
(does / look / sad / he)?

________________?

4 彼らは怒っていないようです。
(don't / seem / they / angry).

________________.

5 私たちはバスケットボールの選手です。
(players / we / basketball / are).

________________.

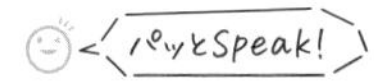

ふきだしの内容を英語で表しましょう。

動詞 look を使って，トムとジョンの様子を説明しましょう。

トムとジョンはとても
興奮しているようです。

LESSON 03

第３文型(SVO)の文

基本文型③/Sentence pattern 3: SVO

「私はあなたを愛しています」「私はスマートフォンをもっています」など，主語と動詞と目的語で成り立つ文型を**第３文型**といいます。この文型は，「〈主語〉が…に～する」という意味をもち，**主語の動作がほかの人やものに何らかの影響を与える**ことを示します。

目的語とは動作の対象となる人やもののことです。英語で「目的語」はObjectなので，その頭文字をとってＯと表すことがあります。SVOの第３文型で使う動詞は**他動詞**です。

第３文型は動詞のあとに名詞が置かれるので，第２文型と形がよく似ています。しかし，第２文型の「Ｓ＝Ｃ」という特徴（→ p.026）を使えば，簡単に見分けられます。つまり，動詞の後ろにくる名詞が主語とはちがう性質のもの（S≠O）であれば，その文は第３文型だということです。

EXERCISE

答えは別冊2ページ
答え合わせが終わったら，音声に合わせて英文を音読しましょう。

1 日本語を参考にして，英文の（　　）に適切な語を入れましょう。

1 彼女は自分のネコが大好きです。
She (　　　　　) her (　　　　　).

2 私は毎週火曜日にサッカーをします。
I (　　　　　) soccer every (　　　　　).

3 私の兄は朝食を食べません。
My (　　　　　)(　　　　　) eat breakfast.

4 彼の同僚は彼を助けますか？
(　　　　　) his colleague (　　　　　) him?

2 （　　）内の語を並べかえて，英文を完成させましょう。

1 私たちはたくさんのコンピューターをもっています。
(have / we / a / of / computers / lot).

________________________________.

2 私のおじさんは犬がとても好きです。
(uncle / very / likes / my / dogs / much).

________________________________.

3 彼らはブラックコーヒーを飲みません。
(drink / they / black / don't / coffee).

________________________________.

4 あなたのお父さんはよく食べますか？
(does / eat / father / a / your / lot)?

________________________________?

LESSON 04 第4文型(SVOO)の文

基本文型④/Sentence pattern 4: SVOO

「私は彼にプレゼントをあげました」「父は私にコンピューターを買ってくれました」など，**「人にものを与える」**という意味を表すときに用いるのが**第4文型**です。

主語と動詞の後ろに「与える相手」を示す目的語と，「与えるもの」を示す目的語という2つの目的語を置くのが特徴です。SVOO の第4文型で使う動詞は**他動詞**です。

2つある目的語は**「与える相手→与えるもの」の順番に並べる**のが基本です。

動詞直後の「与える相手」を表す目的語は「**間接目的語**」Indirect Object と呼ばれ，頭文字をとって IO，その後の「与えるもの」を表す目的語は「**直接目的語**」Direct Object と呼ばれ，頭文字をとって DO と表されることがあります。

第4文型の文は，第3文型の文に書きかえられます。第4文型を使うと，「人に与える」イメージが鮮明です。第3文型を使うと，ものに焦点が当たり，ものが人に届いたかはあいまいになります。

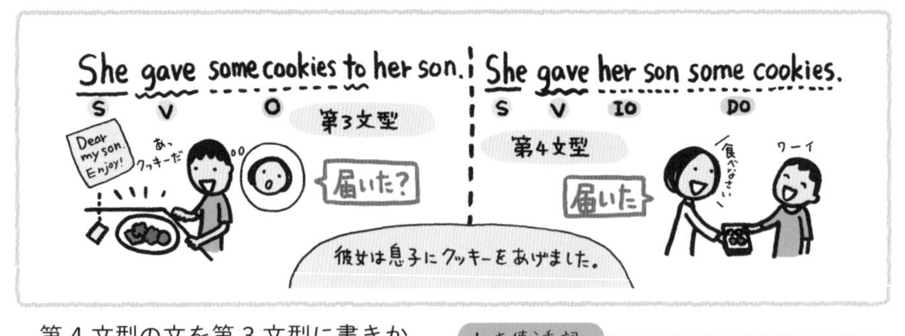

第4文型の文を第3文型に書きかえる際には前置詞の **to** か **for** が使われます。どちらを使うかは動詞によって決まっています。

to を使う動詞

give (与える)　**teach** (教える)　**tell** (伝える)
send (送る)　**show** (見せる)

for を使う動詞

buy (買う)　**make** (つくる)　**find** (見つける)
get (得る)　**choose** (選ぶ)

EXERCISE

答えは別冊2ページ
答え合わせが終わったら，音声に合わせて英文を音読しましょう。

1　（　　）内の指示にしたがって，書きかえましょう。

1　He buys his mother flowers on her birthday.（疑問文に）

2　I buy my wife a muffin every morning.（否定文に）

3　She doesn't make him breakfast.（肯定文に）

4　My son shows me his test scores.（第３文型の文に）

score：点

2　（　　）内の語を並べかえて，英文を完成させましょう。

1　駅までの道を教えてください。
（tell / station / me / the / to / way / please / the）.

.

2　彼らはあなたに彼らの部屋の鍵をあげました。（第４文型で）
（you / key / their / they / room / to / a / gave）.

.

3　私はいとこにメールを送りました。
（e-mail / my / I / sent / an / cousin / to）.

.

いとこ：cousin

4　あなたは彼に質問しましたか？
（you / questions / did / any / him / ask）?

?

LESSON 05 第5文型(SVOC)の文

基本文型⑤/Sentence pattern 5: SVOC

主語（S）と動詞（V）の後ろに，目的語（O）と補語（C）を置くSVOCの形の文を**第5文型**といいます。

「彼女は私を幸せにします」「私たちは彼女をスーパースターと呼びます」などのように**「SがOをCにする」**という意味を表す際に使います。第5文型で使う動詞は**他動詞**ですが，この文型をつくれる動詞は限られています。

第5文型には**「目的語（O）＝補語（C）」**になるという特徴があります。この「イコール」の関係が成り立つかどうかで，第4文型と見分けることができます。

第5文型をつくる主な動詞を意味ごとにまとめると，次のようになります。

EXERCISE

答えは別冊3ページ
答え合わせが終わったら，音声に合わせて英文を音読しましょう。

1 日本語を参考にして，英文の（　　）に適切な語を入れましょう。

1 私をメグと呼んでください。
Please (　　　　)(　　　　) Meg.

2 彼らは自分たちの馬をスマイリーと名付けました。
They (　　　　)(　　　　) horse Smiley.

3 私はそれがむずかしいとは思いません。
I don't (　　　　) it (　　　　).

4 彼はあなたを幸せにしますか？
(　　　　) he (　　　　) you happy?

2 （　　）内の語を並べかえて，英文を完成させましょう。

1 音楽は赤ちゃんを静かなままにします。
(baby / keeps / quiet / music / the).

-- .

2 ジェットコースターは私を興奮させます。
(roller / me / make / excited / coasters).

-- .

3 彼は自分の部屋を散らかったままにしません。
(his / leave / doesn't / room / he / messy).

-- .

散らかっている：messy

4 彼らはそれをおもしろいと思うでしょうか？
(it / they / find / do / interesting)?

-- ?

復習タイム

CHAPTER 01　基本文型

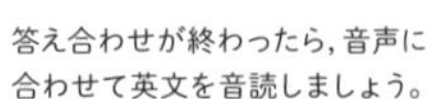

→答えは別冊3ページ

答え合わせが終わったら，音声に合わせて英文を音読しましょう。

006

1 **次の英文の（　　）に入れるのに最も適切なものを，それぞれ下の①～④のうちから１つずつ選びましょう。**

1）She (　　　　　) her husband Tim at home.
① calls　② says　③ talks　④ speaks
(　　　　)

2）Takuya (　　　　　) me about his plan to go to Italy.
① talked　② said　③ spoke　④ told
(　　　　)

3）Carrie (　　　　　) her friends a funny story at the party.
① expressed　② told　③ said　④ spoke
(　　　　)

4）The man (　　　　　) unconscious for five days after the car hit him.
① remained　② remembered
③ removed　④ rescued
(　　　　)

5）I (　　　　　) to the station almost every day.
① keep　② walk　③ find　④ give
(　　　　)

2 **次の日本文を英文にしましょう。その際，与えられた単語を用い，動詞は適切な形に変えてください。**

1）この歌は20代の楽しかった日々を思い出させます。
(remind / in my 20s)

---

remind ～ of …：～に…を思い出させる

2）彼は私に美しい指輪をくれました。　(give / to)

3）私のネコたちは毎日私のベッドの上で眠ります。　(sleep / on)

3 次のイラストを描写する英文を書いてください。その際，与えられた単語を用いてください。

あなたのカバンは机の上にあります。
(bag / table)

There is ～. の文

「～があります」と言うときは〈There is[are] ～〉という表現を使います。この There にはとくに意味はなく，There is[are] のあとの名詞が文の主語になります。動詞はあとに続く名詞に合わせて変化します。

・There is a desk in the room.（部屋の中に机が１つあります）

・There are two cats on the desk.（机の上にネコが２匹います）

be 動詞のかわりに，stand（立つ），live（住む）などの「存在」を表す動詞が使われることもあります。

・There stands an old castle on the hill.（丘の上に古い城が立っています）

主語となる名詞に the や所有格がつく場合には，There is ～. の文は使わず，第１文型（SV）で表します。

・Your bag is on the desk.（あなたのかばんは机の上にあります）

基礎ができたら，もっとくわしく。

「品詞分解」のススメ

The Importance of Part-of-Speech Tagging

一見難しく見える英文も，文型を知って見分けることができれば，しっかり理解することができます。その力を鍛えるのにオススメなのが，「品詞分解練習」です。「動詞」や「名詞」などの「品詞」の区別の仕方がよくわからない，という方は，本書冒頭のp.010をご覧いただき，ノートとペンをご用意ください。

文型がパッとわかるようになる「品詞分解練習」の手順をご説明します。

① まず英文を書き出します。本書の「練習問題」の英文でもOKです。

② 書き写した英文の単語の下に，それぞれ品詞を書き込みます。

例	I	always	have	a	red	pen	in	my	bag.
	代名詞	副詞	動詞	冠詞	形容詞	名詞	前置詞	代名詞	名詞

③ さらにその下に文中での役割を書いていきます。文での役割について，改めて復習したい場合は，本書冒頭のp.012をもう一度読んでみてください。

例	I	always	have	a	red	pen	in	my	bag.
	代名詞	副詞	動詞	冠詞	形容詞	名詞	前置詞	代名詞	名詞
	主語	修飾語	述語動詞	目的語			修飾語のカタマリ		

前置詞以下のかたまりは「修飾語のカタマリ」としましょう。

④ 品詞の役割を書いたあとは，修飾語を抜いて文の骨格をつかみます。今回の文では修飾語を抜くとI have a red pen.という「主語＋述語動詞＋目的語」の第3文型だとわかります。

このように，英文を「品詞」と「文での役割」に分けていく練習は，文の骨格を知るためのレントゲンのようなもの。外見はさまざまでも，あらゆる文は，基本的にはこの「文型」のルールにのっとって組み立てられています。品詞分解の練習をしておくと，一見すると難しいと感じるような文に遭遇した時でも文型を見抜けて文の意味がつかみやすくなります。また，この練習を続けることで，文を細かくS, V, O …と分解せずとも骨格がわかるようになり，読解のスピードがぐんと上がります。

CHAPTER

02

英語で「時」＝時制を表す役割をするのは動詞です。
動詞は時制によってさまざまな形に変化します。
時制によって動詞がどう変化するのかに注目しましょう。

LESSON 06 現在形

基本時制①/Present Tense

現在のことを表す場合には，動詞の**現在形**を使います。現在形が表すのは**現在の状態**や**習慣**です。

とくに動作を表す動詞の現在形は,「私は毎朝7時に起きます」というような「ふだん，くりかえし行われている習慣的な動作」を表します。

現在形の文は，be 動詞の場合，主語に合わせて am，is，are を使い分けます。一般動詞の場合，主語が he や she などの 3 人称で単数であれば，動詞の後ろに s をつけます。それ以外が主語の場合は，動詞のそのままの形(原形)を使います。

be 動詞の場合，否定文は be 動詞のあとに not を入れます。疑問文は主語と be 動詞の順番を入れかえます。一般動詞の場合，否定文は動詞の前に do not [don't] か does not[doesn't] を入れます。疑問文は主語の前に Do や Does を置きます。

be 動詞	否定文	She **is not** [**isn't**] Japanese.
	疑問文	**Is** she Japanese?
一般動詞	否定文	I **do not** [**don't**] speak Japanese.
		She **does not** [**doesn't**] speak Japanese.
	疑問文	**Do** you speak Japanese?
		Does she speak Japanese?

EXERCISE

答えは別冊4ページ
答え合わせが終わったら，音声に合わせて英文を音読しましょう。

1 （　　）内の指示にしたがって，書きかえましょう。

1 I sometimes walk to the station.（I を you に変えて疑問文に）

2 My boss is a baseball fan.（否定文に）

3 She eats three oranges a day.（疑問文に）

4 He knows a lot about Japan.（否定文に）

2 （　　）内の語を並べかえて，英文を完成させましょう。

1 私たちは全員日本人です。
(are / we / Japanese / all).

.

2 あなたは家で英語を勉強しますか？
(at / you / home / study / do / English)?

?

3 彼らは学校で何も問題はありません。
(don't / at / any / they / problems / school / have).

.

4 東京は大きくて楽しい街です。
(and / is / big / Tokyo / exciting / city / a).

.

LESSON 07 過去形

基本時制②/Past Tense

「昨日～した」などのような過去のことは，動詞の**過去形**を使って表します。

be 動詞の場合，主語が単数名詞なら was，複数名詞なら were を使います。否定文，疑問文は be 動詞を用いた現在形の文とつくり方は同じです（→ p.020）。

一般動詞の場合，主語に関係なく語尾が ed で終わる過去形にするのが基本です。ただし，不規則に変化する動詞もあるので注意が必要です（→ p.017）。

be動詞
am / is → was
are → were

一般動詞
play → played
go → went

一般動詞の否定文は did not（短縮形は didn't）を動詞の前に置きます。一般動詞の疑問文は主語の前に Did を置きます。

過去形は，主に**過去の状態**（「～だった」）や**過去の動作**，**過去の習慣**（「～した」）を表します。

「過去によく～した」という過去の習慣を表す場合には，**often**（よく～），**usually**（ふつう），**sometimes**（ときどき）などの表現を一緒に使います。

008

EXERCISE

答えは別冊5ページ
答え合わせが終わったら，音声に合わせて英文を音読しましょう。

1 日本文の内容に合うように，（　　）内の語を適切な形に変えて（　　）に書きましょう。

1 子どものころ，イズミは水泳が得意でした。（ be ）
Izumi（　　　　　）a good swimmer in her childhood.

2 私は昨日，会社で書類仕事をしました。（ do ）
I（　　　　　）my paper at the office yesterday.

3 彼らは先週，映画を見に行きましたか？（ Do ）
（　　　　　）they go to see a movie last week?

4 私たちは昨日，スーパーで何も買いませんでした。（ do ）
We（　　　　　）buy anything at the supermarket yesterday.

5 子どものころ，私はよく両親と一緒に映画に行きました。（ go ）
I often（　　　　　）to the movies with my parents when I was a child.

2 （　　）内の指示にしたがって，書きかえましょう。

1 Kyoto was the capital of Japan a long time ago.（疑問文に）

capital：首都

2 It was so hot on that day last summer.（否定文に）

3 They heard the big news about their teacher.（疑問文に）

LESSON 08 未来を表す表現

基本時制③/Expressions of the Future

未来を表す表現には，主に**〈be going to＋動詞の原形〉**と**〈will＋動詞の原形〉**の２種類があります。〈be going to + 動詞の原形〉の否定文は，be の後ろに not を入れます。疑問文は主語と be 動詞を入れかえます。〈will + 動詞の原形〉の否定文は will の後ろに not を入れます。省略形は won't です。疑問文は will と主語を入れかえます。

	be going to ～の変化	will ～の変化
肯定文	You are going to play ～	You will play ～
否定文	You are not going to play ～	You will not [won't] play ～
疑問文	Are you going to play ～?	Will you play ～?

〈be going to + 動詞の原形〉は**近い未来**や**起こる可能性が高いこと**，**すでに決まっている予定**などを表すときに使います。

They are going to meet at Tokyo Station tonight.

すでに決まっている予定

今晩彼らは東京駅で会う予定です。

〈will + 動詞の原形〉は，**主観的な予測や想像**や，**その場で決めたこと**などを表すときに使います。

I will go to Kyoto tomorrow.
その場で決めたこと
私は明日、京都に行きます。
そうだ！
京都に行こう

また be going to は**実行される確率の高い予定や根拠のある予想**を表し，will は**根拠のない主観的な予想や想像**を表します。

降るかもね
It will rain.
雨が降るでしょう。

きっと降るよ
It's going to rain.
雨が降りそうです。

EXERCISE

答えは別冊5ページ
答え合わせが終わったら，音声に合わせて英文を音読しましょう。

(　　) 内の語を並べかえて，英文を完成させましょう。

1　アツコは来週パリを訪れる予定です。
(week / is / Paris / going / Atsuko / visit / to / next).

______________________________.

2　あさっては晴れると思います。
I think (after / will / be / sunny / the / it / day / tomorrow).

I think ______________________________.

あさって：the day after tomorrow

3　彼は車を1台もっているので，新しい車は買わないでしょう。
(isn't / he / going / buy / to / new / a / car) because he has one.

______________________________ because he has one.

one = a car

4　あなたは将来，日本に戻ってきますか？
(you / the / come / will / to / Japan / back / in / future)?

______________________________?

将来に：in the future

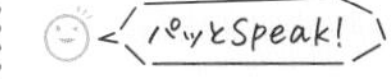

ふきだしの内容を英語で表しましょう。

友達に別れ際のあいさつをしましょう。

さようなら。
また冬に会いましょう！

LESSON 09

現在完了形の用法 ①

現在完了形の基本，経験を表す現在完了形/Present Perfect - Part 1

現在完了形は，**過去からつながっている「今の状態」**を表現するときに用います。過去形とちがい，「今と関わりがある」ということが重要です。

基本形は **〈have + 過去分詞〉** で，主語が3人称単数のときは **〈has + 過去分詞〉** になります。否定文は have[has] の後ろに not を入れます。短縮形は haven't[hasn't] です。疑問文は主語と have[has] を入れかえます。

現在完了形は「(今までに) ～したことがあります」という**経験**,「(今までずっと) ～しています」という**継続**,「(もう) ～してしまいました」という**完了**の3つの意味を表します。

「今からこれまでを振り返って，～したことがある」という**経験**を表す場合について見てみましょう。

I have been to London twice.
回数
1回
2回
私は2度ロンドンに
行ったことがあります。
過去
現在

経験の意味を表す現在完了の文では，多くの場合，before（以前に）や，右に示すような「回数」を示す表現が使われます。

once (1回)	twice (2回)
three times (3回)	four times (4回)
several times (数回)	many times (何度も)

経験の意味を表す現在完了形の疑問文では，**ever**（これまで～）がよく使われます。否定文では not のかわりに，**never**（1度も～ない）が使われることがあります。

Have you ever been to Sapporo?
これまで
I have never been to Sapporo.
1度もない
あなたはこれまでに
札幌に行ったことが
ありますか?
Sapporo
私は札幌に
1度も行ったことが
ありません。

EXERCISE

答えは別冊5ページ
答え合わせが終わったら，音声に合わせて英文を音読しましょう。

1 （　）内の語を並べかえて，英文を完成させましょう。

1 ナナと彼女の家族は3度引っ越しをしたことがあります。
(three / and / her / times / family / Nana / moved / have).

______________________________.

引っ越しをする：move

2 私はその食べ物を1度も食べたことがありません。
(food / have / I / eaten / never / that).

______________________________.

3 あなたはエジプトに行ったことがありますか？
(been / Egypt / you / have / ever / to)?

______________________________?

4 私は以前に彼と話したことはありません。
(to / before / haven't / him / I / talked).

______________________________.

2 英語にしましょう。

1 私たちはローマを1度も訪れたことがありません。

____

ローマ：Rome

2 私の父はロンドンに5回行ったことがあります。

____

3 私はこんなにおもしろい小説を1度も読んだことがありません。

____

こんなに～な…：such a[an] ～　小説：novel

LESSON 10 現在完了形の用法②

継続・完了を表す現在完了形/Present Perfect - Part 2

「ずっと～である」という**継続**の意味も**現在完了形**で表すことができます。

継続の意味を表す現在完了形の文では，「期間」を表す表現がよく使われます。

続いている期間の長さは，**for ～**（～の間）を使って表します。

始まった時期がいつなのかを伝えるときには **since ～**（～以来）を使います。

最後に「(たった今) ～したところだ」「(すでに) ～してしまった」という**完了**を表す現在完了形を見ていきましょう。

完了を表す現在完了形の文では，「すでに」「もう」という意味の表現がよく使われます。**just now**（たった今）は過去形とともに使い，現在完了形の文では使わないのが原則です。

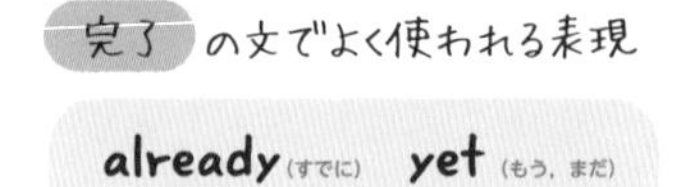

完了の文でよく使われる表現
already (すでに)
yet (もう，まだ)
just (ちょうど～)
still (いまだに)

011

EXERCISE

答えは別冊5ページ
答え合わせが終わったら，音声に合わせて英文を音読しましょう。

1 日本語を参考にして，英文の（　　）に適切な語を入れましょう。

1 ミカは10年間アメリカに住んでいます。
Mika (　　　　)(　　　　) in America (　　　　) ten years.

2 リサはもうスイスに向けて出発してしまいました。
Lisa (　　　　)(　　　　)(　　　　) for Switzerland.

3 あなたは日本に何年住んでいますか？
How long (　　　　) you (　　　　) in Japan?

4 彼らは2010年から，このレストランで働いています。
They (　　　　)(　　　　) at this restaurant (　　　　) 2010.

2 英語にしましょう。

1 私は日本で20年間英語を勉強しています。

2 彼はまだプロジェクトを終えていません。

3 私は彼にしばらく会っていません。

しばらく：for a while

4 彼女はお母さんにもう手紙を書きましたか？

～に手紙を書く：write to ～

LESSON 11
過去形と現在完了形のちがい

過去形と現在完了形の識別/Past Tense vs. Present Perfect

日本人にとって，過去形と現在完了形の区別はむずかしい項目です。日本語では「〜しました」と表すことでも，英語では過去形と現在完了形を使い分けるなど，日本語と英語の間には考え方にズレがあるからです。過去形と現在完了形の特徴を理解して，両者をしっかり区別できるようにしましょう。

過去形が表すのは,「過去にあった」ことで今とはまったく関わりがありません。一方，現在完了形が表すのは，過去からつながっている「今の状態」です。必ず**「今」の視点**が入っています。

現在完了形は, 過去からつながっている今の状態を表すので, yesterday（昨日), 〈when ＋ 過去形の文〉などの**過去を表す表現とは一緒に使いません**。現在完了形は，since 〜（〜以来)，for 〜（〜の間）といった期間を表す表現などと一緒に使います。

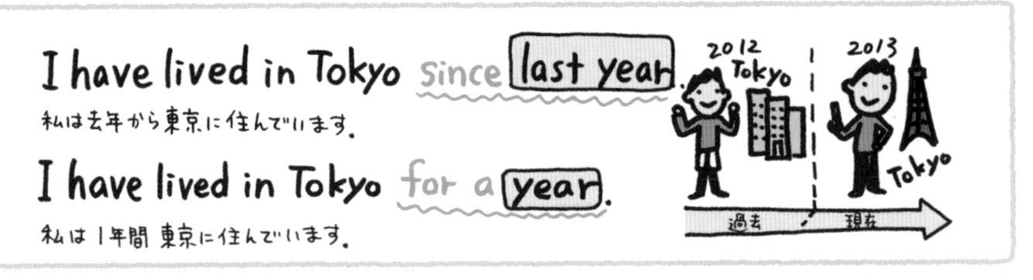

また，過去形を使うか，現在完了形を使うかで，表す状況や次に続けられる表現が異なることもあります。

EXERCISE

答えは別冊5ページ
答え合わせが終わったら，音声に合わせて英文を音読しましょう。

（　）内から適するものを選び，○で囲みましょう。

1 Yukie (has lived / lived) in Tokyo since last year.

2 Ryu (has lived / lived) in Okinawa last year.

3 I (have finished / finished) my task just now.

4 I (haven't eaten / didn't eat) breakfast this morning.

5 (Has she brought / Did she bring) her umbrella last night?

6 Mika and I are good friends. I (have known / knew) her for over twelve years.
（over: ～以上）

7 Ten years (have passed / passed) since we came here.

8 They haven't eaten lunch (yet / yesterday).

LESSON 12 過去完了形

過去完了形の基本/Past Perfect

過去完了形は〈**had + 過去分詞**〉の形で，ある過去の時点とそれよりも前の時点に起きたことのつながりを示します。過去完了形は，現在完了形の時間の基準を過去にスライドさせたものだと考えるとわかりやすいでしょう。

上の例文のような**完了**のほか，**経験**（〜したことがあった），**継続**（〜していた）の意味を表します。ある過去の時点とそれよりも前の時点に起きたことのつながりを示すという点がポイントです。

過去完了形のもう１つの用法に**大過去**があります。過去形は，過去の出来事をひとつ伝えるときに使いますが，過去完了の大過去はその**過去の出来事よりもさらに前の出来事**を表します。過去形と大過去を使うことで，過去の出来事とそれより前の出来事との時間のズレを示すことができます。

EXERCISE

答えは別冊6ページ
答え合わせが終わったら，音声に合わせて英文を音読しましょう。

（　　）内の語を並べかえて，英文を完成させましょう。

1　上野さんがそこに着く前に，彼らはすでに帰ってしまっていました。
(had / already / there / they / left / before / arrived / Mr. Ueno).

　　　　　　　　　　　　　　　　　　　　　　　　　　　.

2　彼女はその時まで，フランス語を1度も話したことがありませんでした。
(until / she / never / had / French / spoken / then).

　　　　　　　　　　　　　　　　　　　　　　　　　　　.

3　彼の夢がついにかなう前，彼は長年，苦労してきました。
(for / struggled / he / had / years) before his dream finally came true.

　　　　　　　　　　　before his dream finally came true.

苦労する，奮闘する：struggle

4　以前に読んだことがあったので，私はその話をとてもよく知っていました。
I knew the story very well (before / because / read / I / it / had).

I knew the story very well　　　　　　　　　　.

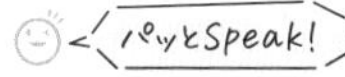

ふきだしの内容を英語で表しましょう。

約束の時間に遅れた理由を説明しましょう。

バス停に着いたとき，バスはすでに出発していました。

LESSON 13 未来完了形

未来完了形の基本/Future Perfect

未来完了形（みらいかんりょうけい）は **〈will + have + 過去分詞〉** の形で，未来のある時点までの完了，経験，継続を表します。現在完了形の時間の基準を未来にスライドさせたものだと考えるとわかりやすいでしょう。

Shopping
cake
cake
過去
現在
未来
I will have made the cake by the time the party starts.
パーティーが始まるまでには，私はケーキを作り終わっているでしょう。
期限

未来完了形の**完了**（～してしまっているだろう）の文では，上の例文のように，基準となる「未来のある時点」を示す **by ～**（～までに）や **before ～**（～以前に）などの表現がよく使われます。

ほかの完了形と同様に，未来完了形も**経験**を表すことができます。「～したことになるだろう」という**未来のある時点までに経験しているであろうこと**を表します。

51
100 times
過去
現在
未来
If he takes part in a game next week,
he will have played in the Major Leagues 100 times.
彼は来週の試合に出ると，メジャーリーグで100回試合に出たことになります。

未来完了形で**継続**の意味を表すこともできます。「～していることになるだろう」という**未来のある時点までに継続しているであろう状態**を表します。

He will have worked with me for ten years next year.
未来完了（継続）
彼は来年で私と仕事をして10年です。

EXERCISE

答えは別冊6ページ
答え合わせが終わったら，音声に合わせて英文を音読しましょう。

1 (　　) 内の語を並べかえて，英文を完成させましょう。

1 今夜9時までに彼は仕事を終えているでしょう。
(will / he / finished / have / work / 9 p.m. / his / tonight / by).

______________________________.

2 私たちは来週で結婚5周年です。
(been / will / have / married / five / week / years / we / next / for).

______________________________.

結婚している：be married

3 あなたは会議の前までにレポートを完成させていますか？
(you / will / meeting / completed / before / your / have / report / the)?

______________________________?

完成させる：complete

4 私たちは今忙しいので，修理をレースの前に終えていないでしょう。
(race / have / won't / finished / the / repairs / before / the / we) because we are busy now.

______________________________ because we are busy now.

2 解答欄に示された表現を加えて，次の文を未来完了形に書きかえましょう。

1 I have been there seven times.
If I visit Hawaii next month, ______________________________.

2 We have lived here for six years.
______________________________ tomorrow.

3 She has bought a car.
______________________________ by this time next year.

LESSON 14 現在進行形

進行形①/Present Progressive

現在進行形の基本形は **〈be 動詞 [am, are, is] + 動詞の ing 形〉** です。否定文をつくるには，be 動詞の後ろに not を入れます。疑問文をつくるには，主語と be 動詞を入れかえます。be 動詞を含む文の否定文，疑問文とつくり方 (→ p.020) は同じですね。

現在進行形は，今まさに起こっている**進行中の動作**や，**確定している未来**のことを表します。

進行形にできるのは**動作動詞**だけです。**状態動詞は基本的に進行形にはしません**。状態動詞は同じ状態が続くことを表すので，進行中の動作を表す進行形にはならないのです。

進行形にならない主な状態動詞を意味別にまとめると，次のようになります。

ただし，have は「もっている」という意味のほかに，「～を食べる」という動作動詞としての意味があります。この**「食べる」の意味の have は進行形にすることができる**ので注意しましょう。

EXERCISE

答えは別冊7ページ
答え合わせが終わったら，音声に合わせて英文を音読しましょう。

1 （　）内の指示にしたがって，英文を書きかえましょう。

1 I'm writing an e-mail to my best friend now. （否定文に）

2 They are waiting for someone in the lobby.
（someone を anyone にして疑問文に）

3 My grandmother is looking for her glasses.
（My を your にして疑問文に）

4 We are not painting the wall. （肯定文に）

2 （　）内の語を，適切な形にして（　　）に書きましょう。

1 私たちは今夜７時に成田空港に到着します。（ arrive ）
We are (　　　　) at Narita Airport at 7 p.m. tonight.

2 宮川さんはその面接のための新しいスーツを欲しがっています。
（ want ）
Mr. Miyagawa (　　　　) a new suit for the interview.

3 ニックは日本の食べ物について多くのことを知っています。
（ know ）
Nick (　　　　) a lot about Japanese food.

4 彼は明日，私たちのパーティーに来ないでしょう。（ come ）
He isn't (　　　　) to our party tomorrow.

LESSON 15 # 過去進行形・未来進行形

進行形②/Past Progressive & Future Progressive

過去進行形は〈**was[were] ＋動詞の ing 形**〉の形をとります。「～していた」という，**過去のある時点で進行していた動作**を表します。現在進行形の時間軸が過去にスライドしたものと考えるとわかりやすいでしょう。

過去進行形の文では，**then**（その時）や上の例文にあるように〈**when ＋過去形の文**〉などの過去の時点を示す表現が一緒に使われます。

未来進行形は〈**will ＋ be ＋動詞の ing 形**〉という形をとります。「彼女は来週の金曜日，私たちと一緒に過ごしているだろう」というような**未来のある時点でしているであろう動作**を表します。現在進行形の時間軸が未来にスライドしたものと考えるとわかりやすいでしょう。

未来進行形は多くの場合，だれの意志も含まない予定（「～することになっている」）を表します。この点で未来を表す will を使った表現とは大きなちがいがあります。未来進行形の疑問文は，Will you ～？などの勧誘の表現とはちがい，単に相手の予定をたずねる表現になります。

EXERCISE

答えは別冊7ページ
答え合わせが終わったら，音声に合わせて英文を音読しましょう。

（　　）内の語を並べかえて，英文を完成させましょう。

1　彼女が私の家に来たとき，私はテレビを見ていました。
（ TV / came / house / I / when / watching / to / was / she / my ）.

____.

2　その少年はその時ベッドで寝ていました。
（ then / boy / in / was / the / bed / sleeping / the ）.

____.

3　私は明日の３時にその会議に出席しているでしょう。
（ will / I / attending / at / meeting / the / 3 p.m. / be / tomorrow ）.

____.

4　彼は来週のこの時間にここを出発することになっていますか？
（ here / he / be / will / at / leaving / this / next / time / week ）?

____?

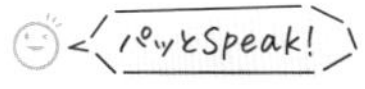

ふきだしの内容を英語で表しましょう。

宅配便の荷物を受け取れなかった理由を説明しましょう。

玄関のベルが鳴ったとき，
私はシャワーを浴びていました。

LESSON 16

現在完了進行形
It has been raining for two hours.
まだまだ降りそう

完了進行形①/Present Perfect Progressive

現在完了進行形は，「ずっと～し続けている」というような，**過去のある時点から現在まで動作が続いている**ことを表します。基本形は**〈have[has] + been + 動詞の ing 形〉**です。この形をとるのは動作動詞です。否定文をつくるには, have[has]の後ろに not を入れます。短縮形の haven't[hasn't]もよく使われます。疑問文をつくるには，主語と have[has] を入れかえます。

study（勉強する），stay（滞在する），sleep（寝る），wait（待つ），rain（雨が降る）などの動作動詞は，ふつうの現在完了形（〈have + 過去分詞〉の形）でも動作の継続を表すことができます。しかし，現在完了進行形を使うことで，今も動作が継続していることが強調され，**その動作がこれからも続きそうだ**ということを表します。

It was...
shen
hen
過去
現在
I have been studying English since this morning.
私は今朝からずっと英語を勉強しています。

It has rained for two hours.
雨が2時間降っています。

EXERCISE

答えは別冊7ページ
答え合わせが終わったら，音声に合わせて英文を音読しましょう。

（　　）内の語を並べかえて，英文を完成させましょう。

1　1週間，彼はお客さんに電話をかけようとし続けています。
（has / trying / he / his / week / to / client / for / a / been / call）.

-- .

お客さん：client

2　私は3時間くらいずっと勉強しています。
（hours / been / about / I / studying / three / have / for）

-- .

3　おとといから雨が降り続いています。
（has / it / been / yesterday / since / the / raining / before / day）.

-- .

おととい：the day before yesterday

4　あなたはここで2時間待ち続けているのですか？
（been / you / have / hours / here / for / waiting / two）?

-- ?

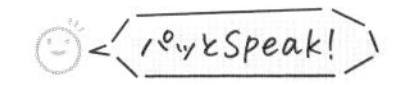

ふきだしの内容を英語で表しましょう。

働きすぎの同僚に声をかけましょう。

最近あなたは働きすぎですよ。

LESSON 17 過去完了進行形・未来完了進行形

完了進行形②/Past Perfect Progressive & Future Perfect Progressive

現在完了進行形は，過去のある時点から現在まで動作が続いていることを表す表現でした。ここでは，その現在完了進行形の時間軸を過去へスライドさせた**過去完了進行形**と，時間軸を未来にスライドさせた**未来完了進行形**を学習します。

過去完了進行形は，過去のある時点までの**動作の継続**を表します。「(過去のある時点まで) ずっと～し続けていた」という意味になります。形は現在完了進行形の have を過去形にした **〈had + been + 動詞の ing 形〉** です。この形をとるのは動作動詞です。

9
It was...
12
hen
ただいま!
彼は私が帰ってきたとき，
3時間英語の勉強を
し続けていました。
3 hours
過去
現在
He had been studying English for three hours
when I came home.

未来のある時点までの**動作の継続**は，**未来完了進行形**を使って表します。「(未来のある時点まで) ずっと～し続けているだろう」という意味になります。現在完了進行形に未来表現の will を加えた **〈will + have + been + 動詞の ing 形〉** という形で表します。この形をとるのは動作動詞です。

SVOC
tree
It was
SVC
テスト
スタート!
始めます
現在
未来
He will have been studying English for three hours
by the time the exam starts.
彼は試験が始まるその時まで3時間英語の勉強をし続けているでしょう。

未来完了進行形は，**未来のある時点でその動作が続いているということを強調**したいときに使われます。ただし，このような未来完了進行形が実際に使われることは少なく，未来完了形で表すことが多いです。

EXERCISE

答えは別冊7ページ
答え合わせが終わったら，音声に合わせて英文を音読しましょう。

1 （ ）内の語を適切な形にして，日本文に合う文にしましょう。

1 雨が降り始めたときには，彼らは2時間ずっと野球をしていました。（play）
They ＿＿＿ baseball for two hours when it started to rain.

2 ニーナは歌手デビューする前，ずっと技術をみがいていました。（improve）
Nina ＿＿＿ her skills before she came out as a singer.
（skills：技術　came out：デビューする）

3 来週でヒカルはここで3年間働き続けていることになります。（work）
Hikaru ＿＿＿ here for three years next week.

2 （ ）内から適するものを選び，○で囲みましょう。

1 あなたが帰宅するまでに，私はインターネットを4時間使い続けていることになるでしょう。
I (have been using / will have been using) the Internet for four hours by the time you come home.

2 ついに彼女は鍵を見つけました。彼女はそれを3時間ずっと探し続けていました。
Finally she found the key. She (has been looking / had been looking) for it for three hours.

3 1日中ずっと歩き続けていたので，彼はとても疲れていました。
He was very tired because he (was walking / had been walking) all day.

4 もし彼が午後7時に来ると，彼女は3時間待ち続けていることになります。
She will (be waiting / have been waiting) for him for three hours if he comes at 7 p.m.

答えは別冊8ページ

答え合わせが終わったら，音声に合わせて英文を音読しましょう。

CHAPTER 02 時制

1 次の英文の（　　）に入れるのに最も適切なものを，それぞれ下の①～④のうちから１つずつ選びましょう。

1）We (　　　　　) for our client here now.

① are waiting　② had waited　③ waited　④ waits

(　　　　)

2）Miho and Meg (　　　　　) each other since 2010.

① are knowing　② knows

③ have been knowing　④ have known

(　　　　)

3）They (　　　　　) playing tennis for two hours when it started to snow.

① had been　② have been　③ will be　④ are

(　　　　)

4）I (　　　　　) in Korea for two years when I was a high school student, but I can't speak Korean.

① have lived　② have gone　③ lived　④ went

(　　　　)

5）Maybe (　　　　　) at 7 p.m. tomorrow, so I can't go to the concert.

① I had still been working　② I was still working

③ I have been working　④ I'll still be working

(　　　　)

2 次の日本文を英文にしましょう。その際，与えられた単語を用い，動詞は適切な形に変えてください。

1）私はこの２時間，彼の電話をずっと待っています。

(expect / for the last two hours)

expect：（当然来るだろう）～を待つ

2）ドアのベルが鳴ったとき，ボブはシャワーを浴びていましたか？

(take / the doorbell)

3）彼女は会社を出るときまでには，その書類を提出しているでしょう。

(submit / document / by)

4）私たちは以前このトピックについてすでに話したことに気づきました。

(realize / talk / before)

realize that ...：…だと気づく

Coffee Break

現在進行形で伝わる意味合い

現在進行形を使うことで，「一時的な状態」を強調することができます。

【現在形】She is kind to me. （彼女は私にやさしいです）

【現在進行形】She is being kind to me today. （彼女は，今日だけは私にやさしくしてくれています）

上の現在進行形を使った文は，「いつもはやさしくないけれども，今日だけは一時的にやさしくしている」という意味合いを伝えています。

また，現在進行形を使うことで，ある動作がくり返し行われていることを強調することもあります。この場合，話し手の気持ちが込められることがあります。

・My son is always playing video games. （私の息子は，いつもテレビゲームばかりしています）

・She is always helping me with my homework. （彼女は，いつも私の宿題を手伝ってくれます）

上の文では話し手の「いらだち」が，下の文では「感謝」の気持ちが表現されていると考えられます。

基礎ができたら，もっとくわしく。

動詞の形の選び方

How to Decide the Right Verb Form

英語の動詞には「現在形」「現在進行形」「過去形」など，さまざまな「時制」の形があります。実際に文章を書いたり話したりする際に，どの形を使うべきかわからず迷ってしまうこともあると思います。日本語では「時制」をあまり細かく考えないので，日本人の英語学習者が必ず一度は経験する悩みだと言えます。ここでは「動詞の形の選び方」を紹介します。

①　現在のことか，過去のことか？

まず表現したいことを主語（誰が）と動詞（〜する）という「型」に流し込みます。次に，動詞で表す動作や出来事が，現在のことか過去のことか，どちらかを選びます。

②　表したい様子でアレンジ

現在か過去かを選べたら，それぞれ３つの形の中から選びます。

■現在

・習慣や事実→現在形（主語が３人称単数のときは，-s を付ける）

・動作など臨場感をつけたい→現在進行形

・過去にはじまって現在も続いていること→現在完了形

■過去

・出来事→過去形

・臨場感をつけたい→過去進行形

・過去のある時点よりさらに前のこと→過去完了形

ちなみに未来の事柄であれば，動詞の原形の前に助動詞 will をつける表現のほか、よりくわしく未来のことを言い分ける場合は，次の表現を使い分けます。

・日程など確定した未来→現在形

・根拠がある・直近で高確率で起こること・往来発着→現在進行形

・予定として決めたこと→ be going to ＋動詞の原形

・予定だけれどまだ実現の確率は低め→ will ＋動詞の原形

CHAPTER

03

動作の影響を「受ける」側を主役にするのが受動態です。
基本の形と,「文型」や「時制」のルールと組み合わせた
バリエーションも練習していきます。

LESSON 18 # 受動態

「彼女はみんなに応援されます」というように，**主語が動作の影響を受ける**ことを表す表現を**受動態**(じゅどうたい)といいます。受動態をつくることができるのは，後ろに目的語を置く**他動詞のみ**です。受動態は「**受け身**」とも呼ばれます。また，「みんなが彼女を応援します」のような主語の動作を表す文は**能動態**(のうどうたい)といいます。

能動態の目的語（O）が受動態の主語（S）になり，動詞は**〈be 動詞 + 過去分詞〉**の形に変えます。その行為をする人やもの（動作主）を表したい場合は，**〈by + 名詞〉**で表します。否定文，疑問文のつくり方は be 動詞の文と同じです（→ p.020）。

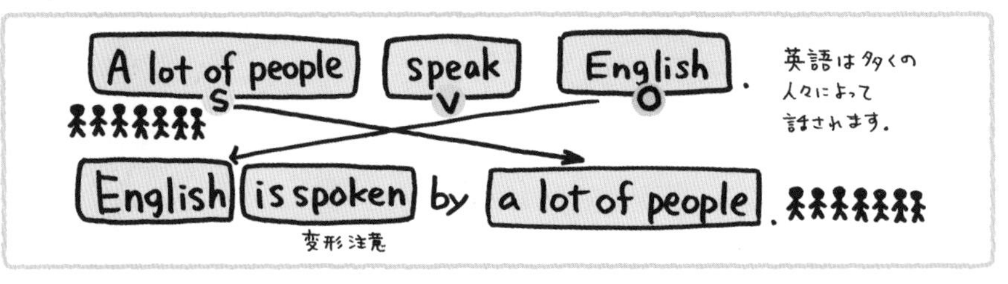

話の焦点を，動作をした側に当てる場合は能動態で，動作の影響を受けた側に当てる場合には受動態を使うのが自然です。つまり，能動態を**受動態にすることで文の主役を変える**ことができるのです。

能動態を使うと，主語に動作主を置くので，「だれがするのか」がはっきりわかります。「だれがするのか」がわからない場合や言う必要のない場合には，〈by + 名詞〉を省略した受動態を使います。

EXERCISE

答えは別冊9ページ
答え合わせが終わったら，音声に合わせて英文を音読しましょう。

1 (　　)内の語を並べかえて，英文を完成させましょう。

1 彼はよく上司からほめられます。
(often / is / he / by / praised / boss / his).

.

2 私たちは今日ここに来られてうれしいです。
(today / are / to / we / be / delighted / here).

.

3 納豆は大阪ではあまり食べられません。
(much / eaten / isn’t / in / *natto* / Osaka).

.

4 ソフトテニスはあなたの国で行われますか？
(your / soft / is / played / tennis / in / country)?

?

2 (　　)内の語を適切な形にして，日本文に合う文にしましょう。

1 彼らはあの映画を見ることに飽きていました。(bore)
They ________ of watching that movie.

2 私は結果を聞いてショックを受けました。(shock)
I ________ to hear the result.

3 この話は日本で書かれませんでした。(write)
This story ________ in Japan.

4 この写真は彼によって撮られたのですか？ (take)
Was this picture ________ by him?

LESSON 19 SVOO の受動態

受動態②/The Passive Voice in SVOO Sentences

〈主語 + 動詞 + 間接目的語（人）+ 直接目的語（もの）〉の第 4 文型（SVOO）の文からは，2 種類の受動態をつくることができます。**間接目的語（人）を主語にした受動態**と**直接目的語（もの）を主語にした受動態**です。

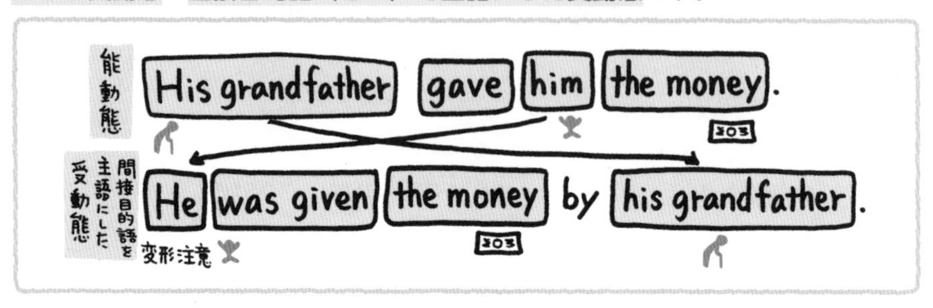

ただし，直接目的語（もの）を主語にするときには，**間接目的語（人）の前に前置詞を置く**必要があるので，注意しましょう。前置詞には **to** か **for** が使われます（→ p.030）。

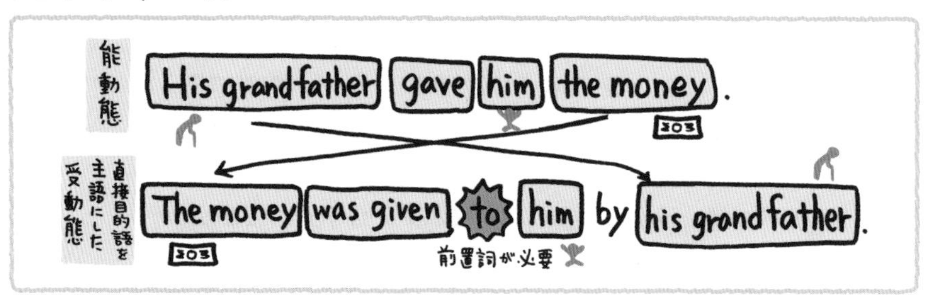

否定文をつくるには，be 動詞の後ろに not を入れます。疑問文をつくるには，be 動詞と主語を入れかえます。

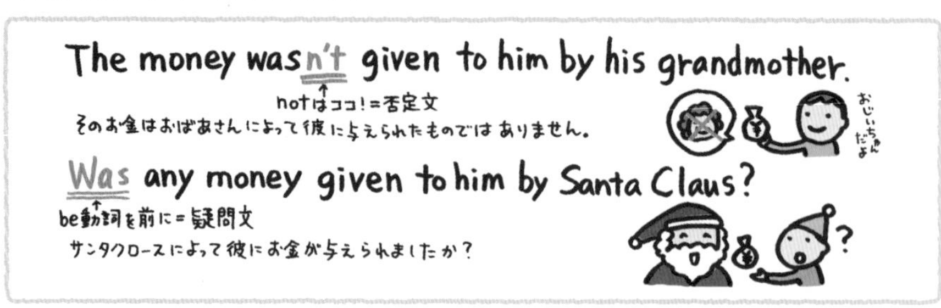

EXERCISE

答えは別冊9ページ
答え合わせが終わったら，音声に合わせて英文を音読しましょう。

1 （　　）内の語を並べかえて，英文を完成させましょう。

1 この美しい帽子は私のために夫によって買われました。
(beautiful / my / by / this / husband / for / me / bought / was / hat).

2 私は彼女からたくさんのプレゼントを贈られました。
(presents / was / I / a / given / by / of / lot / her).

3 あなたはこのニュースをあなたの友達から伝えられたのですか？
(you / your / were / told / news / this / by / friend)?

4 彼は上司から彼の仕事について何も教えられませんでした。
(was / he / his / nothing / taught / his / about / by / job / boss).

2 日本語を参考にして，適する語を（　　）に書きましょう。

1 彼は生徒から多くの質問をされましたか？
(　　　　) he (　　　　) a lot of questions by the students?

2 この種類の薬は医者から患者には与えられません。
This kind of medicine (　　　　)(　　　　)(　　　　) patients by doctors.

LESSON 20

SVOC の受動態

受動態③/The Passive Voice in SVOC Sentences

〈主語 + 動詞 + 目的語 + 補語〉の第 5 文型（SVOC）の文を受動態にするときは，**目的語を受動態の主語**にします。

能動態の目的語を主語にし，動詞を**〈be 動詞 + 過去分詞〉**に変え，その後ろに補語（C）を続けます。

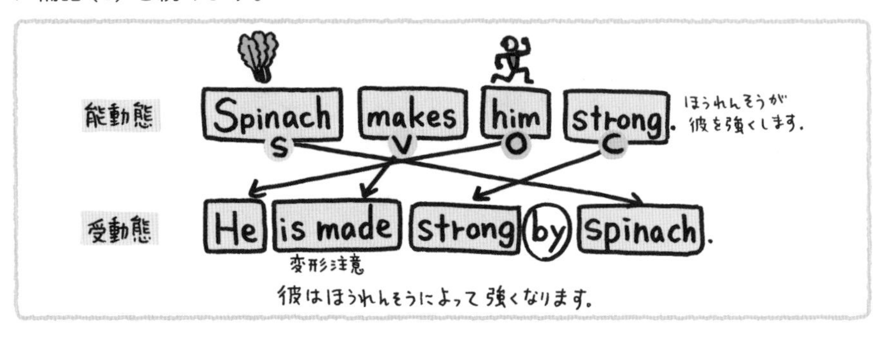

補語（C）が名詞の場合は注意が必要です。**補語の名詞を主語にした受動態をつくることはできません。**受動態は動作の対象となる名詞を主語にする形なので，動作の影響を受けていない補語の名詞を主語にすることはできないのです。

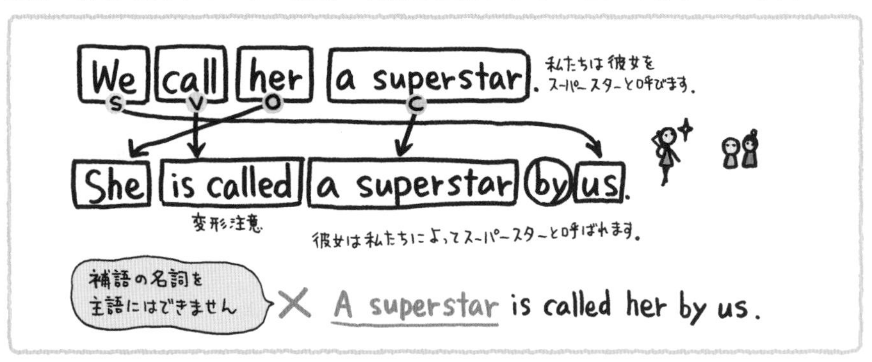

否定文をつくるには，be 動詞の後ろに not を置きます。疑問文をつくるには，be 動詞と主語を入れかえます。

EXERCISE

答えは別冊10ページ
答え合わせが終わったら，音声に合わせて英文を音読しましょう。

1 日本語を参考にして，適する語を（　　）に書きましょう。

1 彼女は子どもたちからキャリーと呼ばれています。
She (　　　　)(　　　　) Carrie by children.

2 このネコは飼い主によってケイトと名付けられました。
This cat (　　　　)(　　　　) Kate by her owner.

3 みんなからボスと呼ばれているのはだれですか？
Who (　　　　)(　　　　) “the boss” by everybody?

4 このドアは開けたままにはされませんでした。
The door (　　　　)(　　　　) open.

2 （　　）内の語を並べかえて，英文を完成させましょう。

1 あなたはみんなに正直だと思われています。
(are / by / you / honest / considered / everybody).

______________________________.

正直な：honest

2 私たちのほとんどによって，この話は本当だと思われていません。
(story / this / thought / isn’t / by / true / of / most / us).

______________________________.

ほとんどの～：most of ～

3 観客は彼の冗談によって，不快にさせられましたか？
(uncomfortable / joke / was / the / audience / by / made / his)?

______________________________?

CHAPTER 03 受動態

LESSON 21 進行形と完了形の受動態

受動態④/The Passive Voice in Progressive & Perfect

目の前で主語が「～されている最中だ」ということを表す場合には，**進行形の受動態**を使います。進行形と受動態を組み合わせた**〈be 動詞＋being＋過去分詞〉**が基本形です。

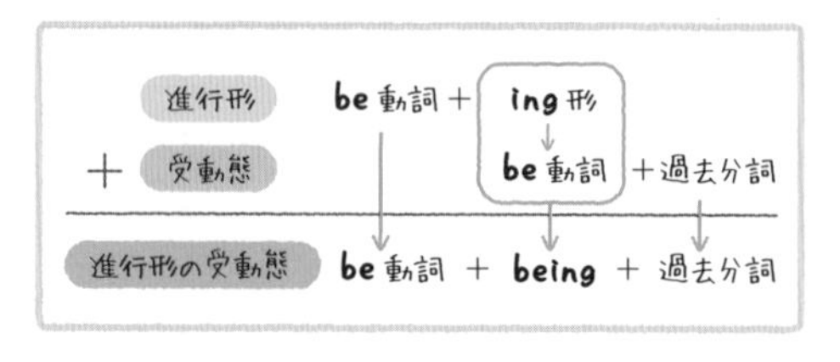

進行形 be 動詞＋ ing 形
＋ 受動態 be 動詞 ＋過去分詞
進行形の受動態 be 動詞 ＋ being ＋ 過去分詞

Today's dinner is being cooked by my husband.
この形、重要
今日の夕飯は夫によってつくられています。
おかえりー

否定文は be 動詞の後ろに not を入れます。疑問文は be 動詞と主語を入れかえます。be 動詞の文の否定文，疑問文のつくり方（→ p.020）と同じですね。

主語が「～されてしまった」のように，受動態で完了の意味を表したい場合には**完了形の受動態**を使います。**〈have[has] ＋been＋過去分詞〉**が基本形です。完了形と受動態を組み合わせた形ですね。

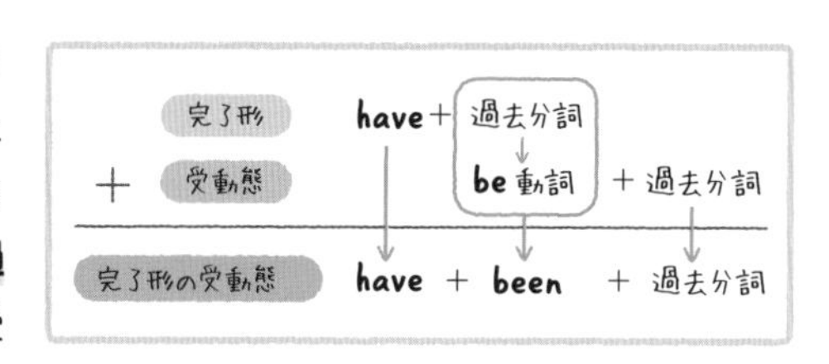

The sandwiches have been eaten by Sayaka.
この形、重要
そのサンドイッチはさやかに食べられてしまいました。
ない!!
おいしかった～

否定文をつくるには，have[has] の後ろに not を入れます。疑問文をつくるには，have[has] と主語を入れかえます。

EXERCISE

答えは別冊10ページ
答え合わせが終わったら，音声に合わせて英文を音読しましょう。

1 （　　）内の語を適切な形にして，日本文に合う文にしましょう。

1 このコンピューターは今，ほかのユーザーによって使われています。（ use ）

This computer ＿＿＿＿＿＿ by another user now.

2 その会議室は社長によって5時間占有されています。（ occupy ）

The meeting room ＿＿＿＿＿＿ by the company president for five hours.

3 あの映画は現在この映画館では上映されていません。（ show ）

That movie ＿＿＿＿＿＿ in this theater now.

4 そのサンドイッチは食べられてしまいましたか？（ eat ）

Have the sandwiches ＿＿＿＿＿＿ ?

2 （　　）内の語を並べかえて，英文を完成させましょう。

1 あの書類はすでに捨てられてしまいました。
(that / has / document / away / thrown / already / been).

＿＿＿＿＿＿＿＿＿＿＿＿＿＿＿＿.

～を捨てる：throw away ～

2 今日の夕食はもう，彼によってつくられてしまいましたか？
(him / yet / dinner / been / today's / by / has / cooked)?

＿＿＿＿＿＿＿＿＿＿＿＿＿＿＿＿?

3 その電車の席は，旅行者たちによっていっぱいになっていました。
(the / filled / train / were / being / seats / by / of / travelers / the).

＿＿＿＿＿＿＿＿＿＿＿＿＿＿＿＿.

復習タイム

CHAPTER 03　受動態

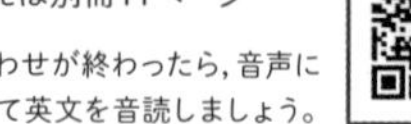

答えは別冊11ページ

答え合わせが終わったら，音声に合わせて英文を音読しましょう。

1 次の英文の（　　）に入れるのに最も適切なものを，それぞれ下の①～④のうちから１つずつ選びましょう。

1）Most of the students were (　　　　　) of the lecture.

① bore　② bores　③ bored　④ boring

（　　　　）

2）The teacher was (　　　　　) by her students' improvement.

① impress　② impressed　③ impressing　④ impression

（　　　　）

3）Leaves (　　　　　) away by a current.
（川などの）流れ

① were being carried　② carried

③ have carried　④ are carrying

（　　　　）

4）The man (　　　　　) Dean by his friends.

① has called　② called　③ is calling　④ is called

（　　　　）

5）Because a new house (　　　　　) in the neighborhood, it's so noisy and I can't study at home.

① builds　② has built　③ is being built　④ is building

（　　　　）

2 次の日本文を，受動態を含む英文にしましょう。その際，与えられた単語を用い，動詞は適切な形に変えてください。

1）その情報は大統領によってあなたに与えられましたか？

(give / the president)

2）大雪のため，その電車は遅れました。 （ delay / due to ）

3）会議ではまだ何も決まっていません。 （ nothing / decide / yet ）

3 次のイラストを描写する英文を書いてください。その際，与えられた単語を用い，動詞は適切な形に変えてください。

数台の車が一列に駐車されています。
（ park / line ）

Some cars

群動詞の受動態

受動態をつくることができるのは他動詞ですが，自動詞でも，前置詞とセットになって全体として他動詞として捉えるもの（群動詞）は受動態にすることができます。

Everybody laughed at him. （みんなが彼のことを笑った）

He was laughed at by everybody. （彼はみんなに笑われた）

〈自動詞＋前置詞〉以外にも，〈動詞＋副詞〉などの形で構成される群動詞があります。こうした群動詞は全体で１つの動詞ととらえて，受動態にします。よく使われる群動詞の受動態を確認しておきましょう。

・deal with ～ 「～を扱う」 →〈受動態〉be dealt with 「扱われる」
・speak to ～ 「～に話しかける」→〈受動態〉be spoken to 「話しかけられる」
・put off ～ 「～を延期する」 →〈受動態〉be put off 「延期される」
・take care of ～ 「～の世話をする」→〈受動態〉be taken care of 「世話をされる」
・catch up with ～ 「～に追いつく」 →〈受動態〉be caught up with 「追いつかれる」

基礎ができたら，もっとくわしく。

受動態を使う理由

When to Use the Passive Form

このCHAPTERでは能動態と受動態を学習しました。受動態はそもそも何のためにあるのでしょうか。能動態で表せることをあえて受動態に変える場合，そこには話者の「表したい意図」があります。ここではどのような場合に受動態が好まれるかを具体的に見ていきましょう。

「誰がしたか」という「動作主」ではなく，影響や被害を受けた「ものやことがら」に焦点を当てたい場合，受動態がよく使われます。

能動態：Someone stole my wallet.（誰かが私の財布を盗みました。）

受動態：My wallet was stolen by someone.（誰かによって私の財布が盗まれました。）

↑ 私の財布に焦点を当てたい場合

上の文ではby someoneという動作主を示しましたが，多くの場合，受動態ではby ～は示されません。①動作主がわからない，②動作主を言う必要がない，③動作主を言いたくないなどの理由で，by ～のない受動態が選ばれます。

❶動作主がわからない場合

例　My wallet was stolen.（私の財布が盗まれました。）

盗んだのはsomeone「誰か」なのですが，誰だかわからないのでby ～を省略。

❷動作主を言う必要がない場合

例　The chairperson was elected yesterday.（昨日議長が選出されました。）

「議長を選んだ」のは大抵の場合，その議会のメンバーだということがわかり，あえて言う必要がないためby ～を省略。

❸動作主を言いたくない場合

例　The document hasn't been submitted yet.（その書類はまだ提出されていません。）

能動態で表現すると，提出していない人を名指しすることになって失礼になることがあるのでby ～を省略します。

CHAPTER

04

動詞を「助ける」役割をもつ助動詞を学びます。
「可能」や「推測」など，動詞だけでは表しきれない
さまざまなニュアンスをプラスするのが助動詞です。

LESSON 22 助動詞

助動詞①/Auxiliary Verbs

助動詞には，「～できます」「～かもしれません」など，**話し手の気持ちや判断の意味合いを動詞にプラスする**働きがあります。まずは，よく使う助動詞の意味などを確認しましょう。

	意味	訳	否定形の短縮形
will	推量・意志	～だろう	won't
would	推量・意志	～だろう	wouldn't
can	能力・可能	～できる（≒be able to）	can't
	推量	～はありえる	
could	可能	～できた	couldn't
	推量	～かもしれない	
may	許可	～してもよい	―
	推量	～かもしれない	
might	推量	～かもしれない	mightn't
shall	勧誘（Shall we～?）	～しませんか	―
should	義務	～すべきだ（≒ought to）	shouldn't
	推量	～のはずだ	
must	義務	～しなければならない（≒have to）	mustn't
	当然	～にちがいない	

※can't（canの否定形）は「～のはずがない」，mustn't（mustの否定形）は「～してはいけない」の意味を表します。

助動詞の後ろには，動詞の原形を置きます。否定文をつくるには，助動詞の後ろにnotを置きます。疑問文をつくるには，助動詞と主語を入れかえます。また，助動詞を２つ重ねることはできない（× will can）ので，並べて使いたいときは助動詞と同じような意味をもつ表現で代用します。

肯定文
動詞の前に！
You can walk from the station to your house.
否定文
notを助動詞の後ろにつける
She can't speak Japanese.
ハナセマセーン
疑問文
助動詞を文頭に！
Can you speak Japanese?
助動詞は2つ重ねない
× You will can pass the exam.
○ You will be able to pass the exam.

EXERCISE

答えは別冊12ページ
答え合わせが終わったら，音声に合わせて英文を音読しましょう。

1 日本語を参考にして，適する語を（　　）に書きましょう。

1 私たちはみな望んだものは何でも手に入れることができます。
All of us (　　　　　) get anything we want.

2 機会があれば，あの博物館を訪れるべきです。
You (　　　　　) visit the museum if you have the chance.

3 幼児はお酒を飲んではいけません。
Infants (　　　　　) drink alcohol.

2 （　　）内から適するものを選び，○で囲みましょう。

1 あなたは来年までには英語をもっとうまく話せるようになるでしょう。
You will (can / be able to) speak English better by next year.

2 もしかしたら，彼らは私の秘密を知っているかもしれません。
They (can't / might) know my secret.

3 彼女と話しているとき，笑うのを止めることができませんでした。
I (should / couldn't) stop laughing when I was talking with her.

4 ひとつうかがってもよろしいですか？
(May / Will) I ask you a question?

5 この授業のあと，お昼を一緒に食べませんか？
(Must / Shall) we have lunch together after this class?

LESSON 23 助動詞のもうひとつの意味

助動詞②/Other Meanings of Auxiliary Verbs

助動詞は基本の意味のほか，そこから発展して「話者の認識」も表せます。

□ will「きっと～だろう」（推量）

He will win this marathon.
彼はこのマラソン大会できっと優勝するでしょう。

□ can「～はありえる」（推量）

He can be the top runner.
彼は首位のランナーになりえます。

□ may「～かもしれない」（推量）

He may cry at the ceremony.
彼は表彰式で泣くかもしれません。

□ must「～にちがいない」（確信）

He must be tired.
彼は疲れているにちがいない。

□ should「～のはずだ」（推量）

He should be very happy.
彼はとてもうれしいはずです。

026

EXERCISE

答えは別冊12ページ
答え合わせが終わったら，音声に合わせて英文を音読しましょう。

1 日本語を参考にして，英文の（　　）に左ページの助動詞を入れましょう。

1 市民たちは郷土のヒーローをとても誇りに思っているにちがいありません。
The townspeople (　　　　) be very proud of their hometown hero.

2 その会議は今年延期されるかもしれません。
The conference (　　　　) be postponed this year.

3 藤井さんはもうすぐステージに登場するはずです。
Mr. Fujii (　　　　) appear on stage soon.

4 サンフランシスコでは，一部の都市では雨が降る可能性があり，別の都市では晴れる可能性があります。
In San Francisco, it (　　　　) be raining in one part of the city and sunny in another.

2 （　　）内の語を並べかえて，英文を完成させましょう。

1 彼らは渋滞のせいで6時までに到着しないでしょう。
(will / they / not / by / due to / 6 p.m. / arrive / traffic).

-- .

2 あの薬局は頭痛薬を売っているにちがいありません。
(drug store / headache / must / that / sell / medicine).

-- .

3 その有名人カップルのうわさは真実かもしれません。
(the / be / about / celebrity / true / couple / the / may / rumor).

-- .

LESSON 24
助動詞のいろいろな表現

助動詞③/Various Expressions with Auxiliary Verbs

今，目の前で起こっている事柄やすぐに起こりそうな事柄に，話者の意志や推量などをプラスして表現したいときには，進行形の前に助動詞をつけた**〈助動詞＋be動詞＋動詞のing形〉**の形を使います。また**〈助動詞＋be動詞＋過去分詞〉**のように助動詞と受動態が組み合わされることもあります。これらの形の否定文をつくるには助動詞の後ろにnotを入れます。疑問文をつくるには，助動詞と主語を入れかえます。

He should be coming here soon.
彼はもうすぐここに来るはずです。

話し手が「過去のことについてどう思っているのか」という過去の推量を表す場合には，**〈助動詞＋ have ＋過去分詞〉**の形を使います。完了形を使っていますが，この表現は**過去**のことを示しています。この形でよく使う助動詞とその意味をチェックしておきましょう。

may[might] have＋過去分詞	推量	～だったかもしれない
could have＋過去分詞	推量	～だったかもしれない
should have＋過去分詞	推量	～だったはずだ
must have＋過去分詞	断定	～だったにちがいない
cannot[couldn't] have＋過去分詞	断定	～だったはずがない

shouldやshouldn'tをこの形で使うと，**過去のことについての後悔や非難**の意味を表す場合もあります。それぞれの意味は〈should have ＋ 過去分詞〉「すべきだったのに（しなかった）」,〈shouldn't have ＋ 過去分詞〉「すべきではなかったのに（してしまった）」です。

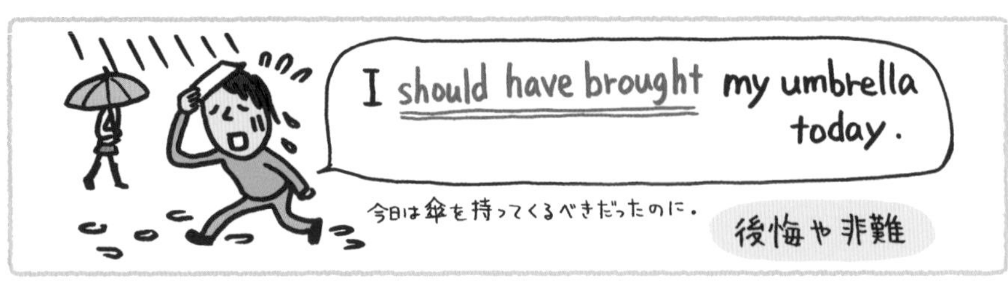

I should have brought my umbrella today.

EXERCISE

答えは別冊12ページ
答え合わせが終わったら，音声に合わせて英文を音読しましょう。

1 （　　）内の語を並べかえて，英文を完成させましょう。

1 彼らは今，昼食を食べているはずです。
(be / now / they / lunch / having / should).

______________________________.

2 彼は今，仕事へ向かうため運転しているかもしれません。
(now / be / may / driving / he / work / to).

______________________________.

3 この部屋は，この会社のだれによっても使われることができます。
(used / room / this / be / can / by / in / company / this / anyone).

______________________________.

4 それはあなたにとって，とてもつらいことだったにちがいありません。
(must / it / very / been / have / for / you / hard).

______________________________.

2 （　　）内から適するものを選び，○で囲みましょう。

1 彼女がそんなことをしたはずがありません。
She (cannot have done / cannot do) such a thing.

2 そのうわさは本当だったかもしれません。
The rumor (might have been / should have been) true.

3 あなたは彼にそれを言うべきではありませんでした。
You (shouldn’t have said / cannot have said) that to him.

4 彼はその手紙を読んだにちがいありません。
He (must have read / should have read) the letter.

復習タイム

CHAPTER 04 助動詞

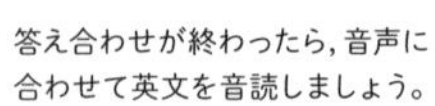
答えは別冊12ページ
答え合わせが終わったら，音声に
合わせて英文を音読しましょう。

028

1 次の英文の（　　）に入れるのに最も適切なものを，それぞれ下の①～④のうちから１つずつ選びましょう。

1）（　　　　　）I go home when I finish my task?

① Did　② May　③ Will　④ Would

（　　　　　）

2）It's almost noon.（　　　　　）we discuss this matter over lunch?

① Must　② Would　③ Shall　④ Will

（　　　　　）

3）You（　　　　　）have seen Mr. Fujita at Shibuya Station this morning, because he's still on vacation in Akita.

① couldn't　② didn't　③ might　④ should

（　　　　　）

4）Nothing practical（　　　　　）by just reading a textbook.

① will be gained　② will gain

③ has gained　④ gains

（　　　　　）

5）My grandmother（　　　　　）have been very slim when she was young. I can't put on her skirt because it's too tight for me.

① must　② may　③ will　④ would

（　　　　　）

2 次の日本文を英文にしましょう。その際，与えられた単語を用い，動詞は適切な形に変えてください。

1）私たちは５年後に自分たち自身の会社をもてるでしょう。
（ will / able / own company ）

2）彼女は今，家でテレビを見ているはずです。 （ watch / home ）

3）私は駅までタクシーに乗るべきでした。 （ take / station ）

4）彼はその結果に喜んでいるにちがいありません。 （ please / result ）

推量の would と could

would と could にも推量の「きっと～だろう」という意味があります。
どちらもより確率が低いと考えられるときに用います。
It would / could be possible. （それはきっと可能でしょう）

また，would は過去の習慣「よく～したものだ」ということも表せます。
I would go to the café when I lived in Tokyo.
（東京に住んでいたとき，私はよくそのカフェに行きました）

環境づくりでモチベーションUP

「英語を勉強しよう！」という前向きな気持ちがなかなか長続きしない…そんなお悩みの声をよく耳にします。モチベーション UP に重要なのは「環境づくり」です。自分に合った学習環境で機嫌よく学習すると，集中力も続きやすく，何より学習時間がより楽しくなります。楽しくなると，続きます。続けられると，上達しやすくなります。

次のポイントをチェックしてみましょう。

① 場所

どこで勉強するとはかどりますか？　今までにうまく集中できた場所を思い浮かべてみてください。

② 時間

ご自身の現在のライフスタイルの中で，無理なく学習に捻出できる時間を割り出しましょう。最初は 1 日 5 分でも構いません。まずは最低限の時間ではじめましょう。

③ 教材

使う教材は 1 つがいいですか，それともいろいろなものに取り組む方がいいですか？　続ければどちらも効果があります。

④ 道具

英語学習で使う文房具などの道具を自分の好きなものにしてみると，やる気が UP します。

⑤ 仲間

一人で取り組みたいですか，それとも誰かといっしょに学びたいですか？　その時々で違っていても構いません。

CHAPTER

05

動詞を含むけれど,

述語動詞になれないのが「準動詞」です。

不定詞・動名詞・分詞の３種類を学びます。

LESSON 25 # 不定詞とは

不定詞の基本①/What is an Infinitive?

不定詞（ふていし）は**〈to＋動詞の原形〉**という形をとる，動詞を使った表現です。1つの文には動詞を1つしか置けませんが，不定詞を使うことで単純な文に「目的」などの情報をプラスすることができます。

She went to the library.　情報をプラス！

She went to the library to borrow some books.　目的

彼女は本を借りるために図書館に行きました。

不定詞は，文中での役割により，①**名詞用法**（「～すること」），②**副詞用法**（「～するために」「～して」など），③**形容詞用法**（「～するための」）という3つの用法に分類されます。名詞用法の不定詞は，文中で主語，目的語，補語になります。「～すること」などと訳されます。

To drink a lot of water is very important.

全体が名詞の役割

水をたくさん飲むことはとても重要です。

副詞用法の不定詞は，動詞の直後・文頭・文末に置かれ，動詞や文全体を修飾します。「～するために」「～して」などと訳されます。

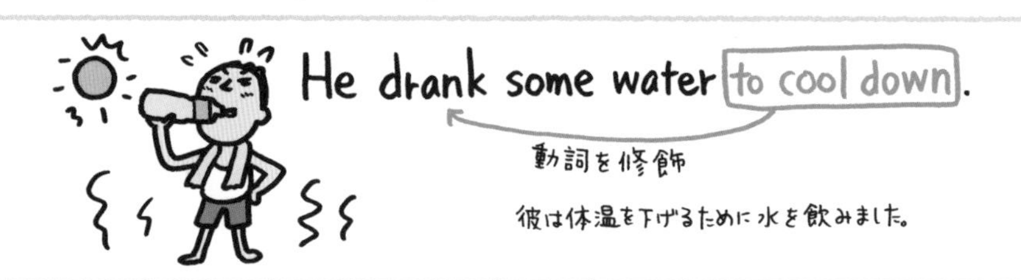

He drank some water to cool down.
動詞を修飾
彼は体温を下げるために水を飲みました。

形容詞用法の不定詞は，名詞の後ろに置かれ，名詞を修飾します。「～するための」などと訳されます。

I need some water to drink.
名詞を修飾
私は飲むための水が必要です。

EXERCISE

答えは別冊14ページ
答え合わせが終わったら，音声に合わせて英文を音読しましょう。

1 （　　）内の語を並べかえて，英文を完成させましょう。

1 私たちは実践的な英語を学ぶためにアメリカに行きました。
(English / to / went / we / learn / America / to / practical).

________________________________.

実践的な：practical

2 彼は世界中を旅行するための十分なお金を手に入れました。
(got / he / money / to / around / enough / the / world / travel).

________________________________.

世界中を：around the world

3 よく眠ることは，私にとって重要なことです。
(me / well / to / important / is / for / sleep).

________________________________.

4 彼に会うためにそこへ行ったのですか？
(him / you / there / did / go / meet / to)?

________________________________?

2 日本語を参考にして，適する語を（　　）に書きましょう。

1 その時，私はすべきことがありませんでした。
I didn't have (　　　)(　　　)(　　　) then.

2 私は友達とコーヒーを飲むことが好きです。
I like (　　　)(　　　)(　　　) with my friend.

3 彼はそのテストに合格するために一生懸命に勉強をしました。
He studied hard (　　　)(　　　) the examination.

LESSON 26 不定詞の意味上の主語

不定詞の基本②/The Subject of an Infinitive

不定詞は〈to ＋ 動詞の原形〉という動詞を使った表現なので，その動詞の「主語」を示す必要が出てくることがあります。その場合，不定詞の前に**〈for＋名詞〉**を置いて，不定詞の主語を示します。このような不定詞の主語を「**不定詞の意味上の主語**」と呼び，文の主語と区別します。

次の２つの構文では「不定詞の意味上の主語」を表すことがあります。

まずは**It ... to ～構文**（形式主語構文→ p.166）です。不定詞のカタマリが主語になると主語が長くなり、文のバランスが悪くなります。その場合，It を主語にして，to 以下の不定詞のカタマリを文の後半に置くことがあります。この文で不定詞が表す動作をする人やものを示したいときは〈for ＋ 名詞〉を使います。この構文の it は**形式主語**や**仮主語**と呼ばれます。to 不定詞を主語にするより自然です。

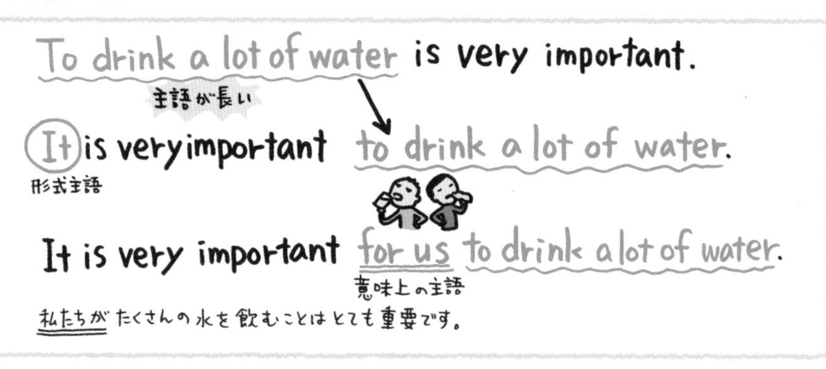

To drink a lot of water is very important.
主語が長い
It is very important to drink a lot of water.
形式主語
It is very important for us to drink a lot of water.
意味上の主語
私たちがたくさんの水を飲むことはとても重要です。

too ... to ～構文でも同じように，It を形式主語にして，to 以下の不定詞のカタマリを後ろにまわすことがあります。この時も，不定詞の意味上の主語を示す必要がある場合には〈for ＋ 名詞〉を使います。この構文では It の後ろにくる形容詞に too（あまりに…）をつけて，「あまりに・・・なので～できない」という否定の意味を表すことも押さえておきましょう。

It's too difficult to drink a lot of water every day.
構文
It's too difficult for me to drink a lot of water every day.
意味上の主語
私が毎日たくさんの水を飲むのはあまりに難しい（ので，できない）。

EXERCISE

答えは別冊14ページ
答え合わせが終わったら，音声に合わせて英文を音読しましょう。

1 （　　）内の語を並べかえて，英文を完成させましょう。

1 私たちが英語と日本語のちがいを学ぶのは興味深いです。
(for / it / English / to / is / the / differences / us / between / learn / and / Japanese / interesting).

＿＿＿＿＿＿＿＿＿＿＿＿＿＿＿＿＿＿＿＿＿＿＿＿＿＿＿＿＿.

2 子どもたちがこの川で泳ぐのは危険すぎます。
(dangerous / to / children / river / too / swim / for / is / in / it / this).

＿＿＿＿＿＿＿＿＿＿＿＿＿＿＿＿＿＿＿＿＿＿＿＿＿＿＿＿＿.

3 彼らがこの発表を聞くことは退屈ではありませんでした。
(it / for / boring / listen / them / to / this / presentation / to / wasn't).

＿＿＿＿＿＿＿＿＿＿＿＿＿＿＿＿＿＿＿＿＿＿＿＿＿＿＿＿＿.

4 あなたが１日に５冊の本を読むことは簡単ですか？
(a / is / five / for / easy / to / you / books / it / day / read)?

＿＿＿＿＿＿＿＿＿＿＿＿＿＿＿＿＿＿＿＿＿＿＿＿＿＿＿＿＿?

2 日本語を参考にして，適する語を（　　）に書きましょう。

1 あなたが自分自身を信じることは大切なことです。
It is important (　　　　) you (　　　　) believe in yourself.

2 外国人がこの方言を理解するのは簡単ではありません。　方言：dialect
It (　　　　)(　　　　)(　　　　) foreign people to understand this dialect.

LESSON 27

SVO＋不定詞・SVO＋原形不定詞

不定詞の基本③/SVO + Infinitive & SVO + Infinitive

第3文型の〈主語 + 動詞 + 目的語〉（SVO）の後ろに，不定詞が置かれる場合があります。この形をとる文は，おもに**「〈主語〉がだれかに何かをしてほしい」**という意味や，**「〈主語〉がだれかに～させる」**という意味を表します。

They wanted their son to clean his room.

彼らは，息子に自分の部屋を掃除することを望んでいました。

〈SVO＋不定詞〉のパターンで使う主な動詞

願望系	want(欲しい) would like(欲しい) expect(期待する)
伝達系	ask(頼む) tell(命じる) advise(勧める) warn(警告する) remind(思い出させる)
使役・許可系	get(～させる) force(強いる) urge(促す) allow(許す) encourage(励ます)
思考系	think(思う) believe(思う) find(わかる) consider(考える)

※思考系の4つはSVOの後ろにto beのみとる。

〈主語 + 動詞 + 目的語〉（SVO）の後ろに，不定詞のtoを入れずに，動詞の原形だけを置く場合があります。このようなtoを入れない不定詞を「**原形不定詞**（げんけいふていし）」といいます。この形で使う動詞は「**使役動詞**（しえきどうし）」（「だれかに～させる」という意味をもつ動詞）や「**知覚動詞**（ちかくどうし）」（「何かが～するのを見る／聞く」という意味をもつ動詞）です。

He made his students study English for 10 hours a day.（原形不定詞：study）

彼は生徒たちに1日10時間英語を勉強させました。

〈SVO＋原形不定詞〉のパターンで使う主な動詞

知覚動詞	see(見る) watch(見る) hear(聞く) feel(感じる)
使役動詞	make(～させる) let(～させる) have(～させる)

help（助ける）は〈SVO + 不定詞〉の形をとりますが，**toは省略される**ことが多いです。

・He helped you (to) move.（彼はあなたが引っ越しするのを手伝った）

EXERCISE

答えは別冊14ページ
答え合わせが終わったら，音声に合わせて英文を音読しましょう。

1 日本語を参考にして，適する語を（　　）に書きましょう。

1　彼女の両親は彼女がいつか海外へ行くことを望んでいます。
Her parents (　　　　) her (　　　　)(　　　　) abroad someday.

2　医者は私にもっと野菜を食べるように助言しました。
The doctor (　　　　)(　　　　)(　　　　) eat more vegetables.

3　これらの箱を棚に乗せるのを手伝ってくれますか？　～を…に乗せる：put ～ on ...
Can you (　　　　) me (　　　　) these boxes on the shelf?

4　彼がここにいるなんて期待していませんでした！　期待する：expect
I (　　　　)(　　　　)(　　　　) to be here!

2 （　　）内から適するものを選び，○で囲みましょう。

1　次の授業にあの本をもっていくことを私に思い出させてください。
Please remind me (take / to take) that book to the next class.

2　彼女は子どもたちが公園の中を走るのを見ていました。
She watched her children (run / ran) in the park.

3　今日きちんとした格好をしてくるように，なぜ言ってくれなかったのですか？
Why didn't you tell me (dress / to dress) appropriately today?
appropriately：適切に

4　まず自己紹介をさせてください。
First, let me (introduce / to introduce) myself.

LESSON 28 不定詞のいろいろな形 ①

不定詞の否定形・進行形・独立不定詞/Various Forms of Infinitives - Part 1

「〜しないこと」「〜しないように」といった**不定詞の否定**を表す場合は，to の前に not を置いた**〈not ＋ to ＋ 動詞の原形〉**という形を使います。not の代わりに never が使われることもあります。

また，「〜している」という**進行形の意味を不定詞で表したい**場合には，不定詞と進行形を組み合わせた不定詞の進行形**〈to ＋ be ＋ 動詞の ing 形〉**を使います。

不定詞を含む慣用表現（決まり文句）があります。主に文頭に置かれて副詞句として文を修飾します。これらの不定詞を含む表現は「**独立不定詞**（どくりつふていし）」などと呼ばれることもあります。

to begin with	まず最初に	needless to say	言うまでもなく
to be honest	正直に言うと	not to mention 〜	〜は言うまでもなく
to be exact	正確に言うと	to say nothing of 〜	〜は言うまでもなく
to be sure	確かに	strange to say	奇妙な話だが
to be frank	率直に言って	so to speak	いわば
to tell the truth	本当のことを言うと	to make matters worse	さらに悪いことに

EXERCISE

答えは別冊15ページ
答え合わせが終わったら，音声に合わせて英文を音読しましょう。

1 日本語を参考にして，適する語を（　　）に書きましょう。

1 彼はソファで眠っているようでした。
He (　　　　)(　　　　)(　　　　) sleeping on the sofa.

2 正直に言うと，私はあの映画を好きではありません。
(　　　　)(　　　　)(　　　　), I don't like that movie.

3 言うまでもなく，私たち全員には長所も短所もあります。
(　　　　)(　　　　)(　　　　), we all have strong points and weak points.

4 あの果物を食べないようにと彼は私に言いました。
He told me (　　　　)(　　　　)(　　　　) that fruit.

2 （　　）内の語を並べかえて，英文を完成させましょう。

1 私のしたいことができないのはもどかしいです。
(not / is / frustrating / it / to / be / to / do / able) what I want to do.

_______________ what I want to do.

もどかしい：frustrating

2 社員たちはその発表に注意を払っているようでした。
(attention / to / workers / be / paying / presentation / the / seemed / to / the).

_______________.

～に注意を払う：pay attention to ～

3 正確に言うと，彼は9時15分に駅に到着しました。
(at / be / exact, / he / to / 9:15 / arrived / the / station / at).

_______________.

LESSON 29 不定詞のいろいろな形 ②

完了不定詞・不定詞の受動態/Various Forms of Infinitives - Part 2

不定詞で文の動詞が表す時よりも前のことを表したい場合は，不定詞と完了形を組み合わせた**〈to + have + 過去分詞〉**という**完了不定詞**を使います。完了形を使っていることから「完了不定詞」と呼ばれますが，完了だけではなく，**「文の動詞が表す時よりも前のこと」**も表すので注意しましょう。

「～されること」という受動の意味を不定詞で表したいときは，不定詞と受動態を組み合わせた**〈to + be + 過去分詞〉**という**不定詞の受動態**を使います。

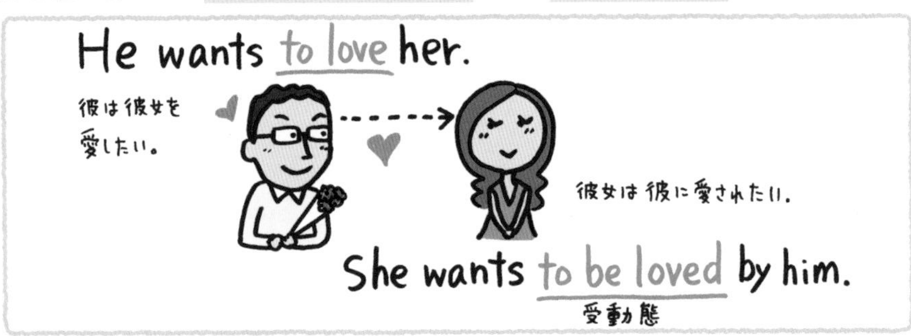

p.092 で解説した使役動詞がつくる〈SVO + 原形不定詞〉の文を受動態にする場合には、注意が必要です。能動態では原形不定詞で to は使いませんが，**受動態にするときには to を使います。**

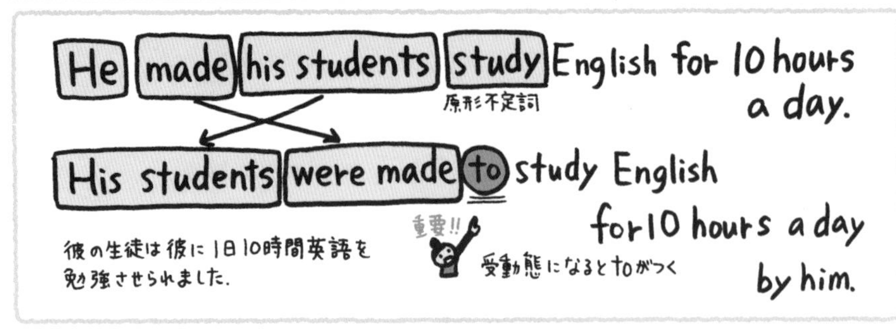

EXERCISE

答えは別冊15ページ
答え合わせが終わったら，音声に合わせて英文を音読しましょう。

1 （　）内の語を適切な形にして，日本文に合う文にしましょう。

1 これらの建物は18世紀に使われていたようです。（use）

These buildings seem ＿＿＿＿ in the 18th century.

2 私たちは3時間，床に座らされていました。（make）

We ＿＿＿＿ sit on the floor for three hours.

3 彼は休暇中にじゃまされたくありませんでした。（bother）
～をじゃまする

He didn't want ＿＿＿＿ on his vacation.

4 メアリーはあなたを助けることができたことを喜んでいましたか？（be）

Was Mary glad to ＿＿＿＿ able to help you?

2 日本語を参考にして，適する語を（　）に書きましょう。

1 あの会社は生き残りをかけて戦っていたようです。
That company（　）（　）（　）been struggling for survival.
戦う　生き残り

2 この話はこの国で伝えられていなかったようです。
This story（　）（　）（　）have been told in this country.

3 あなたはそんなに高い入場料を払わされたのですか？（makeを使って）
（　）you（　）to（　）such a high entrance fee?
入場料

CHAPTER 05 準動詞

LESSON 30

動名詞とは

動名詞の基本/What is a Gerund?

動詞のing形が「〜すること」という意味を表し，名詞の働きをすることがあります。動詞を名詞として使う形なので，このing形を**動名詞**（どうめいし）といいます。動名詞は，不定詞の名詞用法と同じように**文の主語**や**動詞の目的語**になります。不定詞とはちがい，前置詞のあとに置くこともできます。

Making a plan is important.

To make a plan is important.
計画を立てることは重要です。

動名詞の意味上の主語を示すときは，**所有格**か**目的格**を動名詞の前に置きます。

所有格
I'm sure of your succeeding.
youでもOK
目的格
私はあなたが成功することを確信しています。

動名詞の否定形は，動名詞の前にnotやneverを置いて，**〈not[never]＋動詞のing形〉**という形を使います。また，**〈having＋過去分詞〉**という**動名詞の完了形**を使うと，文の動詞が表す時よりも前の時を表すことができます。

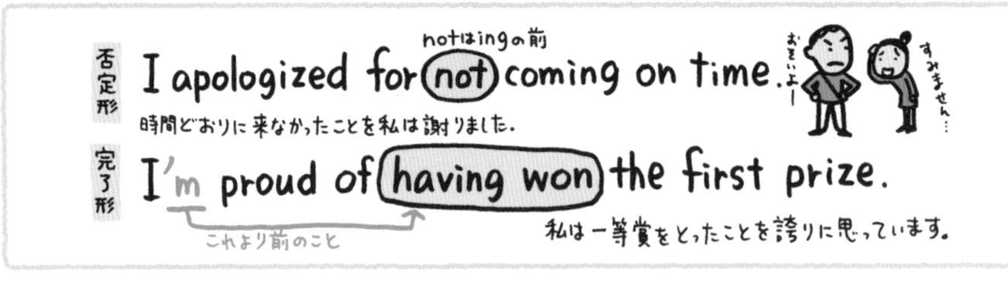

notはingの前
I apologized for not coming on time.
時間どおりに来なかったことを私は謝りました。

I'm proud of having won the first prize.
これより前のこと

「〜されること」というように受動の意味を，動名詞を使って表すときは，**〈being＋過去分詞〉**という**動名詞の受動態**を使います。

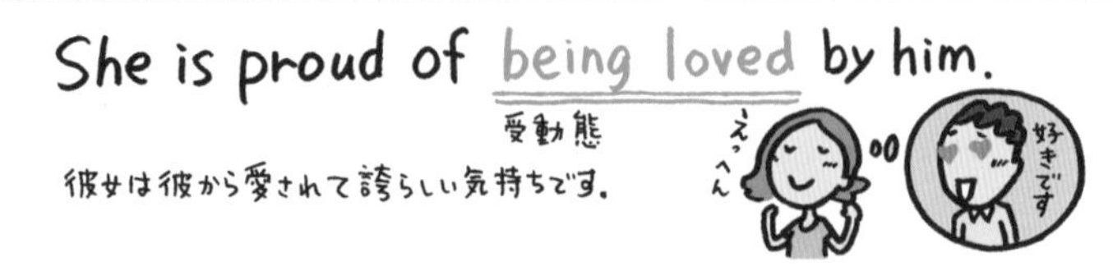

She is proud of being loved by him.

彼女は彼から愛されて誇らしい気持ちです。

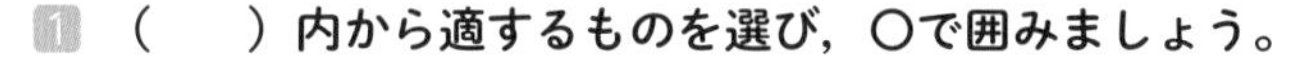

EXERCISE

答えは別冊15ページ
答え合わせが終わったら，音声に合わせて英文を音読しましょう。

1 （　　）内から適するものを選び，○で囲みましょう。

1 歌を歌うことはリラックスするためのよい方法です。
(Sing / Singing) a song is a good way to relax.

2 私たちは今日１日がいい日だったという感覚を共有しました。
We shared the feeling of (had / having had) a good day.

3 彼は嘘（うそ）をついていないと主張しました。
He insisted on (telling not / not telling) a lie.

4 私たちは彼が来月のパーティーに来ることを楽しみにしています。
We are looking forward to (come / his coming) to the party next month.
（looking forward to：～を楽しみにしている）

2 （　　）内の語を並べかえて，英文を完成させましょう。

1 ここで私はバイオリンの練習をしてもいいですか？
(practicing / here / would / mind / you / the / violin / my)?

__________________________________?

2 彼は試験に合格したことを誇りに思っています。
(examination / having / the / of / proud / passed / is / he).

__________________________________.

～を誇りに思う：be proud of ～

3 私は勉強中にじゃまされたくありません。
(disturbed / like / while / don't / studying / I / being).

__________________________________.

～をじゃまする：disturb

LESSON 31

不定詞と動名詞のちがい

不定詞と動名詞/Infinitives vs. Gerunds

不定詞と動名詞は，どちらも名詞の役割をもっており，動詞の目的語になります。

I like to walk in the park in the morning.
＝ walking
どちらもOK
私は朝，公園を散歩することが好きです。

上の例文のように不定詞と動名詞の両方を目的語にとる動詞もありますが，動詞によっては，不定詞と動名詞のどちらか一方しか目的語にとらないものがあります。

不定詞だけを目的語にとる動詞には「望み」や「決断」を表すものが多いです。

I hope to see her again. 私はまた彼女に会うことを望んでいます。
→ 不定詞だけ

不定詞だけを目的語にとる主な動詞

「望み」系 hope（望む） wish（望む） want（欲しい） expect（期待する） promise（約束する）

「決断」系 decide（決める） agree（同意する） refuse（断る） determine（決断する） choose（選ぶ）

動名詞だけを目的語にとる動詞には，「感情」，「中断・終了」，「思考・提案」を表すものが多いです。

I enjoyed talking with my friend in my favorite café.
→ 動名詞だけ
私はお気に入りのカフェで友達とのおしゃべりを楽しみました。

動名詞だけを目的語にとる主な動詞

「感情」系 enjoy（楽しむ） mind（気にする）

「中断・終了」系 stop（止める） finish（終える） give up（あきらめる） avoid（避ける） escape（逃げる）

「思考・提案」系 consider（考える） deny（否定する） suggest（提案する） recommend（勧める）

主に，**不定詞だけを目的語にとる動詞は「未来に関わること」**，**動名詞だけを目的語にとる動詞は「現在もしくは過去に関わること」**と考えると，覚えやすくなります。望んだり決断したりするのは未来のこと，楽しんだり終えたりするのは過去のこと，という具合です。

EXERCISE

答えは別冊15ページ
答え合わせが終わったら，音声に合わせて英文を音読しましょう。

1 （　）内から適するものを選び，〇で囲みましょう。

1 私は来年の春に，京都に行きたいと強く望んでいます。
I really hope (visiting / to visit) Kyoto next spring.

2 日本で，私たちは新鮮な魚を食べることを本当に楽しみました。
We really enjoyed (eating / to eat) fresh fish in Japan.

3 ついに，彼は会社をやめることを決心しました。 ～をやめる：quit
Finally, he decided (quitting / to quit) the company.

4 10分後に電話をかけなおしてくださいますか？
Would you mind (calling / to call) me back in ten minutes?

2 日本語を参考にして，適する語を（　）に書きましょう。

1 私たちは昨日あなたに会うのを期待していました。 ～を期待する：expect
We (　　　)(　　　)(　　　) you yesterday.

2 私はちょうど夕食を作り終えたところです。
I have just (　　　)(　　　) dinner.

3 医者は彼にたばこを吸うのをすぐにやめるように忠告しました。
His doctor advised him (　　　) give up (　　　) at once.

4 来週のパーティーに行くことを決めましたか？
Have you (　　　)(　　　)(　　　) to the party next week?

LESSON 32 分詞とは

分詞の基本①/The Basics of Participles

分詞は「～している」「～される」という意味で，名詞を説明する形容詞の役割をします。分詞には**現在分詞**と**過去分詞**の 2 種類があります。

現在分詞は動詞の ing 形で，「～している」という意味を表します。「動名詞」と形は同じ ing 形ですが，現在分詞は形容詞の働きをするのでしっかり区別しましょう。

I know a man building houses.
私は家を建てている人を知っています.
男性が建てている
「～している」＝現在分詞

過去分詞は「～される」という意味を表します。過去形と同じく，過去分詞も語尾が ed で終わる形を基本としますが，不規則な形をとるものもあるので注意しましょう（→ p.017）。

I know a house built by that man.
私はあの人によって建てられた家を知っています.

「～される」＝過去分詞

修飾される名詞と分詞との意味的なつながりに注目することが，現在分詞と過去分詞を使い分ける際のポイントです。**名詞が分詞の動作を「している」動作主ならば現在分詞**を，**名詞が分詞の動作を「される」対象ならば過去分詞**を使います。

分詞 1 語で名詞を修飾するときは，名詞の前に分詞が置かれます。しかし，分詞がほかの語句をともなって名詞を修飾する場合には，名詞の後ろに置かれます。

Look at the sleeping baby.
1語なら名詞の前！
寝ている赤ちゃん
Look at the baby sleeping in the bed.
2語以上なら名詞の後ろ！
ベッドで寝ている赤ちゃん

EXERCISE

答えは別冊15ページ
答え合わせが終わったら，音声に合わせて英文を音読しましょう。

1 (　) 内の語を，形を変えて（　　）に書きましょう。

1　あそこで歌っている女の子が見えますか？（sing）
Can you see the girl (　　　　) over there?

2　通りで有名なモデルに会って興奮した少女たちを，私は見つけました。（excite）
I found some girls (　　　　) to see a famous model on the street.

3　書店の前で待っている男性を私は知りませんでした。（wait）
I didn't know the man (　　　　) in front of the bookstore.

4　割れた窓は新しいものに取りかえられました。（break）
The (　　　　) window was replaced with a new one.

2 (　　) 内から適するものを選び，○で囲みましょう。

1　彼女は私にフランス語で書かれたこの手紙を送ってきました。
She sent me this letter (writing / written) in French.

2　私は街ですばらしいギタリストとして知られる男性に会いました。
I met a man (knowing / known) as a great guitarist in his city.

3　あれらの店におもしろいものはありませんでした。
There was nothing (interesting / interested) in those shops.

4　スペインで撮られたあの写真をもう見ましたか？
Have you seen that photo (taking / taken) in Spain yet?

LESSON 33 # 補語になる分詞

分詞の基本②/Participles as Complements

分詞は形容詞として名詞を修飾するだけでなく，**第2文型（SVC）や第5文型（SVOC）の補語（C）になる**こともあります。現在分詞と過去分詞の使い分けのポイントを中心に学習しましょう。

第2文型（SVC）では，主語と補語になる分詞の関係に注目します。**主語が分詞の動作を「している」場合は，現在分詞**を使います。**主語が分詞の動作を「される」場合は，過去分詞**を使います。

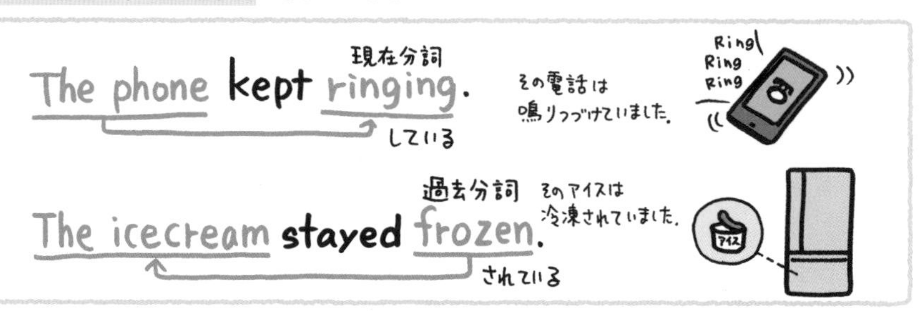

第5文型（SVOC）では，目的語と補語になる分詞の関係に注目します。分詞は直前の目的語（O）がする動作を表します。つまり，O が分詞の意味上の主語になっているのです。O と分詞の意味のつながりをつかめば，補語に現在分詞と過去分詞のどちらを使うべきかがわかります。**目的語が分詞の動作を「している」場合は，現在分詞**を使います。**目的語が分詞の動作を「される」場合は，過去分詞**を使います。

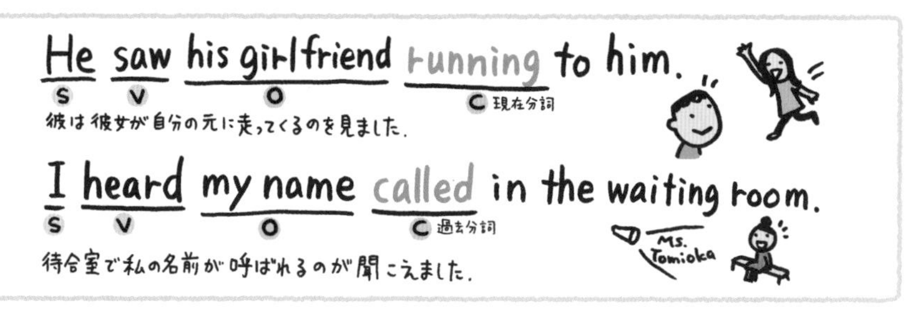

知覚動詞や使役動詞（→ p.092）のほか，keep（～のままにする），find（～だとわかる）などの一般動詞にも，この形をとるものがあります。

「感情を表す」動詞を分詞にする際は注意が必要です。英語では，surprise（驚かせる），excite（わくわくさせる），interest（興味をもたせる）などの動詞は，日本語とちがって他動詞です。たとえば「人が驚く」という場合には，英語では「人が驚かされる」と考えて，**過去分詞**を使います。感情を表す動詞の現在分詞と過去分詞を使う際には，このことを思い出しましょう。

EXERCISE

答えは別冊16ページ
答え合わせが終わったら，音声に合わせて英文を音読しましょう。

1 （　　）内の語を並べかえて，英文を完成させましょう。

1 私がシャワーを浴びながら歌っているのを，母は聞いていました。
（the / mother / my / me / heard / in / singing / shower）.

______________________________.

2 私はできるだけ早くコンピューターを修理してもらわねばなりませんでした。
（as / had / I / have / to / computer / my / as / repaired / soon / possible）.

______________________________.

できるだけ早く：as soon as possible

3 私たちはパーティーで自分たちの曲が演奏されるのを聞けませんでした。
（songs / hear / our / we / party / played / couldn't / the / at）.

______________________________.

4 彼らは夜中まで英語を勉強し続けていました。
（studying / kept / they / midnight / English / until）.

______________________________.

～まで：until

2 （　　）内の語を，適する形に変えて（　　）に書きましょう。

1 お待たせしてすみません。（wait）
I'm sorry to keep you（　　　　）.

2 彼はドアの鍵をかけないままにしました。（unlock）
He left the door（　　　　）.

3 そのとき，私のフランス語は通じませんでした。（understand）
I couldn't make myself（　　　　）in French then.

LESSON 34 分詞構文とは

LESSON 34 分詞構文とは

分詞構文/What is Participial Constructions?

これまで学習してきた分詞は，名詞の説明をする形容詞の働きをするものでした。分詞にはもうひとつ，文に情報をプラスする**副詞の働き**があります。このような副詞の働きをする分詞を使った表現を「**分詞構文**（ぶんしこうぶん）」といいます。文の最初や文末などに置かれ，「時（～するとき）」「原因・理由（～なので）」「付帯状況（ふたいじょうきょう）（～しながら）」などの意味を表しますが，その**意味は文脈やメインの文との関係で特定**します。

分詞構文の主語は基本的には文の主語と同じです。ですから，分詞構文と文の主語の意味の関係により，現在分詞と過去分詞を使い分けます。

文の主語が分詞構文の表す動作を「している」という意味関係の場合は，**現在分詞**を使います。

Hearing the news, he will be upset.
同じ人がする
その知らせを聞けば彼は動揺するでしょう。

文の主語が分詞構文の表す動作を「される」という意味関係の場合は，**過去分詞**を使います。

過去分詞
Written in easy English, the book is good for beginners.
同じものがされる
やさしい英語で書かれているので
この本は初級者に向いています。
読めるー

分詞構文の否定形は，分詞の前に not を置いた**〈not＋分詞構文〉**の形で表します。

Not knowing that fact, he will be very calm.

あの事実を知らなければ
彼はとても穏やかでしょう。

EXERCISE

答え は別冊16ページ
答え合わせが終わったら，音声に合わせて英文を音読しましょう。

1 （　）内から適するものを選び，○で囲みましょう。

1 北京（ペキン）で生まれたので，彼女は流ちょうな中国語を話せます。
(Bearing / Born) in Beijing, she can speak fluent Chinese.

2 若い女性たちに愛されて，その歌手はとても人気があります。
(Loving / Loved) by young women, the singer is very popular.

3 その山の頂上から見ると，その街はビルでいっぱいでした。
(Seeing / Seen) from the top of the mountain, the city was full of buildings.

4 忙しくなかったので，私は２時間の仮眠をとりました。
(Not being / Not been) busy, I took a nap for two hours.
nap：仮眠

2 （　）内の語を並べかえて，英文を完成させましょう。

1 窓を開けると，彼は自分の兄が通りを走っていくのを見つけました。
(running / the / street / opening / he / found / his / the / brother / window, / down).

________________________________.

～を走る：run down ～

2 ディフェンスに囲まれて，そのストライカーはボールをパスしました。
(the / surrounded / passed / the / defense, / by / the / ball / striker).

________________________________.

3 結果を知らなかったので，私は彼に試合についてたずねました。
(about / result, / knowing / the / not / I / asked / him / the / game).

________________________________.

結果：result

LESSON 35

分詞構文のいろいろな形

完了形の分詞構文・〈接続詞＋分詞構文〉/Various Forms of Participial Phrases

メインの文の動詞が表す時よりも前のことを分詞構文で言いたい場合は，**分詞構文と完了形を組み合わせた〈having ＋ 過去分詞〉の形**を使います。これを「**完了形の分詞構文**」といいます。

Having eaten a lot in the morning, she skipped lunch.
もっと前
過去
朝たくさん食べたので
彼女は昼食を抜きました。
あ〜ん
おなか
いっぱい…

完了形の分詞構文の否定は having の前に not を置いた **〈not ＋ having ＋ 過去分詞〉**の形で表します。ing 形の前に not を置けばいいので，考え方はふつうの分詞構文（→ p.106）の場合と同じですね。

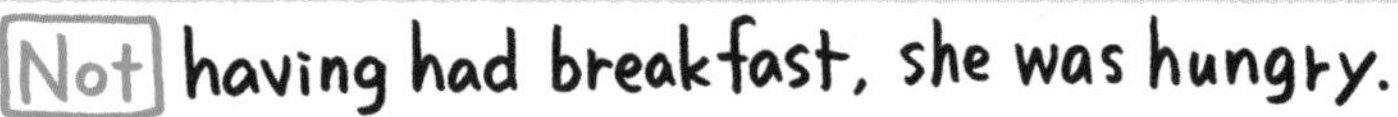

Not having had breakfast, she was hungry.

Notはhavingの前に置く！

朝食を食べなかったので
彼女はおなかがすいていました。

メインの文と分詞構文の意味のつながりをわかりやすくするために，分詞構文の前に接続詞を置いて **〈接続詞 ＋ 分詞構文〉**の形をとることがあります。この場合の否定形は分詞構文の前に not を置き，**〈接続詞 ＋ not ＋ 分詞構文〉**の形にします。

While walking along the beach, I found a beautiful shell.

入れると文意明確

海辺を歩いていたとき，私は美しい貝がらを見つけました。

Though not known to many people, the restaurant serves delicious curry.

notの前にも入れられる

あまり多くの人には知られていませんが，
そのレストランはおいしいカレーを出します。

EXERCISE

→答えは別冊17ページ
答え合わせが終わったら，音声に合わせて英文を音読しましょう。

1 次の文を日本語に訳しましょう。

1 Having lost his cell phone, he looked for a public phone.

public phone：公衆電話

2 Not having been here before, I lost my way.

3 Having been approved by the committee, the report was published.

approve：～を承認する　committee：委員会　publish：～を公表する

4 While watching a movie, he fell asleep.

5 While waiting for the bus, she texted her friend.

text：～に（携帯電話で）メールを送る

2 下線部を分詞構文にして，全文を書きかえましょう。

1 <u>Because I had read the book before</u>, I knew the story very well.

2 <u>After we had walked for some time</u>, we came to the lake.

3 <u>Because I had not received her e-mail</u>, I didn't know the details.

LESSON 36 独立分詞構文と慣用表現

独立分詞構文・〈with＋名詞＋分詞〉/Independent Participial Constructions

これまで学習した分詞構文では，文の主語と分詞構文の主語は同じでした。しかし，文の主語と分詞構文の主語が異なる場合，分詞構文の前に，分詞の意味上の主語を置きます。この**〈意味上の主語＋分詞構文〉**の形を「**独立分詞構文**（どくりつぶんしこうぶん）」といいます。

〈with ＋名詞＋分詞〉の形で，「～しながら」「～の状態で」という意味の「**付帯状況**（ふたいじょうきょう）」を表すことができます。この形は独立分詞構文の前に with を置いて，「付帯状況」の意味を明確にしたものだと考えるとわかりやすいでしょう。

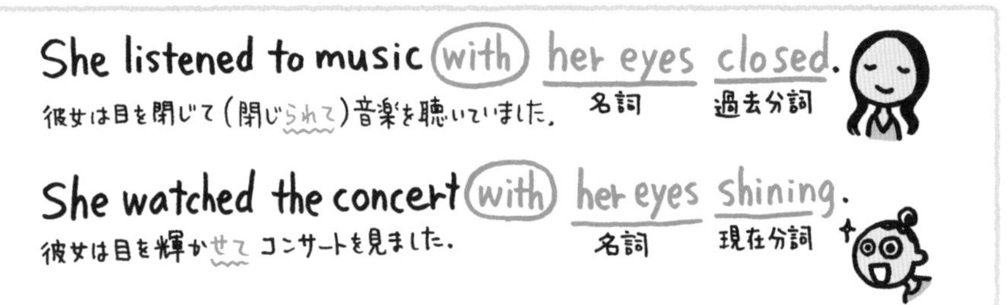

〈with ＋ 名詞〉のあとに，分詞ではなく形容詞や副詞を続けても，付帯状況の意味を表せます。

・Don't speak **with your mouth full**.（食べ物をほおばったままで話すな）

分詞構文の中には，メインの文とは関係なく使われる慣用的な表現があります。これらの表現は熟語として覚えてしまうほうがいいでしょう。

speaking[talking] of ～	～と言えば	judging from ～	～から判断すると
frankly speaking	率直に言うと	weather permitting	天候が許せば
generally speaking	一般的に言うと	taking ～ into consideration	～を考慮に入れると
strictly speaking	厳密に言うと	given that ～	～であるとすると
considering ～	～を考慮すると	provided[providing] that ～	もし～ならば

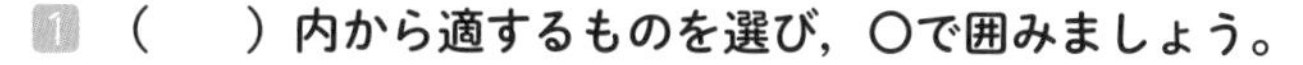

EXERCISE

答えは別冊17ページ
答え合わせが終わったら，音声に合わせて英文を音読しましょう。

1 （　）内から適するものを選び，○で囲みましょう。

1 School (being / been) over, the students went home.

2 All things (considering / considered), he is a fairly good student.

3 The train (crowding / being crowded), we had to stand all the way home.

4 Generally (speaking / spoken), Japanese eat more rice than bread.

5 She can't concentrate on her reading with him (watching / watched) her.

2 （　）内の語を並べかえて，英文を完成させましょう。

1 雪が降りだしたので，私は自転車に乗るのをやめることにしました。
(bike / decided / to / beginning / the / ride / I / to / not / snow / fall, / my).

______________________________.

2 彼は腕組みしながら，私の話を聞いていました。
(crossed / listened / he / to / with / me / arms / his).

______________________________.

3 天候が許せば，私たちは今週末にピクニックに行く予定です。
(picnic / permitting, / weekend / we / weather / a / on / go / will / this).

______________________________.

復習タイム

CHAPTER 05　準動詞

答えは別冊18ページ

答え合わせが終わったら，音声に合わせて英文を音読しましょう。

1　次の英文の（　　）に入れるのに最も適切なものを，それぞれ下の①～④のうちから１つずつ選びましょう。

1）The doctor recommended (　　　　　) exercises for thirty minutes a day.

①　did　　②　do　　③　doing　　④　done

(　　　　)

2）(　　　　　) Kyoto many times, the ambassador was able to remember the atmosphere of the city easily.

①　Had visited　　②　Has visited

③　Have visited　　④　Having visited

(　　　　)

3）All things (　　　　　), the concert should be put off until next month.

①　considered　　②　considering

③　to be considered　　④　to be considering

(　　　　)

4）At the airport, she was so relieved because she made herself (　　　　　) in Korean.

①　understand　　②　to understand

③　understanding　　④　understood

(　　　　)

5）Would you mind (　　　　　) the window while you are working here?

①　open　　②　to open　　③　opening　　④　opened

(　　　　)

6）She got (　　　　　) when she watched the movie for the first time.

①　bored　　②　boring　　③　bore　　④　bores

(　　　　)

7）(　　　　　) other runners, he felt more positive about the sudden change in weather.

①　Compare to　　②　Compared with

③　Comparing as　　④　Comparison of

(　　　　)

2 次の日本文を英文にしましょう。その際，与えられた単語を用いてください。

1）夜にコーヒーを飲みすぎないように注意してください。

（ careful / not / at ）

2）私はたくさんの外国語を学ぶのがおもしろいです。

（ It / interesting / for / many ）

3 次のイラストを描写する英文を書いてください。その際，与えられた単語を用い，動詞は適切な形に変えてください。

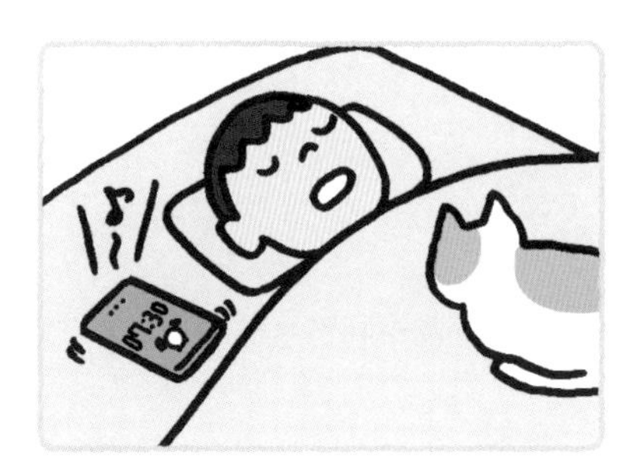

男性の携帯電話のアラームが鳴り続けています。

（ The alarm / keep / ring ）

動詞と不定詞・動名詞の関係

動名詞と不定詞のどちらも目的語にとることができるけれど，どちらをとるかで意味にちがいが出る動詞があります。

① I remember sending her the e-mail. （私は彼女にEメールを送ったことを覚えています）

② Remember to send her the e-mail. （忘れずに彼女にEメールを送ってください）

remember が動名詞を目的語にとると，「～したことを覚えている」という意味になります。一方，不定詞を目的語にとると，「（これから）～することを覚えている」「忘れずに～する」という意味になります。動名詞には「現在もしくは過去のこと」，不定詞には「未来のこと」を表すというちがいがあり，remember などの動詞ではこの特徴が意味に現れるのです。

目的語が不定詞か動名詞かで意味にちがいが出る動詞には，ほかに次のようなものがあります。

・forget ～ing 「～したことを忘れる」 / forget to ～ 「～するのを忘れる」
・regret ～ing 「～したことを後悔する」 / regret to ～ 「～することを残念に思う」
・try ～ing 「試しに～してみる」 / try to ～ 「～しようとする」

基礎ができたら，もっとくわしく。

述語動詞と準動詞の見極め

How to Identify the Predicate Verb and the Nonfinite Verb

文の中で，動詞の役割は２種類あります。「述語動詞」と「準動詞」です。「準動詞」とは不定詞・動名詞・分詞のことです。しっかり見極めて使い分けることが肝心です。

●述語動詞

- □ 主語の直後に置ける
- □ 形が変えられる（現在形，過去形，現在進行形など）
- □ これがないと文が完成しない文の核となるもの

●準動詞（不定詞・動名詞・分詞）

- □ 形は決まっている（不定詞は to ＋動詞の原形，動名詞は動詞＋ ing，分詞は動詞＋ ing または動詞＋ ed）
- □ これがなくても文は完成する補足的なもの

これらのルールをもとに，次の文の述語動詞と準動詞を判別してみましょう。

例　I went to Shibuya to buy some books.

動詞 went は主語 I の直後に置かれ，go の過去形に形が変わっているので述語動詞。to buy は不定詞で「買うために」という補足的な意味を表すので準動詞です。「私は本を買うために渋谷に行きました」という意味です。

では次の空欄に入るのは述語動詞か準動詞のどちらでしょうか。

例　A lot of people (　　　) in line bought that book.

①　wait　　②　are waiting　　③　waiting　　④　to wait

空欄が主語の直後にあるので述語動詞だと思うかもしれませんが，文の後半に buy の形が過去形に変わった bought があるので，この bought が述語動詞です。よって，空欄には準動詞が入ることがわかります。選択肢の中で準動詞なのは③動名詞または現在分詞，④不定詞の２つ。空欄直前の people「人々」を修飾して「待っている」という意味を表せる現在分詞③ waiting が正解です。「並んで待っている多くの人々はあの本を買いました」という意味です。

CHAPTER

06

事実と異なることを表すときに使うのが仮定法。
ここでは仮定法過去と仮定法過去完了という
基本の２つを中心に練習していきます。

LESSON 37 仮定法過去

仮定法の基本①/Past Subjunctive

「もし～ならば…なのに」という現在の事実とはちがう仮定や想像を表すために使うのが「**仮定法過去**」です。形は**〈If＋主語＋動詞の過去形 ～，主語＋would[could, might]＋動詞の原形〉**です。If のあとに使う過去形の be 動詞は，主語が何であっても were を使うのがふつうです。

仮定法は「現在の事実とはちがうこと」を表すので，上の文の元になる現在の現実を表す文は，I am not healthy, so I can't go on a trip.（私は元気ではないので，旅行に行けません）ということになります。このように，現実のことを表す文は「**直説法**（ちょくせつほう）」と呼ばれます。これまで学んできたふつうの文は，すべて直説法です。

仮定法過去が表す内容はあくまでも「現在」のことですが，過去形を使って仮定を表すので「仮定法過去」と呼ばれます。

仮定法では，話の内容が**「ありえないこと，現実と離れていること」**であるという，現実とのズレを表すために，動詞の時制を過去のほうに１つだけずらすのです。

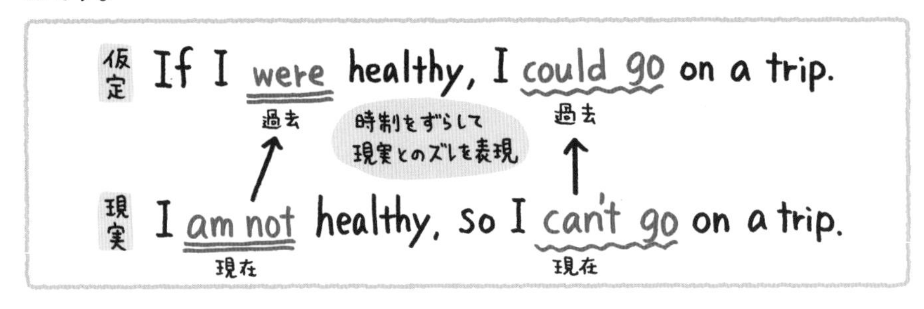

EXERCISE

答えは別冊19ページ
答え合わせが終わったら，音声に合わせて英文を音読しましょう。

1 日本語を参考にして，適する語を（　　）に書きましょう。

1 もし私に羽があれば，空を飛べるのに。
If I (　　　　) wings, I (　　　　) fly in the sky.

2 もし私に長い休みがあれば，フィンランドに旅行するのに。
If I (　　　　) a long vacation, I (　　　　) travel to Finland.

3 もし私が英語を話せないなら，あなたと話ができていないでしょう。
If I (　　　　) speak English, I (　　　　) be able to talk with you.

4 もし沖縄に住んでいたら，何をしますか？
What (　　　　) you do if you (　　　　) in Okinawa?

2 （　　）内から適するものを選び，〇で囲みましょう。

1 もし彼女が農業をする人だったら，トマトをたくさん育てるでしょう。
If she (be / are / were) a farmer, she would grow a lot of tomatoes.

2 もし彼らがあなたを信じていなかったら，この仕事を任せないでしょう。
If they (don't / didn't / hadn't) trust you, they wouldn't leave this job up to you.
leave ～ up to …：～を任せる

3 もし彼女がここからの距離を知っていれば，そこへ行かないでしょう。
She (don't / won't / wouldn't) go there if she knew the distance from here.

4 外国人の友達がいれば，彼らは外国語にもっと興味をもつでしょうか？
Would they be more interested in foreign languages if they (have / had / had had) some foreign friends?

LESSON 38
仮定法過去完了・仮定法過去と仮定法過去完了のミックス形

仮定法の基本②/Past Perfect Subjunctive & Other Subjunctives

「もし～だったならば…だったのに」という過去の事実とはちがう仮定や想像を表すために使うのが「**仮定法過去完了**」です。表す内容は過去のことですが，過去完了を使って表すので「仮定法過去完了」と呼ばれます。**〈If + 主語 + had + 過去分詞～, 主語 + would[could, might] + have + 過去分詞〉**が基本の形です。

I didn't know her telephone number, so I couldn't call her.（私は彼女の電話番号を知らなかったので，彼女に電話できませんでした）という過去の事実に反する想像を，上の仮定法過去完了の文は表しています。

また，「過去に～だったならば，今～だろうに」のように，仮定法過去完了と仮定法過去が一緒に使われることもあります。

この文を支える事実は，過去の「あの時あなたに会った」と現在の「私の人生はつまらなくない」です。

・I met you then. という過去の事実と反対のこと → 仮定法過去完了　If I hadn't met you then,

・My life isn't boring. という現在の事実と反対のこと → 仮定法過去　My life would be boring.

これらを組み合わせて，上の仮定法の文ができたのです。

043

EXERCISE

答えは別冊19ページ
答え合わせが終わったら，音声に合わせて英文を音読しましょう。

1 （　　）内から適するものを選び，○で囲みましょう。

1 もしもっと早く来ていれば，あなたは彼女に会えたのに。
If you (came / had come) earlier, you could have met her.

2 もし彼が招待を断っていたら，あのパーティーはつまらなかったでしょう。
If he had refused our invitation, that party (would be / would have been) boring.

3 もしあなたが先月このカフェを見つけていなかったら，こんなふうに一緒にお茶を楽しむことはできないですね。
If you (haven't found / hadn't found) this café last month, we couldn't enjoy having tea together like this.

4 もし子どものころに父が私に英語を教えてくれていなかったら，今英語の教師にはなっていないでしょう。
If my father hadn't taught me English in my childhood, I (wouldn't be / wouldn't have been) an English teacher now.

2 （　　）内の語を並べかえて，英文を完成させましょう。

1 もし彼が昨日チケットを買っていたら，今この映画を見られるのに。
(he / if / this / a / bought / had / yesterday, / now / he / could / movie / ticket / see).

--.

2 もしあの時この大学に入ると決めなかったら，あなたに会えなかったでしょう。
(decided / met / if / have / I / couldn't / to / attend / university, / I / hadn't / you / this).

--.

LESSON 39

仮定法の重要表現①

未来の仮定法・仮定法の慣用表現①/Important Expressions with the Subjunctive - Part 1

未来においても「起こる可能性が低い」内容を言いたいときには，if 節の中で **should** や **were to** という表現を用います。

〈If ＋主語＋were to＋動詞の原形〉は，「万が一～したら」という仮定の意味を表します。**実現する可能性がほとんどないと思っている仮定や想像**を表すときに使います。

If I were to invent a time machine, I would go to the future.

万が一タイムマシンを発明したら未来に行きます。

〈If ＋主語＋should＋動詞の原形〉は，「～するようなことがあったら」という仮定の意味を表します。**実現する可能性がそれほど高くないが，起こる可能性が少しはある**と思っている場合に使います。

If it should snow, let's change our schedule.

万が一、雪が降るようなことがあったら予定を変更しましょう。

仮定法を使った慣用表現も確認しておきましょう。仮定法を使っているので，どれも現実とは異なることを表しているという点に注意しましょう。

□ **I wish ＋仮定法　「～なら[だったら] いいのに」**

I wish I knew her telephone number.

彼女の電話番号を知っていればなあ。

□ **as if [though] ＋仮定法　「まるで～のように」**

He talks as if he were an announcer.

彼はまるでアナウンサーのように話します。

EXERCISE

答えは別冊19ページ
答え合わせが終わったら，音声に合わせて英文を音読しましょう。

1 日本語を参考にして，適する語を（　　）に書きましょう。

1 1日に30時間あればなぁ。
I wish there (　　　　) 30 hours in a day.

2 少女がまるでネコになったかのように，ハトを追いかけています。
A little girl is running after a pigeon (　　　　) (　　　　) she were a cat.

3 もしもパーティーに行くことがあったら，アカネによろしく伝えてください。
If you (　　　　)(　　　　) to the party, say hello to Akane.

4 彼はそのクッキーを食べていなかったかのように振る舞いました。
He behaved as if he (　　　　)(　　　　) the cookie.

2 （　　）内から適するものを選び，〇で囲みましょう。

1 私は昨日，パーティーに行けばよかったなあ。
I wish I (went / had gone) to the party yesterday.

2 もし彼が私と結婚したら，私はとてもうれしいでしょう。
If he (were to marry / had been married) me, I would be very happy.

3 もしあなたが来てくれたら，大歓迎です。
If you (should come / came), you will be welcomed.

4 彼女はまるでスーパーモデルのように見えます。
She looks as if she (were / had been) a super model.

LESSON 40 仮定法の重要表現②

仮定法の慣用表現②/Important Expressions with the Subjunctive - Part 2

現実と異なる仮定の話をすることができる仮定法は会話や作文でよく用いられます。39に続いて，仮定法を用いた決まり文句を学習しましょう。

□ It is time ＋仮定法過去　「もう～する時間です」

It is time you went to bed.
あなたはもう寝る時間ですよ。

time の前に **about** や **high** が置かれることもあります。

続いて「～がなければ，…ではない[ではなかった]」という表現です。英作文などで便利な表現です。

□ If it were not for ～　「(現在) ～がなければ」

If it were not for the Internet, we couldn't work smoothly with people in foreign countries.
もしインターネットがなければ，外国にいる人たちと円滑に仕事をすることはできないでしょう。

□ If it had not been for ～　「(過去に) ～がなかったならば」

スマートフォンがなければ，私は道に迷っていたでしょう。

この「～がなければ」という表現は，if を用いずに書くこともできます。その際には **without / but for** ～が用いられます。ただし，but for ～は書き言葉で用いられるかたい表現です。

Without the Internet, we couldn't work smoothly with people in foreign countries.

But for the Internet, we couldn't work smoothly with people in foreign countries.

EXERCISE

答えは別冊20ページ
答え合わせが終わったら，音声に合わせて英文を音読しましょう。

1 日本語を参考にして，英文の（　　）に適切な語を入れましょう。

1 あなたの助けがなければ，私が試験に合格するのはとても難しかったでしょう。
(　　　　　) your help, it (　　　　　)(　　　　　)
(　　　　　) very hard for me to pass the exam.

2 未来への希望がなかったら，私たちは昨年の苦難を乗り越えることはできなかったでしょう。
If it (　　　　　)(　　　　　)(　　　　　) for hope for the future, we (　　　　　)(　　　　　) overcome the hardship last year.

3 私たちはもう家に帰る時間です。
It is about (　　　　　) we (　　　　　) home.

2 （　　）内の語を並べかえて，英文を完成させましょう。

1 最近のテクノロジーがなければ，ほとんどの人は自宅で仕事をすることができないでしょう。
(it / not / for / technology, / if / couldn't / at / most / recent / were / home / people / work).

-- .

2 彼らの交渉がなければ，このプロジェクトは完了していなかったでしょう。
(for / been / their / negotiation, / but / this / wouldn't / project / completed / have).

-- .

3 そろそろ散髪してもいいころですよ。
(high / is / time / had / a / it / haircut / you).

-- .

答えは別冊20ページ

答え合わせが終わったら，音声に合わせて英文を音読しましょう。

CHAPTER 06 仮定法

1 **次の英文の（　）に入れるのに最も適切なものを，それぞれ下の①～④のうちから１つずつ選びましょう。**

1）If I (　　　　) you, I would give it a try.
① am　② have been　③ were　④ will be
(　　　)

2）If it had not been for her best friend's help, Miki (　　　　) in trouble now.
① will be　② will have been
③ would be　④ would have
(　　　)

3）Sakiko told me her business trip to Osaka was wonderful. I wish I (　　　　) in that project.
① had participated　② have participated
③ participate　④ will participate
(　　　)

4）They wouldn't have postponed the event if they (　　　　) any problems.
① don't have　② didn't have　③ haven't had　④ hadn't had
(　　　)

5）(　　　　) our constant effort, we couldn't have overcome the hardships.
① Because　② But　③ With　④ Without
(　　　)

2 次の日本文を英文にしましょう。その際，与えられた単語を用い，動詞は適切な形に変えてください。

1）私たちの上司をもう駅に迎えに行く時間です。　　　（ time / we / boss ）

2）その少女はまるでお姫様のように振る舞います。
（ little girl / behave / as if / princess ）

3）もしあなたが仕事を辞めたら，あなたはどうしますか？
（ were to / quit / what ）

3 次のイラストを描写する英文を書いてください。その際，与えられた単語を用いてください。

「晴れていればピクニックに行くのに」と思う少女
（ If / sunny / she / would / picnic ）

英語の「敬語」

日本語でいう「敬語」にあたる，相手に配慮する丁寧な表現は英語にもいくつかあります。ここではそのうちのひとつである助動詞の過去形で「丁寧さ」を示す表現をご紹介します。

助動詞 will や can などを過去形の could や would にすると「丁寧さ」が増します。

例　Will you call me tonight?（今夜私に電話してくれる？）

→ Would you call me tonight?（今夜私に電話してくださいますか？）

より丁寧に表現したい場合は，please を動詞の前か文末につけます。

Would you call me tonight, please?

これは，会話などで意識したいルールです。親しい友達には Will you ～? としてもよいですが，ビジネスシーンで顧客を相手に使うような場合は Would you ～? を使いたいところです。

でも，なぜ助動詞を過去形にすると丁寧になるのでしょうか。この謎を解くカギは「仮定法」にあります。仮定法は「事実と異なること」を表すルールでしたね。仮定法過去は現在の事実と異なることを過去形で，仮定法過去完了は過去の事実と異なることを過去完了形で表すものでした。「時間軸をずらして，事実と異なることを表現する」というルールです。助動詞を過去形にするというのも，「時間軸をずらす」ことで，直接的ではない，少しぼんやりとした表現にして，丁寧さを表すのです。

CHAPTER

07

形容詞や副詞を変化させて

複数のものを比べて「～より…」、「最も～」という意味を表す

「比較」の表現を学びます。

原級を使った表現

比較表現①/Expressions Using the Positive Degree

2つのものの大きさや程度などを比べるとき，英語には決まった表現があります。比べた2つのものが同じくらいの大きさ，同じ程度であると言いたいときには「**原級**(げんきゅう)」を使って表現します。形は **〈as＋形容詞［副詞］＋as～〉** です。

大きさや程度を表す**形容詞や副詞をasとasではさむ**のがポイントです。主語と比較するものは，2つめのasの後ろに置きます。

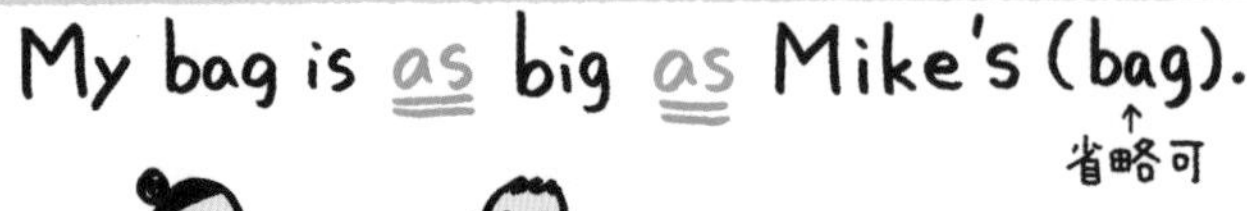

私のカバンはマイクのカバンと
同じくらいの大きさです。

原級を使った比較を否定文にすると，**「～ほど…ではない」** という意味になります。

マイクのカバンは
ダスティンのカバンほど
大きくありません。

「2倍，3倍…」という**倍数**(ばいすう)を表したいときにも，原級を使います。その場合，〈as＋形容詞［副詞］＋as～〉の前に「～倍」を表す表現を置きます。「2倍」はtwice,「3倍」以降はthree times（3倍），four times（4倍）など～timesを用います。halfを使えば，「半分」の意味を表せます。

Dustin's bag is twice as big as ours.

ダスティンのカバンは
私たちのカバンの
2倍の大きさです。

EXERCISE

答えは別冊21ページ
答え合わせが終わったら，音声に合わせて英文を音読しましょう。

1 （　　）内の語を並べかえて，英文を完成させましょう。

1　今月の私の携帯電話料金は先月と同じくらい高いです。
（cell / was / bill / is / this / month / my / as / high / it / phone / last / as / month）.

______________________________.

料金：bill

2　私の母はプロの料理人と同じくらい料理が上手です。
（my / as / cooks / as / well / mother / a / chef / does / professional）.

______________________________.

3　彼の走る速さは私ほどではありません。
（run / doesn't / as / he / fast / I / do / as）.

______________________________.

4　彼は彼のお父さんと同じくらいの背の高さですか？
（he / is / tall / as / father / as / his）?

______________________________?

2 日本語を参考にして，適する語を（　　）に書きましょう。

1　できるだけ早く駅に来てください。
Come to the station（　　　　）（　　　　）（　　　　）possible.

2　このチキンカレーはあのビーフカレーほど辛くはありませんでした。
辛い：hot
This chicken curry（　　　　）（　　　　）（　　　　）as that beef curry.

3　彼のケーキは私のケーキの３倍の大きさです。
His cake is（　　　　）（　　　　）as（　　　　）as mine.

LESSON 42
比較級を使った表現

比較表現②/Expressions Using the Comparative Degree

２つのものを比べて，差があることを言いたいときには「**比較級**（ひかくきゅう）」を使います。

形は**〈形容詞［副詞］の比較級＋ than ～〉**です。形容詞や副詞の種類によって，比較級の形は変わります。次の章で説明する「最上級（さいじょうきゅう）」の変化も一緒に，まとめておきましょう。

（1）単語の後ろに er（比較級）・est（最上級）をつける形容詞・副詞

母音（a/i/u/e/o の音）を１つだけ含む短い単語

例

big (大きい)	**bigger** (より大きい)	**biggest** (最も大きい)
small (小さい)	**smaller** (より小さい)	**smallest** (最も小さい)

（2）単語の前に more（比較級）・most（最上級）をつける形容詞・副詞

母音（a/i/u/e/o の音）を２つ以上含む長めの単語

例

interesting (面白い)	**more interesting** (より面白い)	**most interesting** (最も面白い)
slowly (ゆっくりと)	**more slowly** (よりゆっくりと)	**most slowly** (最もゆっくりと)

（3）形を完全に変えるもの

例

good (よい)	**better** (よりよい)	**best** (最もよい)
bad (悪い)	**worse** (より悪い)	**worst** (最も悪い)

主語と比較するものは，than の後ろに置きます。

Takashi's bag is bigger than Satoshi's.

タカシのカバンはサトシのカバンより大きいです。

サトシのカバンはタカシのカバンより小さいです。

Satoshi's bag is smaller than Takashi's.

「ずっと～」のように比較級を強調したいときには，**much / far / even / still** を比較級の前に入れます。

Kanako's bag is much bigger than theirs.

強調

カナコのカバンは彼らのカバンよりずっと大きいです。

EXERCISE

答えは別冊21ページ
答え合わせが終わったら，音声に合わせて英文を音読しましょう。

1 （　　）内の語を適切な形にして，日本文に合う文にしましょう。

1 この靴は私が予想したよりも高価です。
These shoes are ______________ than I expected. （expensive）

2 ビーフシチューは翌日のほうがおいしくなります。
Beef stew tastes ______________ the next day. （good）

3 私の犬はネコよりも大きくありません。
My dog isn't ______________ than a cat. （big）

4 もう少しゆっくりと話してくださいますか？
Could you speak ______________ ? （slowly）

2 日本語を参考にして，適する語を（　　）に書きましょう。

1 1時間前よりも嵐はひどくなっています。　ひどい：bad
The storm is (　　　)(　　　) one hour ago.

2 英語を話すのは，ただ読むだけよりもずっとワクワクします。　ワクワクする：exciting
Speaking English is (　　　)(　　　)(　　　) than just reading it.

パッとSpeak! **ふきだしの内容を英語で表しましょう。**

店頭に並ぶ大きさが異なる2枚のシャツのどちらかを選びましょう。

大きい方をいただきます。

CHAPTER 07 比較

LESSON 43

最上級を使った表現

比較表現③/Expressions Using the Superlative Degree

3つ以上のものを比べて,「最も～,一番～」と言いたいときには「**最上級**（さいじょうきゅう）」を使います。形は **〈the + 形容詞［副詞］の最上級 + of[in] ～〉** です。比較級のところで説明したとおり,形容詞や副詞の種類によって,最上級の形は変わります（→ p.130）。

Kanako's bag is the biggest of all the bags in her office.
カナコのカバンは会社にあるすべてのカバンの中で最も大きいです.

最上級の後ろに置く前置詞句は,「どこで一番なのか」という範囲や集団を表します。どの範囲を設定するかによって,**in** と **of** を使い分けます。

in ＋ 場所・範囲
例 in Japan（日本で）, in my family（家族の中で）

of ＋ 複数を表す語句
例 of the five（5人の中で）, of all（すべての中で）

「だんとつに～,抜群に～」のように最上級を強調したいときには,最上級の前に **much** や **by far** を入れます。また **very** を使って,**〈the + very + 最上級～〉** としても最上級を強調できます。

Tomohiro's bag is by far the most expensive.
強調

トモヒロのカバンはずば抜けて高価です.

原級や比較級を使っても最上級とほぼ同じ意味を表せます。

Masami's bag is the oldest of all the bags in her office.

マサミのカバンは会社にあるすべてのカバンの中で最も古いです.

■〈No other + 名詞（単数形）〉を主語にして,〈as + 原級 + as〉を使う。

→ No other bag in her office is as old as Masami's.
会社の中でマサミのカバンほど古いカバンはありません.

■〈No other + 名詞（単数形）〉を主語にして,〈比較級 + than〉を使う。

→ No other bag in her office is older than Masami's.
会社の中でマサミのカバンより古いカバンはありません.

■〈比較級 + than + any other + 名詞（単数形）〉を使う。

→ Masami's bag is older than any other bag in her office.
会社の中でマサミのカバンは他のどのカバンよりも古いです.

EXERCISE

答えは別冊22ページ
答え合わせが終わったら，音声に合わせて英文を音読しましょう。

1 （ ）内の語を適切な形にして，日本文に合う文にしましょう。

1 これが私たちの職場で一番新しいコンピューターです。（new）
This is the ＿＿＿＿＿＿＿＿ computer in our office.

2 あれは日本で一番有名なマンガです。（famous）
That is the ＿＿＿＿＿＿＿＿ cartoon in Japan.

3 ミユキは家族の中で抜群に料理が上手です。（good）
Miyuki is by far the ＿＿＿＿＿＿＿＿ cook in her family.

4 日本語よりむずかしい言語はほかにないと私は思います。（difficult）
I think that no other language is ＿＿＿＿＿＿＿＿ than Japanese.

2 （ ）内の語を並べかえて，英文を完成させましょう。

1 私はすべての俳優の中で彼が一番好きです。
（the / I / best / of / all / like / the / him / actors）.
＿＿＿＿＿＿＿＿＿＿＿＿＿＿＿＿.

2 私たちの中で，彼が最年長ではありません。
（is / the / not / he / among / oldest / us）.
＿＿＿＿＿＿＿＿＿＿＿＿＿＿＿＿.

3 あなたの人生の中で最高の瞬間は何でしたか？
（was / greatest / the / what / your / in / moment / life）?
＿＿＿＿＿＿＿＿＿＿＿＿＿＿＿＿?

瞬間：moment

復習タイム

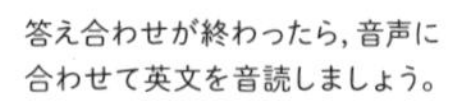

答えは別冊22ページ

答え合わせが終わったら，音声に合わせて英文を音読しましょう。

CHAPTER 07　比較

1 次の英文の（　）に入れるのに最も適切なものを，それぞれ下の①～④のうちから1つずつ選びましょう。

1）Fortunately, the patient got (　　　　) better than his doctor had expected.

① more　② much　③ so　④ very

(　　　　)

2）Wow, this is the (　　　　) best coffee I have ever drunk!

① far　② most　③ much　④ very

(　　　　)

3）Arthur is (　　　　) of his soccer team.

① younger than any members

② the youngest than any member

③ younger than any other member

④ the youngest than any other members

(　　　　)

4）Every morning, he drinks (　　　　) water as I do.

① as three times much　② three as times much

③ three times as much　④ three times much as

(　　　　)

5）These books are (　　　　) the ones in the city library.

① as not as old　② not as old as

③ as not old as　④ as old as not

(　　　　)

2 次の日本文を英文に直しましょう。その際，与えられた単語を用い，動詞は適切な形に変えてください。

1）来週の月曜日と火曜日とでは，どちらがあなたにとって都合がいいですか？

(which / convenient)

2）明日は今日よりはるかに暑くなるでしょう。 （ it / will / far / than ）

3）できるだけ早くこの書類を提出してくださいますか？

（ could / submit / document / possible ）

3 **次のイラストを描写する英文を書いてください。その際，与えられた単語を用い，動詞は適切な形に変えてください。**

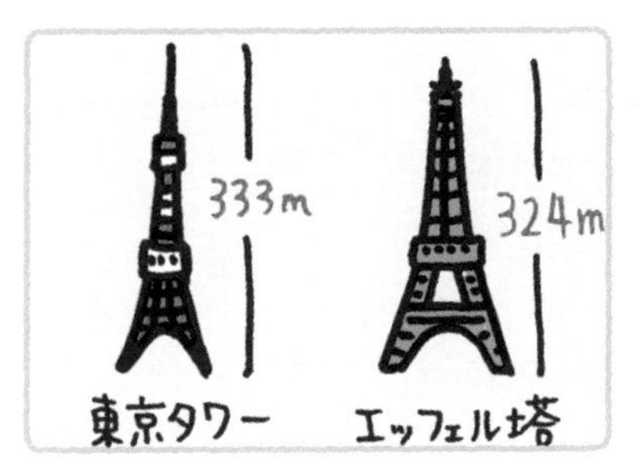

東京タワー(333 m)とエッフェル塔(324 m)の高さを比べる文

(Tokyo Tower / slightly / than / the Eiffel Tower)

比較級・最上級を用いた重要表現

比較級を使った重要表現には，次のようなものがあります。

● the ＋比較級 ～, the ＋比較級 ...「～すればするほど，ますます...である」

・The higher we climb, the colder it gets. （高く登れば登るほど，ますます寒くなります）

●比較級＋ and ＋比較級「ますます～」

・Everything is getting more and more expensive. （何もかもますます値段が高くなっています）

● all the better for ～ / all the better because S ＋ V「～なので，ますます...」

・I like him all the better for his frankness. （私は彼が率直なので，ますます好きです）

最上級を使った重要表現には，次のようなものがあります。

● the ＋序数（順番を表す数）＋最上級「～番目に...」

・Saturn is the second biggest planet in our solar system.

（土星は太陽系で２番目に大きい惑星です）

基礎ができたら，もっとくわしく。

比較を使った慣用表現

Useful Expressions with Comparisons

比較表現の中には，日常会話などでよく使われる慣用表現が多くあります。

表現	日本語訳	用例
as 原級 as possible [主語＋ can]	できるだけ～	He tried to go home as early as possible.（彼はできる限り早く家に帰ろうとしました。）
not so much A as B	A というよりむしろ B	He's not so much clumsy as he is careless.（彼は不器用というよりはむしろ不注意です。）
not more than ～	～以上は～ない / せいぜい～	The meeting will last for not more than 30 minutes.（会議は 30 分以上は続かないでしょう。）
no more than ～	～を超えない / たった～	The concert tickets cost no more than $50 each.（コンサートのチケットは 1 枚 50 ドルを超えません。）
not less than ～	～以上 / 少なくとも～	The party will have not less than 100 guests.（パーティーには 100 人以上のゲストがいます。）
no less than ～	最低～の / ～も	The book has no less than 300 pages.（その本は最低 300 ページがあります。）
no more ～ than ...	～でないのは…が～でないのと同じ	He is no more a runner than I am.（彼は私がランナーでないように，ランナーではありません。）
no less ～ than ...	～なのは…が～なのと同じ	It is no less important to listen than to speak.（話すことが重要なのは，聞くことが重要なのと同じです。）

CHAPTER

08

名詞をくわしく説明する時に，英語ではその名詞の後ろに単語を続けます。

その際，接着剤の役割をするのが関係詞です。

ここでは関係代名詞・関係副詞の２種類を学習します。

LESSON 44

関係代名詞の用法 ①

関係代名詞の基本・主格の関係代名詞/The Use of Relative Pronouns - Part 1

「〜する○○」のように名詞を説明をするときに，英語では**関係代名詞**を使って，名詞の後ろから説明を加えます。説明される名詞のことを「**先行詞**」といいます。

先行詞が「人」か「人以外」か，また文の中での役割が何かによって，次の表のように関係代名詞を使い分けます。

		主格（直後に動詞）	目的格（直後に主語＋動詞）	所有格（直後に冠詞のない名詞）
先行詞	人	who	who[whom]	whose
	人以外	which	which	whose
	両方可	that	that	—

関係代名詞は**「2つの文を関係づけてくっつける代名詞」**です。「ある文とそれを説明する文が関係代名詞によって1つの文になる」と考えるとわかりやすいです。

上の例文のように，関係代名詞がつくるカタマリ（**「関係代名詞節」**と呼ばれます）の中で主語の役割をしている関係代名詞を**「主格の関係代名詞」**といいます。先行詞が「人」の場合はwhoを使います。先行詞が「人以外」の場合はwhichを使います。

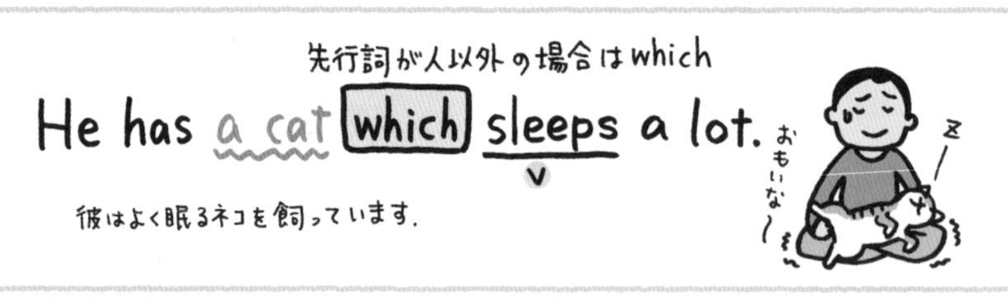

関係代名詞のあとには，動詞のほかに助動詞がくることがあります。動詞の形は先行詞に合わせて変化します。

051

EXERCISE

答えは別冊23ページ
答え合わせが終わったら，音声に合わせて英文を音読しましょう。

1 次の文を（ ）内の関係代名詞を使って，1つの文にしましょう。

1 レストランを経営している私の友人をご紹介します。（ who ）
I'll introduce my friend.
My friend runs her own restaurant.

2 とてもおいしくて健康にいい，この飲み物をお試しください。（ which ）
Try this drink.
This drink is really tasty and healthy.

3 彼は私によく質問をしてくる同僚です。（ who ）
He is a colleague.
The colleague often asks me some questions.

4 このイベントを詳しく報告した新聞を知っていますか？（ which ）
Do you know the newspaper?
The newspaper reported this event in detail.

2 （ ）内から適するものを選び，○で囲みましょう。

1 People (who / which) often praise you know you well.

2 This is a song (who / which) was popular three years ago.

3 We should find a person (who / which) can build our website.

4 I often watch this movie (who / which) makes me happy.

LESSON 45

関係代名詞の用法 ②

目的格の関係代名詞・所有格の関係代名詞/The Use of Relative Pronouns - Part 2

関係代名詞のあとに〈主語 + 動詞 ～〉を続けて，先行詞を説明することもあります。

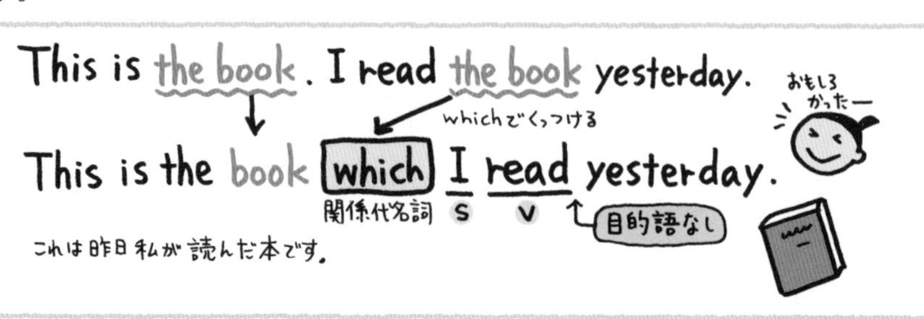

上の例文のように，関係代名詞節の中で目的語の役割をしている関係代名詞を，**「目的格の関係代名詞」**といいます。先行詞が「人」の場合は **who[whom]** を使います。先行詞が「人以外」の場合は **which** を使います。目的格の関係代名詞は省略することができ，省略しても意味のちがいはありません。

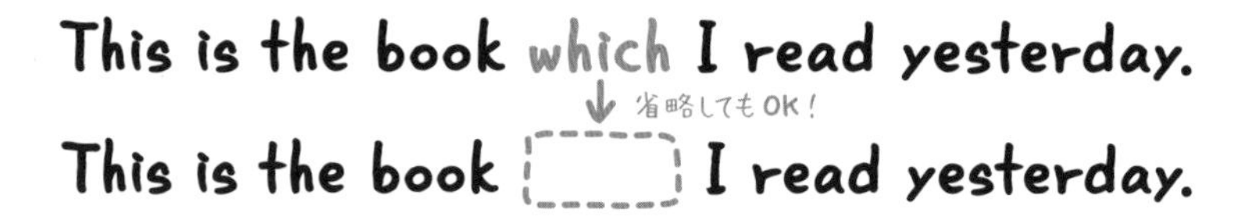

関係代名詞 **whose** も名詞を後ろから説明するカタマリをつくります。whose は「～の○○」という所有の意味を表します。

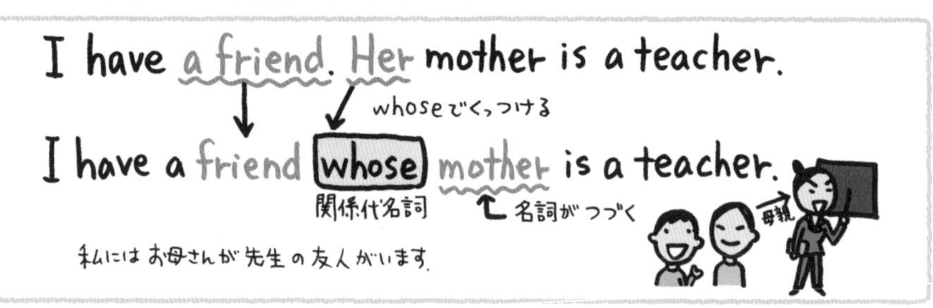

I have a friend. Her mother is a teacher.
whoseでくっつける
I have a friend whose mother is a teacher.
関係代名詞
名詞がつづく
母親
私にはお母さんが先生の友人がいます。

上の例文のように，whose は関係代名詞節の中で所有格の役割をしているので**「所有格の関係代名詞」**といいます。**先行詞が「人」でも「人以外」でも whose を使います。** whose のあとには必ず名詞が続きますが，その名詞には a [an]，the などの冠詞や my，her などの所有格はつきません。

EXERCISE

答えは別冊23ページ
答え合わせが終わったら，音声に合わせて英文を音読しましょう。

1 次の文を（　　）内の関係代名詞を使って，1つの文にしましょう。

1　あなたが昨日受けた数学のテストを見せてください。（ which ）
Show me the math test.
You took the math test yesterday.

2　私は著作が今，売れている作家と話しました。（ whose ）
I talked to a writer.
The writer's books are selling well now.

3　私たちは，みんなが尊敬しているリーダーを支えたいです。（ who ）
We want to support the leader.
We all respect the leader.

4　丘の上に見える家が私たちの家です。（ which ）
The house is ours.
You can see the house on the hill.

2 （　　）内から適するものを選び，○で囲みましょう。

1　He lost a pen (who / which) his father had given him.

2　I talked to a boy (who / whose) uncle is a famous writer.

3　We couldn't remember the name of the person (who / which) we saw on the train.

4　They found a house (which / whose) roof is red and white.

LESSON 46

そのほかの関係代名詞

関係代名詞that・関係代名詞what/Other Relative Pronouns

thatにも関係代名詞の用法があります。先行詞が「人」でも「人以外」のものでも使うことができます。**thatは主格のwho，which，目的格のwho[whom]，whichの代わりに使うことができます。**ただし，所有格の用法はなく，whoseの代わりに使うことはできません。

○ I have a friend that speaks Chinese.
↑whoの代わりに使える。

○ This is the book that I read yesterday.
↑whichの代わりに使える。

× I have a friend that mother is a teacher.
thatは所有格では使えない！

先行詞が〈人＋人以外のもの〉の場合，関係代名詞にはthatが好まれます。また，先行詞が形容詞の最上級，all，every，no，the only，the sameなどをともなうときにも，thatがよく使われます。

Look at the boy and the dog that are running over there.
人＋人以外のもの
あそこで走っている少年と犬を見てください。

He is the only person that I can tell everything to.
彼は私がすべてを話せる唯一の人です。

このほかに，**先行詞を含んだ関係代名詞what**があります。the thing(s) whichを1語で表したものがwhatだと考えるとわかりやすいでしょう。先行詞を必要とせず，whatだけで名詞のカタマリをつくるというのがポイントです。

[What my husband needs] is some tasty potato chips.
先行詞不要 → 名詞のカタマリをつくる
私の夫が欲しいのは
おいしいポテトチップスです。

053

EXERCISE

答えは別冊24ページ
答え合わせが終わったら，音声に合わせて英文を音読しましょう。

1 （　）内から適するものを選び，○で囲みましょう。

1 Jim met a man (whose / that) wife is a company president.

2 (What / That) we have is a lot of chances.

3 I know (what / that) is important when I learn a foreign language.

4 She is the most attractive person (who / that) I have ever met.

魅力的な

2 （　）内の語を並べかえて，英文を完成させましょう。

1 私が本当に欲しいものをあなたは私にくれました。
(what / gave / you / me / I / wanted / really).

____.

2 これらは私が読んだことのあるすべての本です。
(all / these / read / are / books / have / that / already / I / the).

____.

3 この手紙に書かれていることは本当です。
(is / this / written / what / in / is / letter / true).

____.

4 彼女は，彼らが勝てるということを信じていた唯一の人でした。
(that / could / was / she / only / that / person / believed / they / the / win).

____.

～と信じる：believe that S + V

LESSON 47

関係代名詞の注意すべき用法

〈前置詞＋関係代名詞〉/Notes on Using Relative Pronouns

目的格の関係代名詞が，前置詞の目的語になる場合もあります。その際，前置詞は関係代名詞がつくるカタマリの最後に置かれます。

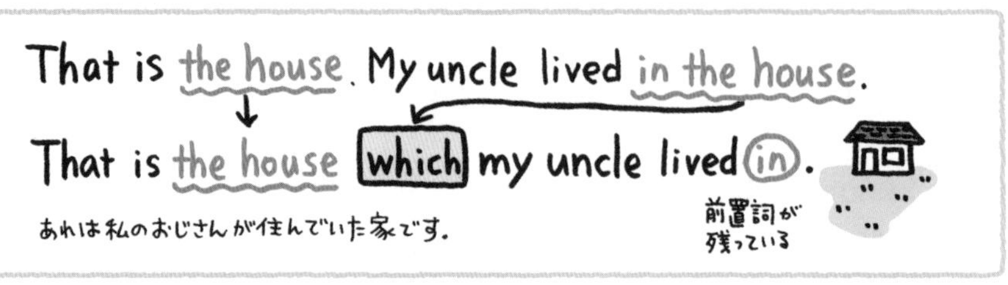

That is the house. My uncle lived in the house.
That is the house which my uncle lived in.
あれは私のおじさんが住んでいた家です。
前置詞が残っている

また，目的格の関係代名詞が前置詞の目的語になる場合，その前置詞を関係代名詞の前に移動させて**〈前置詞＋関係代名詞〉**の形をとることがあります。

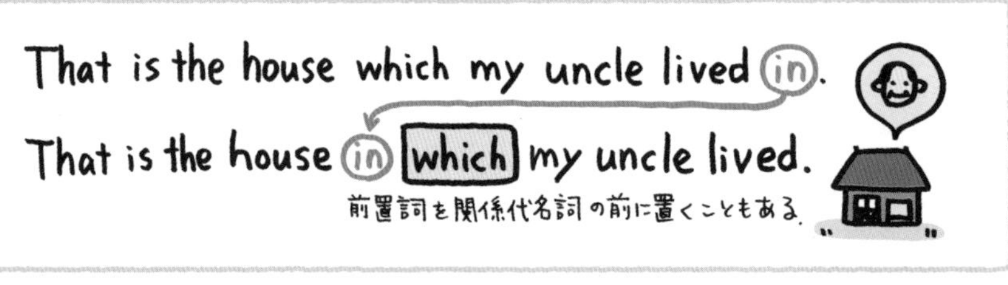

〈前置詞＋関係代名詞〉の形では，人を先行詞とする場合，必ず目的格の whom を使います。また，that は〈前置詞＋関係代名詞〉の形をとらないので注意しましょう。

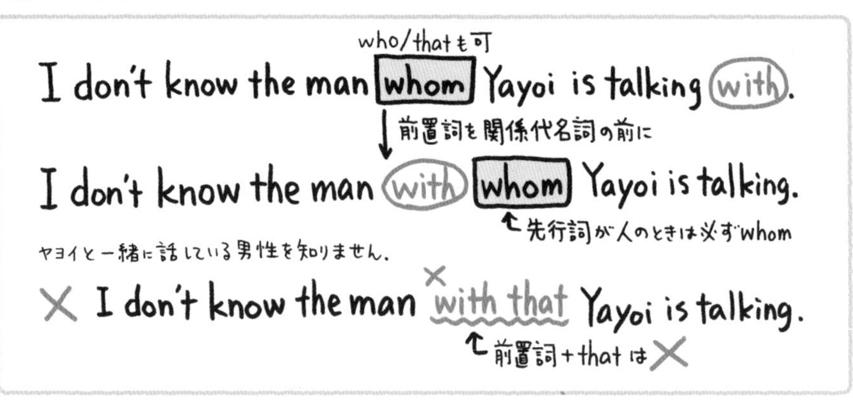

who/thatも可
I don't know the man whom Yayoi is talking with.

I don't know the man with whom Yayoi is talking.
先行詞が人のときは必ずwhom
ヤヨイと一緒に話している男性を知りません。
× I don't know the man with that Yayoi is talking.

〈前置詞＋関係代名詞〉の形は主に文章で使われ，会話ではあまり使われません。

EXERCISE

答えは別冊24ページ
答え合わせが終わったら，音声に合わせて英文を音読しましょう。

1 （　　）内から適するものを選び，○で囲みましょう。

1 Keep the pace (that / at which) you can enjoy working.

2 They love the environment (in which / which) they work.

3 That was the show (during which / which) I was so excited.

4 I'm making a list of people to (who / whom) I should send an e-mail.

2 日本語を参考にして，適する語を（　　）に書きましょう。

1 信頼できる親友たちがいて，私はとてもうれしいです。
I'm very happy to have best friends (　　　　) I can rely (　　　　).

2 夢が本当にかなうということは，とてもよくあることです。
There are a lot of cases (　　　　)(　　　　) our dreams really come true.

3 彼女は私たちが探し続けている女性です。
She is the lady (　　　　) we have been looking (　　　　).

4 彼らが出発すべき時間は午後３時です。
The time (　　　　)(　　　　) they should leave is 3 p.m.

LESSON 48
関係副詞の用法

関係副詞/The Use of Relative Adverbs

時・場所・理由などを表す名詞を説明するときには，**関係副詞**(かんけいふくし)を使います。関係代名詞の場合と同じように，説明される名詞は**先行詞**と呼ばれます。先行詞の種類によって，関係副詞を次のように使い分けます。

先行詞	時を表す語（time, day など）	場所を表す語（place, house など）	理由を表す語（reason(s)）	なし
関係副詞	when	where	why	how※

※how は「方法」を表すので，先行詞は the way ということになりますが，先行詞が置かれることはありません。

関係副詞も，関係代名詞と同じように，「ある文とそれを説明する文を関係づけてくっつける」ものだと考えるとわかりやすいでしょう。関係副詞がつくるカタマリ（**「関係副詞節」**(かんけいふくしせつ)と呼ばれます）の中で，関係副詞は副詞の働きをします。

We went to the restaurant. + Akiko was eating lunch there.
2つの文を関係副詞でくっつける
We went to the restaurant where Akiko was eating lunch.
関係副詞
私たちはアキコがお昼を食べているレストランに行きました。
restaurant

「方法」を表す関係副詞 how には先行詞は必要ありません。how の代わりに the way を使うことはできますが，× the way how のように，この 2 つを一緒に使うことはできません。

That's how he became a big success.
howだけ

彼はこうして大成功しました。
作家デビュー
I like the way he talks.

私は彼の話し方が好きです。

EXERCISE

答えは別冊25ページ
答え合わせが終わったら，音声に合わせて英文を音読しましょう。

1 適する語を下の語群から選んで，（　　）に書きましょう。

1 あなたが外国に行きたいと思う理由を私に教えてください。
Tell me the reason (　　　　) you want to go abroad.

2 これが彼女が自分自身を表現する方法です。
This is (　　　　) she expresses herself.

3 以前にあなたと会った場所がどこなのか，私は覚えていません。
I can't remember the place (　　　　) I met you before.

4 彼は毎日，何時に帰宅するかわかりますか？
Do you know the time (　　　　) he comes home every day ?

how / why / when / where

2 （　　）内の語を並べかえて，英文を完成させましょう。

1 私は自分が昨日帰宅した時間をお伝えできます。
(can / the / you / I / time / when / tell / I / home / yesterday / came).

＿＿＿＿＿＿＿＿＿＿＿＿＿＿＿＿＿＿＿＿.

2 彼がこの仕事を選んだ理由はとても明白です。
(reason / the / he / why / chose / this / is / job / very / clear).

＿＿＿＿＿＿＿＿＿＿＿＿＿＿＿＿＿＿＿＿.

3 私たちはその問題に対処する方法を知りませんでした。
(deal / didn't / we / how / we / could / problem / know / with / the).

＿＿＿＿＿＿＿＿＿＿＿＿＿＿＿＿＿＿＿＿.

～に対処する：deal with ～

LESSON 49 関係代名詞と関係副詞のちがい

関係代名詞と関係副詞の識別/Relative Pronouns vs. Relative Adverbs

関係副詞を含む文と関係代名詞を含む文はよく似ていますが，後ろにくる文の形に大きなちがいがあります。関係代名詞や関係副詞に続く部分の形をチェックすることで，どちらを使った文かを判別することができます。

関係副詞の後ろには「**完全な文**」が，関係代名詞の後ろには「**不完全な文**」が続きます。

「**完全な文**」とは，文に必要な名詞（主語，目的語，補語）がすべてそろっている文のことです。

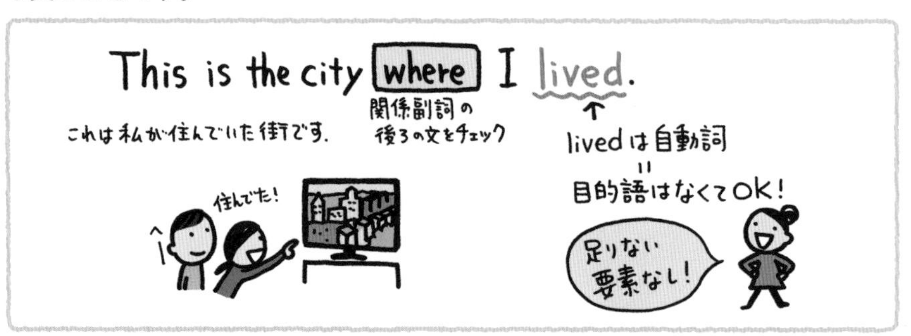

「**不完全な文**」とは，文に必要な名詞（主語，目的語，補語）が１つ不足している文のことです。

上の例文では the city という場所を示す言葉が先行詞なので，早合点して関係副詞の where を使ってしまうことがよくあります。関係詞の後ろの文が完全な文か，不完全な文かをきちんとチェックすれば，関係代名詞を使うのか，関係副詞を使うのか，判断できます。

この見分け方は，TOEIC などのテストで関係代名詞，関係副詞を選ぶ問題が出題されたときに役立ちます。しっかり覚えておきましょう。

EXERCISE

答えは別冊25ページ
答え合わせが終わったら，音声に合わせて英文を音読しましょう。

（　　）内から適するものを選び，〇で囲みましょう。

1 自分たちの店を開店した年のことを私たちは忘れないでしょう。
We will never forget the year (when / which) we opened our shop.

2 彼らは最もむずかしくない道を選びました。
They chose the path (which / where) was the least difficult.

3 私はまだ１度も行ったことのない，沖縄に行ってみたいです。
I want to go to Okinawa, (which / where) I have never been to.

4 彼女が海外に行くと決めた理由を私は知りません。
I don't know the reason (which / why) she decided to go abroad.

5 私たちは住みたい場所を見つけることができませんでした。
We couldn't find a place (where / which) we wanted to live.

6 あなたと奥さんがどのように出会ったのか教えてください。
Tell me (how / what) you and your wife met.

7 ビルは会社を辞めましたが，私が知りたかったその理由を教えてくれませんでした。
Bill quit the company, but he didn't tell me the reason (why / which) I wanted to know.

8 ほとんどの生徒は修学旅行に行く日を楽しみにしています。
Most students look forward to the day on (which / when) they will take a school trip.

LESSON 50 カンマ付きの関係代名詞・関係副詞

関係代名詞・関係副詞の非制限用法/Relative Pronouns & Relative Adverbs with Commas

〈先行詞，who [which]〉 というカンマ付きの関係代名詞は，関係代名詞の「**非制限用法**（ひせいげんようほう）」と呼ばれます。**カンマで文をいったん区切り，先行詞やカンマの前までの部分に補足の説明を加える**働きをします。非制限用法では that が使えず，目的格であっても省略することはできません。これまでのカンマのない関係代名詞の用法は「**制限用法**（せいげんようほう）」と呼ばれます。

Sayaka has a car **which** was made in Italy.

サヤカはイタリア製の車を1台持っています。

↳もしかしたら他の車も持っているかもしれない。

Sayaka has a car, **which** was made in Italy.

サヤカは車を1台持っていて，それはイタリア製です。

↳車は1台だけ持っていて，それがイタリア製

関係副詞にも「非制限用法」があります。先行詞と関係副詞の間にカンマが置かれる形です。関係代名詞の非制限用法と同じように，**カンマで文をいったん区切り，先行詞やカンマの前までの内容に補足の説明を加える**働きをします。

I stayed in London, **where** I first met Mari.

地名など1つしかないものが先行詞

私はロンドンに滞在しました。
そこは，マリと初めて会った場所です。

また，**非制限用法で使える関係副詞は where と when だけ**です。how と why には非制限用法はありません。

EXERCISE

答え は別冊25ページ
答え合わせが終わったら，音声に合わせて英文を音読しましょう。

1 日本語を参考にして，適する語を（　　）に書きましょう。

1 私はよくシマコと一緒にカレーを作りますが，彼女は料理上手です。
I often make curry with Shimako, (　　　　)(　　　　) good at cooking.

2 モーツァルトについての本を読みました。彼の音楽は私をとても感動させました。
I read a book about Mozart, (　　　　) music moved me a lot.

3 私は大いに笑い，そのことが彼を喜ばせました。
I laughed a lot, (　　　　) made him happy.

4 日曜日にボストンに到着しましたが，行きたかった店は閉まっていました。
I arrived in Boston on Sunday, (　　　　) the shop I had wanted to visit was closed.

2 （　　）内の語を並べかえて，英文を完成させましょう。

1 私たちが初めて会ったのは1999年で，それは大学に入学した年でした。
(entered / we / met / in / first / university / 1999, / when / we / the).

--.

2 私はニューヨークに行きたいです。そこには親友が住んでいます。
(best / where / I / friend / go / want / New York, / to / my / lives / to).

--.

3 ピカソの絵の何枚かがこの美術館にあり，それは20世紀に描かれたものです。
(20th / Picasso's / which / this / of / paintings, / in / the / century / painted / some / were / has / museum).

LESSON 51 # 複合関係詞の用法

複合関係詞/The Use of Compound Relative Clauses

関係代名詞や関係副詞の後ろに -ever がくっついたものを「**複合関係詞**(ふくごうかんけいし)」といいます。先行詞なしで使われ，名詞のカタマリ（名詞節）や副詞のカタマリ（副詞節）をつくります。

名詞のカタマリをつくる

whatever（〜するものは何でも）　whoever（〜する人はだれでも）
whichever（〜するものはどちらでも）

We can get **whatever** we want.
名詞のカタマリをつくる
私たちは欲しいものを何でも手に入れることができます.

副詞のカタマリをつくる

whenever（〜するときはいつでも）　wherever（〜するところはどこでも）

Whenever we have a question,
副詞のカタマリをつくる
we can look for the answer on the Internet.
疑問があるときにはいつでもインターネットで答えを探せます.

これらの複合関係詞が「たとえ〜であっても」という**譲歩**(じょうほ)**の意味を表す副詞節**になる場合もあります。譲歩を表す複合関係詞は，**〈no matter + 関係代名詞［関係副詞］〉**で言いかえることもできます。

whatever〜 = no matter what〜（何が〜しようとも）
whoever〜 = no matter who〜（だれが〜しようとも）
whichever〜 = no matter which〜（どちらが〜しようとも）
whenever〜 = no matter when〜（いつ〜しようとも）
wherever〜 = no matter where〜（どこで〜しようとも）
however〜 = no matter how〜（どんなに〜しようとも）

Whoever we are, we have our own ideas.
no matter〜で言いかえできる
→ No matter who we are, we have our own ideas.
（私たちが）だれであっても，それぞれの意見を持っています.

EXERCISE

答えは別冊26ページ
答え合わせが終わったら，音声に合わせて英文を音読しましょう。

1 日本語を参考にして，適する語を（　　）に書きましょう。

1 あなたが食べたいものを何でも食べていいです。
You may eat (　　　　) you want.

2 私と話す必要があるときはいつでも電話してください。
Call me (　　　　) you need to talk with me.

3 どんなに時間がかかっても，私は目標を達成したいです。
(　　　　)(　　　　)(　　　　) much time it takes, I want to achieve my goal.

4 あなたが会ったのがだれであろうと，私は気にしません。
(　　　　) you met, I don't care.

2 （　　）内の語句を並べかえて，英文を完成させましょう。

1 だれが勝っても，私たちはその試合に満足するでしょう。
(wins, / whoever / will / we / be / with / game / satisfied / the).

______________________________.

2 あなたがどんなに遠く離れていようと，彼はあなたを見つけるでしょう。
(are, / far / away / you / however / will / find / he / you).

______________________________.

3 だれが何と言おうと，彼女にはすばらしい才能があります。
(great / matter / no / anyone / what / she / says, / has / talent).

______________________________.

4 何が起こっても，私はあなたと一緒に行きます。
(go / happens, / I / you / will / whatever / with).

______________________________.

➔答えは別冊26ページ

答え合わせが終わったら，音声に合わせて英文を音読しましょう。

CHAPTER 08　関係詞

1　次の英文の（　　）に入れるのに最も適切なものを，それぞれ下の①～④のうちから１つずつ選びましょう。

1）Please feel free to ask me anything (　　　　).
① you don't understand　② you don't understand that
③ who you don't understand　④ what you don't understand
(　　　　)

2）Helsinki is a city (　　　　) she has wanted to visit for a long time.
① that　② where　③ wherever　④ whose
(　　　　)

3）He told me about his new life in New York, (　　　　) he seemed to like very much.
① which　② where　③ what　④ when
(　　　　)

4）Last summer we went to Hawaii, (　　　　) warmer than we had expected.
① when was　② where it was　③ where was　④ which it was
(　　　　)

5）During this psychology class, I write down (　　　　) the professor explains in detail.
① as　② that　③ what　④ which
(　　　　)

2 **次の日本文を英文にしましょう。その際，与えられた単語を用い，動詞は適切な形に変えてください。**

1）彼女の英語の勉強方法を教えてください。　（ tell / the way / study ）

2）私は夫が食べたいものは何でも料理します。　（ I'll / whatever / want ）

3）だれが私を止めようとしても，私はそこへ行きます。
（ no matter / try / stop / go ）

---

3 **次のイラストを描写する英文を書いてください。その際，与えられた単語を用いてください。**

男性が横にいる医者の兄を手で差しながら，紹介しているときの発言。
（ This / brother / doctor ）

3日・3週間・3か月チェック

人は変わるもの。英語を学んでいるうちに，最初のやる気が薄れてくるというのはとても自然なことです。逆に，段々学習リズムがつかめて，より楽しくなってきた，ということもあるかもしれませんね。そうなっていたら学習環境が合っている証拠です。

どちらにしてもおすすめなのが，学習の進捗と自分の気分を記録することです。毎回の学習の最後にちょっとしたメモ程度で構いません。その記録を「3」がつく期間＝３日・３週間・３か月という期間で振り返って「ちょっとキツイな！」と感じるところは即停止。「これは楽しい！」というところはぜひ継続を。

例えば，１日 30 分× ３日間勉強してみて，時間が長いと感じれば 20 分に短縮。それを３週間やってみて，キツければ 10 分に短縮するといった具合です。「初めに 30 分と決めたのだから，それを何がなんでも守らねば！」という高い志はとても素晴らしいのですが,「キツイ」と感じる素直な気持ちも大切にして，定期的に調整してみてください。キツイものは続きません。今の自分に合っていない，というサインです。１度に長い時間取り組んだからといって，記憶に定着するとは限りません。１日５分でも集中して，それを毎日継続できた方が断然身についているということも十分にあります。

仕事や家事などの忙しさや季節によって，学習時間が変化するのは当然のこと。「その時々に合わせて，調整してもいい！」と自分に許可することで，ちょっと気が楽になりませんか？　調整しながら，学習を継続していく，というのが英語を学ぶ上では特に大事なことです。

CHAPTER

09

その他の重要文法

これまでのCHAPTERでは扱いきれなかった
重要な文法事項をまとめて学びます。
ポイントをつかんで、EXERCISEで練習しましょう。

LESSON 52 名詞のカタマリをつくる接続詞

接続詞①/Conjunctions that Form Noun Clauses

文中に2つ以上の節(〈S＋V〉をもつカタマリ)が含まれている場合，**メインの節を「主節」**，その主節に対して何らかの情報をプラスする**サブの節を「従属節」**といいます。従属節をつくる接続詞を**従属接続詞**といいます。ここではこの従属接続詞について学習します。

接続詞の that，if，whether は名詞の働きをするカタマリ（名詞節）をつくります。名詞節は，文中で主語，目的語，補語になります。that の名詞節が目的語になる場合，that が省略されることもあります。

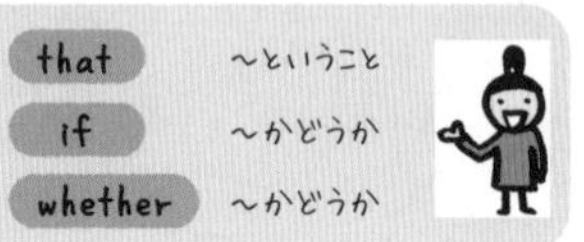

that ～ということ
if ～かどうか
whether ～かどうか

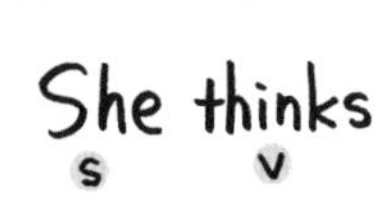

She thinks (that) she is healthier than before.

S V O

省略可

名詞のカタマリをつくる

彼女は以前よりも自分が健康だと思います。

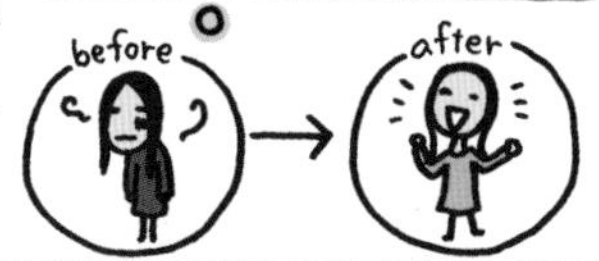

※that 節が目的語になる場合，接続詞の that は省略されることが多いです。

また，接続詞 that は名詞のあとに置かれて，その名詞の内容を詳しく説明する働きをすることがあります。たとえば，下の例文では that 節が the news(ニュース）の具体的な内容を説明しています。このような用法は「**同格**」と呼ばれます。

I was surprised at the news that my favorite actor had gotten married.

同格「～という」

私はお気に入りの俳優が結婚したというニュースに驚きました。

同格の that と結びつくのは，「考え」や「事実」などの意味をもつ名詞です。代表的な名詞をまとめておきましょう。

同格の **that** と結びつく主な名詞

idea（考え）	**knowledge**（知識）	**decision**（決断）
fact（事実）	**information**（情報）	**rumor**（うわさ）

EXERCISE

答えは別冊27ページ
答え合わせが終わったら，音声に合わせて英文を音読しましょう。

1 （　）内の語を並べかえて，英文を完成させましょう。

1 彼らは自分たちが世界を変えられると強く信じていました。
They strongly believed (that / world / they / change / could / the).
They strongly believed ＿＿＿＿＿＿＿＿＿＿.

2 明日にはあなたの体調がよくなっていると思います。
(sure / I'm / you / that / feel / will / tomorrow / better).
＿＿＿＿＿＿＿＿＿＿.

3 私はその俳優が来日するというニュースを聞きました。
(would / heard / news / I / the / Japan / that / to / the / actor / come).
＿＿＿＿＿＿＿＿＿＿.

4 彼女が結婚したことを知っていましたか？
(did / know / she / that / had / you / married / gotten)?
＿＿＿＿＿＿＿＿＿＿?

2 日本語を参考にして，適する語を（　）に書きましょう。

1 彼は自分のコンピューターが最新で最速だと自慢げに私に言いました。
He proudly (　　　)(　　　)(　　　) his computer was the newest and fastest.

2 私は，したいことをするべきだという考えを受け入れました。
I accepted the idea (　　　) we should do what we want to do.

3 彼女はなぜ私たちの手伝いなしに自分でそれができると思ったのでしょうか？
Why (　　　)(　　　)(　　　) she could do it without our help?

LESSON 53 副詞のカタマリをつくる接続詞

接続詞②/Conjunctions that Form Adverbial Clauses

接続詞の中には主節を修飾する副詞の働きをするカタマリ（**副詞節**（ふくしせつ））をつくるものもあります。副詞節は，主節の前にも後ろにも置くことができます。

When I come to this café, I feel relaxed.

↑主節の前に置くときにはカンマ（,）をつける.

= I feel relaxed when I come to this café.

このカフェに来ると、私は落ち着きます.

when や if などがつくる「時」や「条件」を表す副詞節の中では，未来のことでも現在形で表すというルールがあります。これらの節の中での動詞の時制には注意しましょう。

We'll go on a picnic if it is sunny tomorrow.

未来　　条件 → 現在形

明日晴れたら、私たちはピクニックに行きます.

副詞節をつくる接続詞には次のようなものがあります。代表的なものを確認しておきましょう。「時」，「条件」，「理由」，「譲歩（じょうほ）（～だけれども）」などのさまざまな情報を主節に付け加えます。

時	条件	理由	譲歩
when（～のとき）	if（もし～ならば）	because（～なので）	although（～だけれども）
while（～するあいだに）	unless（～でない限り）	since（～なので）	though（～だけれども）
as（～するとき）	as long as～（～する限り）	as（～なので）	even if（たとえ～だとしても）

EXERCISE

答えは別冊28ページ
答え合わせが終わったら，音声に合わせて英文を音読しましょう。

1 適する語を下の語群から選んで，(　　) に書きましょう。

1 彼は5歳のときに本を読み始めました。
He started reading books (　　　　　) he was five years old.

2 彼女はこの歌手の声が好きなので，彼のすべてのCDを買いました。
(　　　　　) she loved this singer's voice, she bought all of his CDs.

3 雨がやまない限り，遠足は中止になるでしょう。
The school trip will be canceled (　　　　　) the rain stops.

4 外国に住んだことは1度もありませんが，私は英語が話せます。
(　　　　　) I have never lived abroad, I can speak English.

although / unless / when / since

2 (　　) 内の語を並べかえて，英文を完成させましょう。

1 家に帰ったら電話をかけなおします。
(when / home / will / you / I / back / I / get / call).

--.

～に電話をかけなおす：call ～ back

2 彼は寝ているあいだに何か言いました。
(sleeping / something / said / he / while / was / he).

--.

3 もし早く来たら，無料のコーヒーが飲めます。
(if / free / you / early, / drink / can / you / come) coffee.

-- coffee.

LESSON 54
時制の一致と話法

時制の一致・話法/Tense Agreement and Discourse

主節に接続詞などによって導かれる節が組み込まれている文では，主節の動詞と接続詞がつくる従属節の動詞の時制をそろえたり，変えたりするルールがあります。これを「**時制の一致**」といいます。

だれかが言ったことを伝える際に２つの方法(話法)があります。だれかの言ったことをそのまま引用する**直接話法**と，that 節などを使い，話し手の言葉に言い直して伝える**間接話法**です。直接話法を間接話法にする際には，主語が変わり，動詞には時制の一致がおこるので注意しましょう。

EXERCISE

答えは別冊28ページ
答え合わせが終わったら，音声に合わせて英文を音読しましょう。

1 次の下線部の動詞を過去形にしたとき，空欄に適する語を入れましょう。

1 I think that Tsuyoshi likes you.

→ I thought that Tsuyoshi ＿＿＿＿＿＿ you.
（ツヨシはあなたを好きだと私は思いました）

2 She says that Mr. Takahashi went home.

→ She said that Mr. Takahashi ＿＿＿＿＿＿ home.
（高橋さんは帰宅したと彼女は言いました）

3 I think that his team will win.

→ I thought that his team ＿＿＿＿＿＿ win.
（私は彼のチームが勝つと思いました）

2 次の直接話法の文を，間接話法の文に書きかえましょう。

1 彼はギターの練習で忙しいと言いました。
He said, “I am busy practicing the guitar.”

→ He said that ＿＿＿＿＿＿.

2 彼らはその仕事を完了したと言いました。
They said, “We have completed the task.”

→ They said that ＿＿＿＿＿＿.

3 父は９時前に帰ってくると言いました。
My father said, “I will be back before nine.”

→ My father said that ＿＿＿＿＿＿.

LESSON 55 強調構文とは

重要構文①/Emphatic Structures

「ほかのものではなく～です」と特定の語句を強調して相手に伝えたい場合は，**〈It ～ that ...〉**という「**強調構文**（きょうちょうこうぶん）」を使います。この構文は，強調したい語句をIt isとthatではさんでつくります。thatのあとは，強調された語句が抜けた文になります。

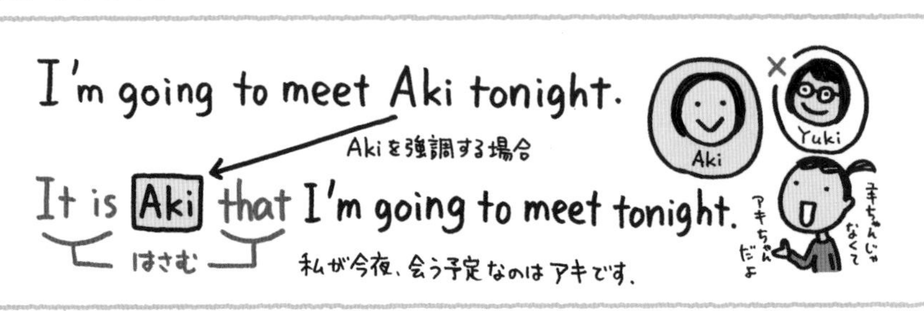

I'm going to meet Aki tonight.
Akiを強調する場合
It is Aki that I'm going to meet tonight.

私が今夜、会う予定なのはアキです。

強調したい語句が名詞で，「人」のときは**who**を，「人以外」の場合は**which**をそれぞれthatの代わりに使うことができます。名詞だけではなく，副詞（句）を強調する際にも，この構文が使えます。文全体が過去のことであれば，It was ～と過去形にするのが一般的です。

元の文
Kazu bought a motorbike last year.
カズは去年バイクを買いました。
last year
Kazuを強調
It was Kazu that bought a motorbike last year.
人
whoでもOK
去年バイクを買ったのはカズです。
a motorbikeを強調
It was a motorbike that Kazu bought last year.
whichでもOK
去年カズが買ったのはバイクです。
last yearを強調
It was last year that Kazu bought a motorbike.
時の場合はwhenでもOK
カズがバイクを買ったのは去年です。

EXERCISE

→答えは別冊28ページ
答え合わせが終わったら，音声に合わせて英文を音読しましょう。

1 日本語を参考にして，適する語を（　　）に書きましょう。

1 彼女が好きではないのはエビです。
(　　　　) is shrimp (　　　　) she doesn't like.

2 私たちが会うことになっているのは今日ではありません。
(　　　　)(　　　　) today (　　　　) we are supposed to meet.

3 先週ニューヨークに行ったのはケイです。
(　　　　)(　　　　) Kei (　　　　) went to New York last week.

4 私が携帯電話をなくしたのは２日前です。
It (　　　　)(　　　　)(　　　　)(　　　　) that I lost my mobile phone.

2 強調構文を使って，下線部を強調する文に書きかえましょう。

1 I bought a book yesterday.

2 My father encouraged me to go to university.

3 I borrowed this CD from Kumiko.

4 I went to Shibuya to go shopping yesterday.

LESSON 56 # 形式主語・形式目的語を使った文

重要構文②/Sentences with Formal Subjects & Formal Objects

主語に that 節や不定詞のカタマリを置くと，主語が長くなり文のバランスが悪くなります。その場合，it を主語にして，元々の主語である that 節や不定詞を文の後ろにまわすことがあります。この it は前に出てきた何かをさしているのではなく，that 節などの代わりをする「とりあえずの主語」として使われているだけです。この it は**形式主語**(けいしきしゅご)や**仮主語**(かりしゅご)，that 節などの元々の主語は**真の主語**(しん)などと呼ばれます。

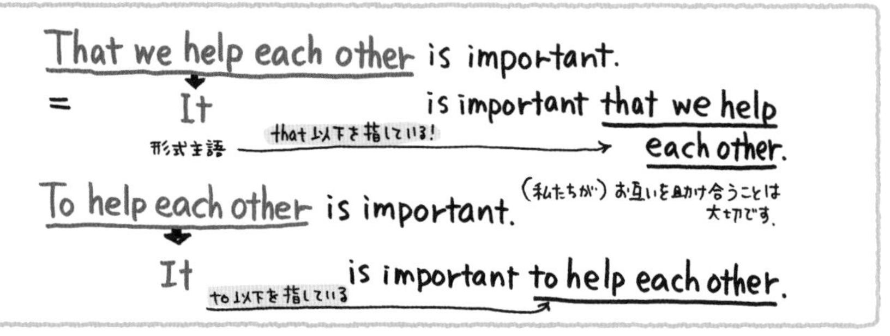

That we help each other is important.
= It is important that we help each other.
形式主語
I find that we understand a different culture important.
=I find it important that we understand a different culture.
that 以下を指している!
I find to understand a different culture important.
=I find it important to understand a different culture.
To help each other is important.
(私たちが) お互いを助け合うことは大切です。
It is important to help each other.
to 以下を指している
(私たちが) 異文化を理解することは大切だと思います。

この it が目的語の位置に置かれることもあります。第 5 文型(SVOC)の文で，目的語が that 節や不定詞のカタマリになると，目的語が長くなります。その場合，目的語として it を置いて，元々の目的語を文の後ろにまわすことがあります。この it も前に出てきた何かをさしているのではなく，「とりあえずの目的語」として使われているだけです。この it は**形式目的語**(けいしきもくてきご)や**仮目的語**(かりもくてきご)，that 節などの元々の目的語は**真の目的語**(しん)などと呼ばれます。

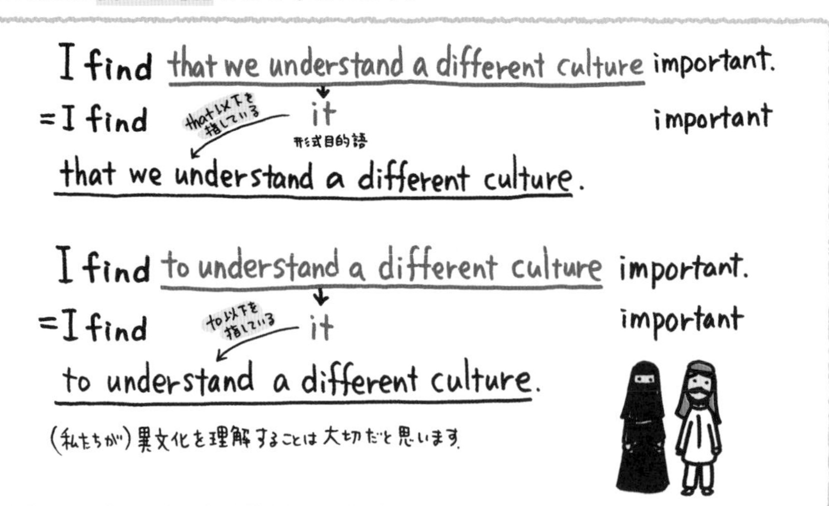

064

EXERCISE

答えは別冊29ページ
答え合わせが終わったら，音声に合わせて英文を音読しましょう。

1 次の文を日本語に訳しましょう。

1 It is interesting to learn the differences between Japanese and English.

2 It is certain that he will win the tennis match.

3 I found it impossible to finish my homework in an hour.

4 Do you make it a rule to wake up early in the morning?

make ～ a rule：～を習慣にする

2 日本語を参考にして，適する語を（　）に書きましょう。

1 私たちはこの考えをみんなで共有することが大事だとわかりました。
We found (　　　)(　　　)(　　　) share (共有する) this idea with everyone.

2 １日中たくさんの本を読むことは彼にとって簡単でした。
It was (　　　)(　　　) him (　　　) read a lot of books all day long.

3 あなたがパーティーに来られないのは残念なことです。
(　　　)(　　　) a pity (　　　) you can't come to the party.

4 みんなが私の計画に賛成することを私は当然だと思っています。
I take (　　　) for granted (　　　) everyone will agree to my plan.

take ～ for granted：～を当然だと思う

LESSON 57

疑問詞を使った重要表現

間接疑問（文）・〈疑問詞 ＋ to ＋ 動詞の原形〉/Important Expressions Using Question Words

　ここでは**間接疑問（文）**と**〈疑問詞＋to＋動詞の原形〉**という疑問詞（→ p.021）を使った表現を学習します。

　疑問詞を使った疑問文が，別の文の中に組み込まれた形を「**間接疑問（文）**」といいます。間接疑問は名詞の役割をするカタマリ（名詞節）をつくり，文の中で主語や，動詞の目的語などになります。

　疑問詞を使った疑問文は，間接疑問として別の文の一部になると形が変わり，**〈疑問詞＋主語＋動詞〉**という語順になるので注意しましょう。

　疑問詞と不定詞を組み合わせた**〈疑問詞＋to＋動詞の原形〉**も名詞の働きをするカタマリ（名詞句）をつくります。文の主語や目的語になります。

疑問詞 + to 不定詞

I don't know how to use this machine.

名詞の働きをするカタマリ

私はこの機械をどうやって使うのかわかりません。

〈疑問詞＋to＋動詞の原形〉＝「疑問詞の意味＋～すべきか」

what to ＋動詞の原形「何を～すべきか」
which to ＋動詞の原形「どちらを～すべきか」
where to ＋動詞の原形「どこへ（で）～すべきか」
when to ＋動詞の原形「いつ～すべきか」
how to ＋動詞の原形「どうやって～すべきか」

065

EXERCISE

答えは別冊29ページ
答え合わせが終わったら，音声に合わせて英文を音読しましょう。

1 （　　）内の疑問文を参考にして，次の日本文を英語にしましょう。

1 彼がなぜそれを売ったのかわかりません。(Why did he sell it ?)

I don't know ______________________.

2 彼女が何歳か知っていますか？ (How old is she ?)

Do you know ______________________?

3 私は彼女に，その店で昨日何を買ったのかを聞きます。
(What did she buy at the shop yesterday?)

I will ask her ______________________.

4 私は何時にコンサートが始まるか知りません。
(When does the concert start?)

I don't know ______________________.

2 （　　）内の語を並べかえて，英文を完成させましょう。

1 どちらのカップを使うべきかわかりませんでした。
(not / use / sure / which / I / to / was / cup).

______________________.

2 駅までどうやって行くのかを教えてください。
(get / me / to / the / how / to / station / tell), please.

______________________, please.

3 何をしたらいいか，教えてくださいますか？
(what / you / could / me / to / tell / do)?

______________________?

4 来月どこへ行くべきか私たちは知っています。
(where / we / month / know / to / go / next).

______________________.

LESSON 58 否定

その他の重要文法①/Negation

否定でもっとも一般的なのは not（～ではない）です。述語動詞を否定して，文全体の内容を否定することを「**全否定**」と呼びます。全否定の主なものをまとめておきます。

no	まったくない　※名詞の前に置く	not at all	まったく～でない
not any	何もない	never	決して～ない
none	何も～ない　※代名詞	nothing	何も～ない　※代名詞

He has no sisters. = He doesn't have any sisters.
彼には姉妹がいません。

I'm not sad at all, so I never cry.
私はまったく悲しくないので，決して泣きません。

None of the students remained in the classroom.
生徒は誰も教室に残っていませんでした。

注意すべき否定の表現として，「すべてが～というわけでもない」という意味の「**部分否定**」があります。**not のあとに「完全」「全体」「必ず」を表す表現が続く場合，部分否定になります。**

not all	すべてが～というわけではない	not always	いつも～というわけではない
not every	すべてが～というわけではない	not necessarily	必ずしも～でない・～とは限らない
not quite	完全に～というわけではない	not completely	完全に～というわけではない

Not all the players are doing well today.
= Not every player is doing well today.
今日，すべての選手が調子いいわけではありません。

Your parents don't always understand your ideas.
あなたの両親はいつもあなたの考えを理解しているわけではありません。

Your parents don't necessarily understand your ideas.
あなたの両親は必ずしもあなたの考えを理解しているとは限りません。

EXERCISE

答えは別冊29ページ
答え合わせが終わったら，音声に合わせて英文を音読しましょう。

1 日本語を参考にして，英文の（　　）に適切な語を入れましょう。

1 彼らの誰もイギリス出身ではありません。
(　　　　　) of them is from the U.K.

2 すべてのメンバーが結果に満足しているわけではありません。
(　　　　　)(　　　　　) the members are happy about the result.

3 私は仕事を始めるとき，いつもコーヒーを飲んでいるわけではありません。
I'm (　　　　　)(　　　　　) drinking coffee when I get to work.

4 現在，そのようなデバイスを持っているティーンエイジャーはひとりもいません。
(　　　　　) teenager has such a device now.

2 （　　）内の語を並べかえて，英文を完成させましょう。

1 彼らは品質にまったく満足していません。
(with / are / quality / not / they / at / satisfied / the) all.

________________________________ all.

2 すべての社員が明日会議に出席するわけではありません。
Not (attend / the / will / every / tomorrow / meeting / worker).

Not ________________________________.

3 その歌手は夕食にどんな肉も食べません。
(any / singer / dinner / the / eat / at / doesn't / meat).

________________________________.

否定語を含まない否定表現

その他の重要文法②/Negative Expressions Without Negative Words

noやnotなどの否定語を含まないけれども，否定的な意味を表す決まり文句があります。例文を見ながら訳し方と使い方を確認してみましょう。

too ～ to do	あまりに～で…できない
fail to do	～できない・～しそびれる・～し損なう
far from	～からほど遠い・決して～ではない
anything but	～どころではない
the last ～ to do ...	決して…しない～
be free from	～がない
have yet to do	まだ～していない

例文で使い方を確認しよう!

It was too hot to go outside today.
今日は暑すぎて外に出られませんでした。

She failed to return the library books on time.
彼女は期日に図書館の本を返しそびれました。

He is far from happy.
彼は幸せにはほど遠いです。

He is anything but happy.
彼は決して幸せではありません。

She is the last person to say something negative.
彼女は否定的なことを決して言いません。

These cosmetic products are free from alcohol.
これらの化粧品にはアルコールが入っていません。

We have yet to solve the problem.
私たちはまだ問題を解決していません。

困った…
どうしよう

EXERCISE

答えは別冊30ページ
答え合わせが終わったら，音声に合わせて英文を音読しましょう。

1 （　　）内から適するものを選び，〇で囲みましょう。

1 私は今疲れすぎていてジョギングに行けません。
I'm (too / to) tired (to / that) go jogging now.

2 その状況は理想とはほど遠いものでした。
The situation was far (from / to) ideal.

3 彼女は臆病者なんかではありません。
She is (anything / something) but a coward.

4 彼らはまだ答えを見つけていません。
They have (still / yet) to find the answer.

2 （　　）内の単語を用いて，日本文を英文にしましょう。

1 ドアの鍵をかけるのを決して忘れないでください。(fail / lock)

______________________________.

2 彼は決して英語の勉強をやめない人です。(last / stop)

______________________________.

3 将来，世界には貧困がなくなるでしょう。(free / poverty)

______________________________.

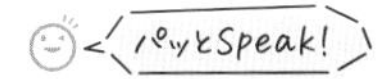

ふきだしの内容を英語で表しましょう。

動詞 fail を使って，雨宿りをしている理由を説明しましょう。

傘を持ってきそびれました。

LESSON 60 倒置

その他の重要文法③/Inversion

「**倒置**」とは，かんたんに言うと，単語の語順をひっくりかえすことです。語順のルールをあえて破ることで，何かを強調したり，ドラマチックな効果を出したりすることができます。

否定語や否定的な意味をもつ単語が文頭に置かれると倒置が起こります。下の例では**否定語の後ろが疑問文の語順になっている**ことに注意しましょう。

こんなに素晴らしい曲は聴いたことがありません。

Never (否定語) **have I** (疑問文の語順) heard such a wonderful song.

彼らは宇宙に行けるとは夢にも思いませんでした。

Little (否定語) **did they** (疑問文の語順) dream that they could go to space.

※上記のほか only（〜だけ），hardly（ほどんど〜ない），rarely（めったに〜ない）や at no time（一度も〜ない）などが文頭に置かれても倒置が起こります。

否定語以外でも，**方向や場所を示す言葉が文頭に置かれて，倒置が起こる**場合もあります。下の例では，場所を示す言葉の後ろが**動詞（V）＋主語（S）**の語順になっていることに注意しましょう。

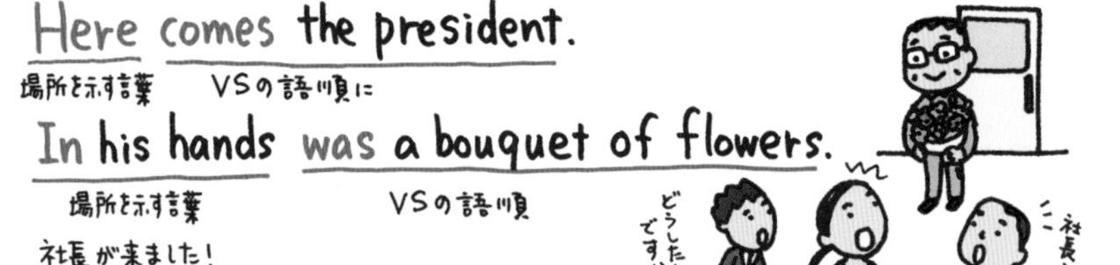

Here comes the president.

In his hands was a bouquet of flowers.

社長が来ました！
彼の手には花束がありました。

会話でよく使われる倒置の慣用表現も紹介します。相手の発言を受けて，同意や否定をする際に使う表現です。

I'm so happy today.
私は今日とてもうれしいです。
So am I.
VSの語順
私もです。（私もうれしい）
I'm not so happy today.
私は今日あまりうれしくありません。
Neither am I.
VSの語順
私もです。（私もうれしくない）

EXERCISE

答えは別冊30ページ
答え合わせが終わったら，音声に合わせて英文を音読しましょう。

1 日本語を参考にして，英文の（　　）に適切な語を入れましょう。

1 私は図書館で彼に会えるとは思いもしませんでした。
Never (　　　　)(　　　　) expect to see him in the library.

2 「私はこの歌手が大好きです！」「私もそうです！」
"I love this singer!" "So (　　　　)(　　　　)!"

3 こちらがあなたへのプレゼントです。
(　　　　)(　　　　) some presents for you.

4 彼が自分のことを話すことはめったにありません。
Rarely (　　　　)(　　　　) talk about himself.

2 （　　）内の語を並べかえて，英文を完成させましょう。

1 彼は毎週日曜日だけ礼拝に行きます。
(on / he / Sundays / go / church / only / to / does).

______________________________.

2 私は真実をほとんど知りませんでした。
(truth / know / I / did / the / little).

______________________________.

3 表の庭には３匹の黒ネコが座っていました。
In (cats / three / sat / front / the / black / yard).

In ______________________________.

LESSON 61 省略

その他の重要文法④/Abbreviations

英語では，同じ表現や構造の繰り返しを避けるために「**省略**」がなされることがあります。ここではその省略の代表的なパターンを見ていきましょう。

等位接続詞（→ p.011）でつながれた２つの文の中に同じ表現や同じ構造がある場合，後半の文では省略が起こることがあります。

Some of my friends ordered coffee, and others ~~ordered~~ tea.

私の友人の何人かはコーヒーを注文し，他の人は紅茶を注文しました。

Saying is one thing, and doing ~~is~~ another ~~thing~~.

言うことと行うことは別のことです。

消えてく

後半の文では省略が起こります！

従属接続詞（→ p.158）がつくる節では主語と動詞がよく省略されます。省略される主語はメインの文と同じ主語や文中で繰り返し登場する主語，省略される動詞は be 動詞です。

When ~~I was~~ young, I used to live in Tokyo.

若い頃，私は東京に住んでいました。

同じ主語，be動詞は省略！

If it's sunny tomorrow, we will go to the zoo, but if ~~it's~~ not ~~sunny tomorrow~~, we will stay at home.

明日晴れたら私たちは動物園に行きますが，そうでなければ家にいます。

このほか，**if necessary**（必要であれば = if it is necessary），**if possible**（可能であれば =if it is possible）など，if のあとの it is が省略された形で使われる慣用表現もあります。

to 不定詞のあとでもよく省略が起こります。次の例のように，to のあとに続くものが前の文の表現から明らかな場合です。

You may use my room if you want to ~~use my room~~.

あなたがそうしたければ，私の部屋を使っていいですよ。

You can come home if you would like to ~~come home~~.

あなたが望むなら，家に帰ることができます。

toに続く部分でも省略があります！

EXERCISE

答えは別冊31ページ
答え合わせが終わったら，音声に合わせて英文を音読しましょう。

1 （　）内の語を並べかえて，英文を完成させましょう。

1　私は紅茶を飲み，夫はコーヒーを飲みました。
(tea / drank / and / my / I / my / his / coffee / husband).

.

2　明日は雨が降るかもしれませんが，降らないことを願っています。
(rain / tomorrow / but / it / I / might / not / hope).

.

3　この本は私の母のものかもしれません。
(my / might / book / this / be / mother's).

.

4　寝たければ，もっと寝ていいですよ。
You (want / sleep / can / if / you / to / more).
You .

2 （　）内の単語を用いて，日本文を英文にしましょう。

1　そうしなくてはならない場合は早く起きてください。(get / if / have)

.

2　疲れているとき，私はより長い休憩を取ります。(tired / longer / break)

.

3　電車に乗るのを好む人もいれば，バスに乗るのを好む人もいます。(prefer / taking / trains)

.

LESSON 62 無生物主語の文

その他の重要文法⑤/Sentences with Inanimate subjects

英語には主語が人ではなく，ものや事柄である場合があります。その主語のことを「**無生物主語**」と呼びます。これまで学んだ項目の中にすでに登場しているので，あまり難しく考える必要はありません。ただし，日本語にはあまりない発想の文なので，日本語に訳す際には工夫が必要です。

ものが主語

This photo reminds me of my happy childhood.

This photo：無生物主語　reminds：動詞　me：人が目的語

直訳　この写真は私に幸せな子ども時代を思い出させます。

工夫→　この写真を見ると，私は幸せな子ども時代を思い出します。

その他，無生物主語を用いる動詞は次の通りです。直訳と，その訳を少し工夫したものとあわせて確認しておきましょう

- make　ものが人に～させる → ものによって人が～する
- cause / force　ものが人に～させる → ものによって人が～する
- enable　ものが人を～できるようにする → ものによって人が～できるようになる
- allow / permit　ものが人が～するのを許す → ものによって人が～できる
- rob/deprive　ものが人から～を奪う → ものによって，人が～を失う

The news made me realize the importance of peace.

そのニュースが私に平和の大切さを気づかせました。

より自然に→　そのニュースで私は平和の大切さに気づきました。

This system enables them to talk online easily.

このシステムは彼らがオンラインで簡単に話すことを可能にします。

より自然に→　このシステムにより，彼らはオンラインで簡単に話すことができます。

EXERCISE

答えは別冊31ページ
答え合わせが終わったら，音声に合わせて英文を音読しましょう。

1 日本語を参考に，下の語群の単語を用いて，英文の（　　）に適切な語を入れましょう。ただし，それぞれの単語は必要に応じて適切な形に変えてください。

1 このチケットで３人まで入場できます。
This ticket (　　　　　) three people to enter.

2 吹雪のため，彼らはそのイベントをキャンセルしました。
A snowstorm (　　　　　) them to cancel the event.

3 ショックで彼女は言葉を失いました。
The shock (　　　　　) her of her speech.

4 ゆっくりとした音楽で，私はリラックスします。
The slow music (　　　　　) me relax.

make　　rob　　cause　　allow

2 (　　) 内の語を並べかえて，英文を完成させましょう。

1 繰り返し練習することで，私たちは英語力を向上させることができます。
(our / improve / practice / us / to / English / repeated / skills / enables).

....

2 この香水で，私は母を思い出します。
(of / mother / perfume / this / reminds / my / me).

....

復習タイム

CHAPTER 09　その他の重要文法

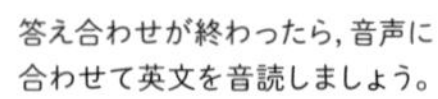

答えは別冊32ページ

答え合わせが終わったら，音声に合わせて英文を音読しましょう。

1 次の英文の（　　）に入れるのに最も適切なものを，それぞれ下の①～④のうちから１つずつ選びましょう。

1）The fact (　　　　　) my favorite café closed last week was shocking.

① which　② what　③ that　④ of

(　　　　)

2）Not (　　　　　) the participants were for his suggestions.

① all　② every　③ always　④ necessarily

(　　　　)

3）The situation was far (　　　　　) peaceful.

① from　② to　③ but　④ of

(　　　　)

4）"I won't go out today." "(　　　　　) will I."

① So　② Neither　③ None　④ Little

(　　　　)

5）When I talked to Mihoyo on the phone, she said she (　　　　　) in Tokyo on a business trip today.

① is　② will be　③ will have been　④ would be

(　　　　)

2 次の日本文を英文にしましょう。その際，与えられた単語を用い，動詞は適切な形に変えてください。

1）私は眠いときはソファでお昼寝をします。　(sleepy / nap / sofa)

2）私たち全員が健康でいるために十分に眠ることが大切です。

（ it / that / all / enough / healthy ）

3）彼女がそんなに有名な女優だったとは，私はほとんど知りませんでした。

（ little / did / such ）

3 次のイラストを描写する英文を書いてください。その際，与えられた単語を用い，動詞は適切な形に変えてください。

オンラインカレンダーを見ながら「私が父に会ったのは昨日だ」と「昨日」を強調して述べます。
（ It / that / see / my ）

「時制の一致」をしない場合

従属節が「昔も，今も，未来でも変わらないこと」を表す場合「時制の一致」のルールは適用されません。

⑴ 「変わることのない事実」…「地球は太陽の周りを回っている」のような事実は，過去でも現在でも未来でも変わらないことなので，現在形で表します。

・We learned that the earth moves around the sun.
（地球は太陽の周りを回っていると私たちは学びました）

⑵ 「歴史上の事実」…歴史的な事実は変わらないことなので，いつも過去形で表します。

・She taught us that Columbus reached America in 1492.
（コロンブスは 1492 年にアメリカに到達したと，彼女は私たちに教えました）

このほか，従属節が「ことわざ」,「習慣」などを表す場合も，時制を一致させません。

基礎ができたら，もっとくわしく。

付加疑問

Tag Questions

会話で「〜ですよね？」と相手に対して確認や念押しをする時は，付加疑問を使います。文末に疑問文を付加するというルールで，とっさに言えるようになるには反復練習が不可欠です。

●肯定文＋否定の疑問文

You are a student, aren't you?（be 動詞の現在形） あなたは学生ですよね？
He was a teacher, wasn't he?（be 動詞の過去形） 彼は先生でしたよね？
You like cats, don't you?（一般動詞の現在形） あなたはネコが好きですよね？
She ate breakfast, didn't she?（一般動詞の過去形） 彼女は朝食を食べましたよね？

●否定文＋肯定の疑問文

You aren't a student, are you? あなたは学生ではないですよね？
He wasn't a teacher, was he? 彼は先生ではありませんでしたよね？
You don't like cats, do you? あなたはネコが好きではありませんよね？
She didn't eat breakfast, did she? 彼女は朝食を食べませんでしたよね？

付加疑問文のポイントは，主語と動詞の形です。

・主語が単数か複数か，性別は何か。（付加疑問文の主語は代名詞に）
・文前半が肯定文か否定文か。
・動詞の形は何か。

それでは，練習問題です。以下の空欄に入る付加疑問文は何でしょう。

⑴ Mr. Smith likes dogs, (　　　) (　　)?
⑵ Judy and Mary have lived in Tokyo since 2000, (　　　) (　　)?

⑴主語が 3 人称単数の男性で，肯定文。動詞は現在形です。正解は doesn't he。
⑵主語が 3 人称の複数形で，肯定文。動詞は現在完了形です。正解は haven't they。

CHAPTER

10

似たような意味をもつけれど，

使い方が異なる動詞の使い分けを練習します。

どれもよく使う動詞ばかりなので，

違いを意識しながらしっかり定着させていきましょう。

LESSON 63 「言う・話す」を表す動詞の使い分け

動詞の語法①/Verbs to Watch Out For - Part 1

日本語では同じ単語で表現することを，**英語ではいくつかの動詞を使い分ける**ことがあります。使う場面やニュアンスをしっかりと区別していきましょう。ここでは覚えておきたい頻出のものをいくつか紹介します。

「言う・話す」系の動詞は４種類あります。どれもよく使う動詞です。

● say：(セリフなど)を言う：say＋セリフ(to人)

Say hello to your family.

あなたの家族に，よろしくお伝えください。(＝あなたの家族にこんにちはと言って。)

● tell：(ことがらなど)を話す：tell＋人＋ことがら／tell＋ことがら＋to人

Please tell me the truth! / Please tell the truth to me!

私に本当のことを言ってください！

tellの後ろに「人」がくるときには「誰に言うか」が重要で，「ことがら」がくるときは「何を言うか」が重要。どちらを使うかは，話者が選べます。

● speak：(言語など)を言う・話す：speak＋言語(to人)・speak to人

I speak English to my students.

私は生徒たちに英語を話します。

May I speak to Mr. Smith?

(電話などで)スミスさんお願いします。(スミスさんとお話ししてもいいですか。)

● talk：(人)と話す：talk to人

I talk to my dad every day.

私は毎日父と話します。

ここで紹介した例文をそれぞれの「型」として覚えておくのがオススメです。迷ったときに使い分けを思い出しやすくなります。

EXERCISE

答えは別冊33ページ
答え合わせが終わったら，音声に合わせて英文を音読しましょう。

1 （　）内から適するものを選び，○で囲みましょう。

1 あなたの都合の良い日時を私に教えてください。
(Tell / Talk) me a date and time which is convenient for you.

2 その番号をもう一度言っていただけますか。
Could you (say / tell) the number again, please?

3 あなたは家で韓国語を話しますか。
Do you (say / speak) Korean at home?

4 オオタさんは今お客さんと話しています。
Ms. Ota is (talking / saying) to her client now.

2 （　）内の単語を用いて，日本文を英文にしましょう。必要に応じて，動詞は適切な形に変えましょう。

1 ユキエは彼女の娘について何か言っていましたか。
(say / anything)

-- ?

2 彼は私たちに彼の家族の長い歴史を話しました。(tell / history)

パッとSpeak! **ふきだしの内容を英語で表しましょう。**

大声で話す人たちに伝えましょう。

この部屋の中では
静かに話してください。

LESSON 64 「貸し借り」「盗む」を表す動詞の使い分け

動詞の語法②/Verbs to Watch Out For - Part 2

使い分けを見極めておきたい動詞，次は**「貸し借り」**です。日本語にはない**「お金を払うかどうか」**という使い分けのポイントにも注目しましょう。

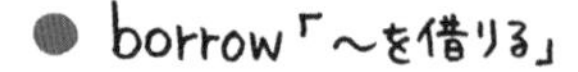

● lend「(人に)〜を貸す」

I borrowed her pen.　She lent me her pen.

私は彼女のペンを借りました。

彼女は私にペンを貸してくれました。

動かせない物の場合borrowを使わずuseにします。

May I use the bathroom?

トイレを借りてもいいですか。

● rent「〜を賃借りする、〜を賃貸しする」

Let's rent a meeting room in Shibuya.

渋谷で会議室を借りましょう。

お金を払う場合，「貸す」も「借りる」も同じ rent を使います。「貸し出す」という方の意味の場合，rent の後ろに out を入れることもあります。また，名詞 rent には「家賃」や「貸出料」の意味があります。

「盗む」は次の２つ。**後ろに置く単語が「人」なのか「もの」なのか**が大きなちがいです。

● rob 強盗する：rob＋人＋of＋もの

Someone robbed me of my wallet!

誰かが私から財布を盗みました！

● steal 盗む：steal＋もの

Someone stole my wallet!

誰かが私の財布を盗みました！

073

EXERCISE

→答えは別冊34ページ
答え合わせが終わったら，音声に合わせて英文を音読しましょう。

1 日本語を参考にして，英文の（　　）に適切な語を入れましょう。

1 彼は先週，1日7700円でレンタカーを借りました。
He (　　　　　) a car for 7,700 yen a day last week.

2 彼はこの自転車を友達から借りたのですか？
Did he (　　　　　) this bicycle from his friend?

3 ルパンはあの有名な絵画を盗みました。
Lupin (　　　　　) the famous picture.

4 誰がその女優から宝石を強盗しましたか？
Who (　　　　　) the actress of her jewelry?

2 （　　）内の語句を並べかえて，英文を完成させましょう。

1 私は図書館から3冊本を借りました。
(from / borrowed / I / three / library / books / the).

______________________________.

2 そのホテルは主に観光客向けに部屋を貸しています。
(hotel / tourists / rents / the / its / mainly / to / rooms).

______________________________.

3 スギヤマさんはアオヤマさんに昨日傘を貸しましたか？
(yesterday / did / lend / her / umbrella / Ms. Aoyama / Ms. Sugiyama)?

______________________________?

LESSON 65

「書く・描く」「着る」を表す動詞の使い分け

動詞の語法③/Verbs to Watch Out For - Part 3

次に**「書く・描く」**を紹介します。これらは日本語でも英語でも使い分けます。

● write（文字）を書く

Write your name here.

ここにあなたの名前を書いてください。

● draw（ペンなどで線・円など）を描く

Draw a straight line here.

ここにまっすぐな線を描いてください。

● paint（絵の具などで～）を描く、塗る

Paint a picture of an apple here.

ここにりんごの絵を描いてください。

ただし**「リストを作成する」**という時は，**draw a list** と言います。また，draw には「引く」「引き出す」「引き寄せる」という意味もあります。

▶The singer will **draw** attention from all over the world.
（その歌手は世界中で注目を集めるでしょう）

次に「着る」の使い分けです。同じ「着る」でも，wear は**「身につけている」という状態**を表し，**put on は「身につける」という動作**を表します。

She is wearing a jacket.

彼女はジャケットを着ています。

<身につけているという状態>

He is putting on a jacket.

彼はジャケットを着ているところです。

<身につけているという動作>

反対語の**「脱ぐ」**は **take off** です。**put off** は**「延期する」**という意味になるのでご用心。

ちなみに **take off** には**「離陸する」**という意味もあります。

EXERCISE

→答えは別冊34ページ
答え合わせが終わったら，音声に合わせて英文を音読しましょう。

1 （　　）内から適するものを選び，〇で囲みましょう。

1 ナカムラさんは家を出る前にジャケットを着ています。
Mr. Nakamura is putting (on / off) a jacket before leaving home.

2 まず，まっすぐな線を描いてください。
First, please (write / draw) a straight line.

3 式典の前に帽子を脱ぐべきです。
You should take (on / off) your hat before the ceremony.

4 彼女はかわいい制服が着たかったのでこの高校を選びました。
She chose this high school because she wanted to (wear / put) its cute uniform.

2 （　　）内の単語を用いて，日本文を英文にしましょう。

1 これらのカラフルなペンで何枚か絵を描きましょう。
(let's / with)

2 マリはパーティの後，ソーシャルメディアにレポートを書く予定です。
(will / report)

3 日本人は玄関で靴を脱ぎます。(take / entrance)

LESSON 66
「見る」「会う」「合う」を表す動詞の使い分け

動詞の語法④/Verbs to Watch Out For - Part 4

英語の「見る」にもいくつか表現があります。**see** は **「目に入ってくる」**, **watch** は**動いているものなどを意識的に「見る」**というニュアンスがあります。

We see a lot of stars from here.

ここから星がたくさん見えます。

〈星が目に入ってくる〉

Let's watch the soccer game.

サッカーの試合を見ましょう。

〈意識的に試合を見る〉

そのほか，**stare at はじーっと「見る」**，**look at はある一点を「見る」**という感じです。

see は「見かける」という意味も表します。meet には「会って話す」「(初めて) 会う」「(事前に約束して) 会う」というニュアンスが含まれています。

Nice to meet you.

はじめまして。

〈初対面〉

Nice to see you.

お会いできてうれしいです。

〈2度目以降〉

see は**一方的に**，**meet** は**双方向的**に「見る」というイメージがあります。

I saw you yesterday at the station.

私は昨日駅であなたを見かけました。

〈一方的〉

I met you yesterday at the station.

私は昨日駅であなたに会いました。

〈双方向的〉

encounter や **come across** は **「(偶然) 出くわす」** という意味の「会う」です。

「合う」 については，**suit**，**match**，**go with** を使い分けます。

●洋服が「合う」

suit
サイズや人柄

match

配色

go with
組み合わせ

「サイズが合う」は **fit** を使います。

EXERCISE

答えは別冊35ページ

答え合わせが終わったら，音声に合わせて英文を音読しましょう。

1 日本語を参考にして，英文の（　　）に適切な語を入れましょう。

1　私たちは雨上がりに美しい虹を見ました。
We (　　　　　) a beautiful rainbow after the rain.

2　あなたは昨晩の野球の試合を見ましたか？
Did you (　　　　　) the baseball game last night?

3　マキは彼に会って，その日に結婚することを決めました。
Maki (　　　　　) him and decided to marry him on that day.

4　またお会いできて，とてもうれしいです！
I'm so glad to (　　　　　) you again!

2 （　　）内の語を並べかえて，英文を完成させましょう。

1　ミオのカラフルなシャツは無地のパンツと合っています。
(pants / with / colorful / Mio's / goes / his / shirt / plain).

____.

2　彼らは道で有名な俳優に出くわしました。
(they / street / a / across / famous / came / actor / the / on).

____.

3　生徒全員が教室の時計を見ました。
(the / looked / classroom / students / all / at / clock / of / in / their / the).

____.

LESSON 67 「思い出す」「気づく」を表す動詞の使い分け

動詞の語法⑤/Verbs to Watch Out For - Part 5

「思い出す」という意味の動詞については，特に remember と remind の使い方に注意しましょう。

remember「思い出す」は **“remember + to 不定詞”** で **「(これから) ～することを覚えている」**，**“remember + 動名詞 (-ing)”** で **「(以前) ～したことを覚えている」** という意味になります。

Don't worry. I'll remember to lock the door.

閉めるぞ

大丈夫。ドアを閉めることを覚えています。

Don't worry. I remember locking the door.

閉めた！

大丈夫。ドアを閉めたことを覚えています。

“remind 人 of 出来事” で **「人に出来事を思い出させる」**，**“remind 人 to 不定詞”** で **「人に～することを思い出させる」** という意味になるのが remember との大きなちがいです。

This photo reminds me of my happy childhood.

この写真は私の幸せな子ども時代を思い出させます。

This photo reminds me to thank my family.

この写真は私の家族に感謝することを思い出させます。

「気づく，思いつく」という意味の動詞で使い分けたいのは realize，notice，recognize の 3 つ。どれも「気づく」ですが，**realize** は **「考えて気づく」**，**notice** は **「五感で気づく」**，**recognize** は **「知っていることについて気づく，認識する」** という違いがあります。

He didn't realize (that) his teacher worried about him.

彼は先生が彼を心配していることに気づきませんでした。

He didn't notice (that) his teacher was standing behind him.

彼は先生が背後に立っていることに気づきませんでした。

He didn't recognize his teacher because he had changed his hairstyle.

彼は先生が髪型を変えたので先生だと気づきませんでした。

076

EXERCISE

答えは別冊35ページ
答え合わせが終わったら，音声に合わせて英文を音読しましょう。

1 （　　）内から適するものを選び，〇で囲みましょう。

1 お土産を買うことを思い出させてください。
Please (remember / remind) me to buy some souvenirs.

2 私たちが初めて会った日を覚えていますか？
Do you (remember / remind) the day we met for the first time?

3 ミカはスタイルを変えたので，私は彼女に気づきませんでした。
Mika changed her style, so I didn't (realize / recognize) her.

2 日本語を参考にして，英文の（　　）に適切な語を入れましょう。

1 オニールさんが歌っているのに気づきましたか？
Did you (　　　　) Ms. O'Neal was singing?

2 その写真は私たちのハワイ旅行を思い出させます。
That photo reminds me (　　　　) our trip to Hawaii.

3 あなたは中学校を卒業した日を覚えていますか？
Do you (　　　　) the day you graduated from junior high school?

4 あなたは必要なもの全てを持っていることに気づくべきです。
You should (　　　　) that you have everything you need.

LESSON 68 意外な意味をもつ動詞

動詞の語法⑥/Verbs with Unexpected Meanings

よく知られている意味とは少々異なる，意外な意味をもつ動詞を紹介します。日本語でもカタカナ語としてお馴染みの英単語が多いので，しっかり確認しておきましょう。

単語	意外な意味	そのほかの意味
address	他動詞 述べる	名詞 住所
book	他動詞 予約する	名詞 本
charge	他動詞 請求する	動詞 充電する 名詞 充電：責任
fire	他動詞 解雇する	名詞 火
last	自動詞 続く	形容詞 最後の
long	自動詞 願う	形容詞 長い
matter	自動詞 重要である	名詞 事柄・問題・物質
meet	他動詞 満たす	他動詞 会う
run	他動詞 経営する	自動詞 走る
stand	他動詞 耐える ※ can't stand で頻出	自動詞 立つ
ship	他動詞 輸送する	名詞 船
text	他動詞 テキストメッセージを送る	名詞 文章
work	自動詞 うまくいく	自動詞 働く

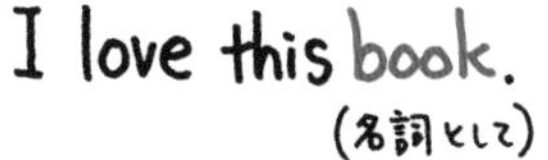
I love this book.

(名詞として)

私はこの本が
大好きです。
いいよね～

Let's book this hotel.

(動詞として)

このホテルを
予約しましょう。
ポチ

I run every morning.

(自動詞として)

私は毎朝
走ります。

I run my bakery.

(他動詞として)

私はパン屋を
経営しています。

EXERCISE

→答えは別冊35ページ
答え合わせが終わったら，音声に合わせて英文を音読しましょう。

1 （　　）内から適するものを選び，○で囲みましょう。

1　当社はお客様からのご要望にお応えしたいと思います。
We'd like to (meet / address) the requests from our customers.

2　タケモトさんは衣料品店を10年経営しています。
Mr. Takemoto has (run / walk) his clothing shop for ten years.

3　そこに着いたら携帯でメールします。
I'll (text / ship) you when I get there.

4　その会議はどのくらい続きましたか？
How long did the meeting (last / expect)?

2 （　　）内の語を並べかえて，英文を完成させましょう。

1　その店は送料を請求しませんでした。
(charge / any / shop / didn't / shipping / the / costs).

____.

2　今夜，2人席を予約しましたか？
(tonight / you / seats / booked / have / for / two)?

____?

3　CEOは従業員を解雇しないことに決めました。
(not / decided / to / any / fire / the / employees / CEO).

____.

復習タイム

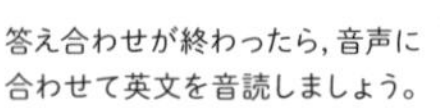
答えは別冊36ページ

答え合わせが終わったら，音声に合わせて英文を音読しましょう。

CHAPTER 10　動詞

1　次の英文の（　　）に入れるのに最も適切なものを，それぞれ下の①～④のうちから１つずつ選びましょう。

1）Could you (　　　　　) me the way to the station?
①　talk　②　say　③　speak　④　tell
(　　　　)

2）He was (　　　　　) of his smartphone while traveling abroad.
①　rented　②　borrowed　③　stolen　④　robbed
(　　　　)

3）I don't (　　　　　) email on my phone because the screen is too small.
①　write　②　draw　③　paint　④　wear
(　　　　)

4）I'm (　　　　　) a movie on my computer now.
①　seeing　②　watching　③　meeting　④　encountering
(　　　　)

5）The song always (　　　　　) me of high school.
①　remembers　②　reminds　③　notices　④　realizes
(　　　　)

2　次の日本語を英文にしましょう。その際，与えられた単語を用い，必要に応じて動詞は適切な形に変えてください。

1）その男性は昨年，会社を経営し始めました。　(start / run / to)

2）彼らは私たちの要求を満たしていますか？　(do / meet)

3）私はその騒音に耐えられません！　(stand / noise)

3 次のイラストを描写する英文を書いてください。その際，与えられた単語を必要に応じて形を変えて用いてください。

スカートが似合っていることをほめましょう。
(colorful / suit)

hear と listen to の使い分け

日本語でも「聞く」と「聴く」と漢字を使い分ける場合がありますが，英語でも hear だと「(音などが）耳に入ってくる」「聞こえる」，listen to だと「(話の内容などに）耳を傾けて聴く」と使い分けます。「音」を意識しているかどうかが使い分けの決め手になります。

「注意深く私の話を聞いてください。」

○ **Listen to** me carefully.　　× **Hear** me carefully.

「(電話などで）あなたの声が聞こえません。」

○ I can't **hear** you.　　× I can't **listen to** you.

※ listen to だと「あなたの話は聞いていられない」という意味合いになってしまいます。

やる気がおきない時の対処法

「今日はどうも勉強したくないなぁ。」「なんだか気が向かないわ。」ということ，ありますよね。英語学習が大好きな筆者でも，時にはそういった気分になることがあります。

そんなときにどうするか。ズバリ，休みます！　何かをしたくないと感じるには理由があります。眠い，疲れたなどの体調の問題かもしれませんし，心配なことが思い浮かんでうまく集中できないという精神的な問題かもしれません。どちらにしても，そういう時は勉強するタイミングではないのだな，と思って自分を休ませます。ただし，この時に「復帰する時期」を決めておくのが重要です。明日でも明後日でも来週でも，勉強に復帰したい日にちを決めて，それを「予定」として手帳やカレンダーに記入します。美容院を予約するように，自分の心と体に復帰の予約を入れるのです。そして，復帰予定の日まで心置きなく休みます。長い目で見れば，少し休んでも大丈夫。勉強に復帰できれば問題ありません。

勉強に復帰する際にはハードルは超低めに設定するようにしましょう。「たくさん休んだから，たくさんやらなくちゃ」という自分へのプレッシャーは手放して，「これなら簡単にできちゃうぞ」という程度のことからやり始めましょう。「できた！」という小さな達成感を積み重ねて，自分自身が「英語を勉強すると，なんだかいい気分になるな」と思えてくることが，無理なく学習を継続していくためのコツです。

CHAPTER

11

名詞と，名詞の前に置く冠詞を学びます。

「可算名詞」「不可算名詞」という名詞の分け方や，

冠詞の種類やルールをじっくり学習していきましょう。

LESSON 69 # 可算名詞・不可算名詞とは

名詞の語法①/What are Countable Nouns & Uncountable Nouns?

英語で人やものを表す名詞を使うとき，**ひとりふたり，ひとつふたつと数えられるかどうかで区別**します。数えられるものは「**可算名詞**」，数えられないものは「**不可算名詞**」と呼ばれます。

可算名詞は単数・複数の区別があり，単数のときは名詞の前に冠詞 a / an を置き，複数のときには基本的に語尾に -s を付け加えます。-s だけではなく -es を付ける単語（単数 glass →複数 glasses）や，形が変わるもの（単数 man →複数 men / 単数 leaf →複数 leaves）もあります。「たくさんの～」という場合は many を前に置きます。

不可算名詞には単数・複数の区別がなく，前に a / an を置くことはできず，語尾には何も付けません。「たくさんの～」という場合には，much を置きます。some / any「いくらかの」，a lot of「たくさんの」は可算名詞でも不可算名詞でも使うことができます。

可算名詞は，他のものと「別のもの」という区別が明確なのが特徴で，不可算名詞は，その区別がはっきりしないのが特徴です。

日本語にはない分け方なので次のイラストにある典型例を覚えておいて，個々の単語が可算名詞か不可算名詞かを見分けるときのヒントにしてみてください。

●可算名詞あれこれ

●不可算名詞あれこれ

EXERCISE

答えは別冊37ページ
答え合わせが終わったら，音声に合わせて英文を音読しましょう。

1 (　　) 内から適するものを選び，○で囲みましょう。

1 私たちは世界に平和をもたらすためにお互いを尊重しなければなりません。
We must respect each other to bring (peace / peaces) to the world.

2 彼女は美しい眼鏡をたくさん持っています。
She has a lot of beautiful (glass / glasses).

3 ミホは今日，ひとつの会議とふたつの授業に参加する予定です。
Miho will attend a (meeting / meetings) and two (class / classes) today.

4 彼らは他のチームについて多くの情報を持っていませんでした。
They didn't have (many / much) information about other teams.

2 (　　) 内の語句を並べかえて，英文を完成させましょう。

1 たくさんの車が一列に並んでいます。
(a lot of / a / up / are / in / lined / row / cars).

____.

2 より多くの女性が私の会社内のチームリーダーになるべきです。
(in / women / more / should / team / my / leaders / company / become).

____.

3 マサミは仕事のせいで昨日あまり眠っていません。
(didn't / work / sleep / get / Masami / yesterday / much / due to).

____.

LESSON 70 注意したい可算名詞と不可算名詞

名詞の語法②/Countable Nouns and Uncountable Nouns to Watch Out For

意味だけを見ると可算名詞のようでも，実は不可算名詞という単語があります。冠詞の a をつけたり，語尾に s をつけたりしません。種類の違うものをひっくるめたような名詞は不可算名詞です。

people / police / cattle はそれぞれ人・警察官・家畜の牛が**複数でひとまとまり**というイメージなので，複数扱いです。

○ The police are looking for the suspect.
(警察はその容疑者を探しています)
(× The police is ～)

名詞の中には，**可算名詞でも不可算名詞でも使えるもの**があります。ただし，表す意味が少々異なるので注意が必要です。

使い分けに注意!

	work	cake	chicken
可算名詞	works 作品	a cake ケーキまるごと1ホール	a chicken 鶏肉一羽
不可算名詞	work 仕事	two pieces of cake ケーキ2切れ	chicken 鶏肉

EXERCISE

答えは別冊38ページ
答え合わせが終わったら，音声に合わせて英文を音読しましょう。

1 （　　）内から適するものを選び，〇で囲みましょう。

1 引っ越してから新しい家具を手に入れました。
They got new (furniture / furnitures) after moving.

2 最近，彼女は仕事で忙しいです。
Recently, she has been busy at (work / works).

3 コガさんは子供たちと一緒にチキンカレーを食べました。
Ms. Koga ate (a chicken / chicken) curry with her children.

4 私たちは幸せに暮らすのに十分なお金を持っています。
We have enough (a money / money) to live happily.

2 日本語を参考にして，英文の（　　）に適切な語を入れましょう。

1 カキウチさんは家族と一緒にケーキ４切れを食べました。
Mr. Kakiuchi ate four (　　　　　) of (　　　　　) with his family.

2 自分でジュエリーを購入したことはありますか？
Have you ever bought any (　　　　　) for yourself?

パッとSpeak! **ふきだしの内容を英語で表しましょう。**

シェアハウスの様子を説明しましょう。

このシェアハウスにはさまざまな人々が住んでいます。

CHAPTER 11 名詞・冠詞

LESSON 71 使い分けに注意したい名詞

名詞の語法③/Nouns to Watch Out For

日本語では同じ単語で表現することでも，英語ではいくつかの名詞を使い分けることがあります。「客」と「料金」を表す名詞は頻出なので，使う場面やニュアンスをしっかりと区別して覚えておきましょう。

「料金」を表す名詞
違いに注意して，しっかり覚えよう！
price
（商品などの）価格
¥498
charge
（サービスに対する）料金・使用料
fare
（電車などの）運賃
きっぷ
140円
cost
（サービスなどの）費用
fee
（レッスンなどの）料金

EXERCISE

答えは別冊38ページ
答え合わせが終わったら，音声に合わせて英文を音読しましょう。

1 日本語を参考にして，英文の（　　）に適切な語を入れましょう。

1 ナナの誕生日を祝うために５人のお客さんが彼女の家に来ました。
Five（　　　　　）came to Nana's house to celebrate her birthday.

2 ほとんどのお客様が当社の配達サービスに満足しています。
Most（　　　　　）are satisfied with our delivery service.

3 バス料金は来月変更されます。
Bus（　　　　　）will change next month.

4 ユウコは授業料をそのウェブサイトで調べました。
Yuko looked up the tuition（　　　　　）on the website.

2 （　　）内の語を並べかえて，英文を完成させましょう。

1 私の購入品の送料を教えてください。
(me / shipping / tell / cost / my / for / purchase / the).

-- .

2 今日は美術館を訪れる人がとても多いです。
(museum / are / so / there / visitors / to / the / many / today).

-- .

3 コンサートの間，聴衆はとても興奮していました。
(excited / the / was / during / very / the / concert / audience).

-- .

LESSON 72
冠詞の種類

冠詞①/Types of Articles

英語で名詞を使うときに，いつも気にしたいのが「冠詞」です。日本語にない要素なので，どの冠詞を使うのか基本的なルールを確認しておきましょう。

冠詞は **a / an / the** の３つだけ。分類と基本的な選び方は次の通りです。

・不定冠詞：a / an（名詞の発音が a，i，u，e，o の母音で始まる時は an）
・定冠詞：the（名詞の発音が a, i, u, e, o の母音で始まる時は発音が「ダ」→「ディ」に変化）

	a / an	the
特定	できない	できる
登場回数	１回目	２回目以降
聞き手	知らない	知っている
単数・複数	単数のみ	両方 OK

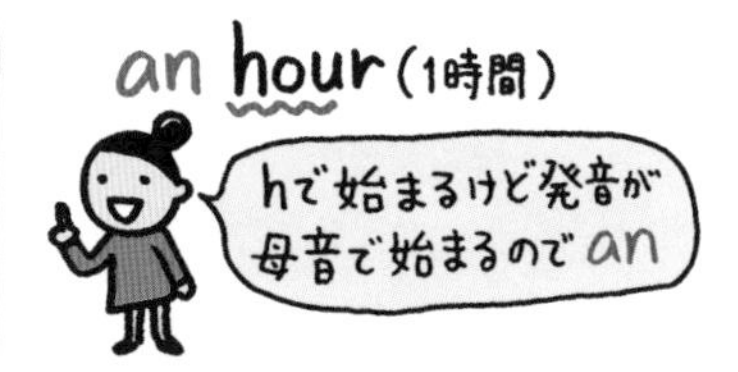

an hour（1時間）
hで始まるけど発音が母音で始まるので an

I bought a house last year.
Wow!
すごい！
去年とある家を買ったの。
「家」について初めて話す場合，聞き手は「家」を特定できないから不定冠詞！
後日
I will sell the house next year.
Oh, really?
ホントに？
来年あの家を売るわ。
「すでに話したことのある家」についての話なので特定できるから定冠詞！

定冠詞 the は次の応用ルールも覚えておくと，理解の幅が広がります。

●定冠詞 the の応用ルール
① この世界にひとつしかないもの
the sun
太陽
the earth
地球
② 家族などのひとまとめ
the Smiths
スミス一家
the 1980s
1980年代
③ 一部の国名
the United States
アメリカ合衆国
the United Kingdom
イギリス
④ the＋形容詞で「〜の人々」
the rich
裕福な人々
the poor
貧しい人々

EXERCISE

→答えは別冊39ページ
答え合わせが終わったら，音声に合わせて英文を音読しましょう。

1　(　　) 内から適するものを選び，○で囲みましょう。

1　彼は私に有名な本をくれました。その本はとても貴重です。
He gave me (a / an / the) famous book. (A / An / The) book is very valuable.

2　ここに署名してください。ペンはありますか？
Please sign here. Do you have (a / an / the) pen?

3　その話を聞いたのを覚えています。
I remember you told me (a / an / the) story.

4　エリコはオレンジ１つとリンゴ２つを買いました。
Eriko bought (a / an / the) orange and two apples.

2　日本語を参考にして，英文の (　　) に適切な語を入れましょう。

1　サングラスをかけずに太陽を見ないでください。
Don't look at (　　　　) sun without wearing (　　　　) pair of sunglasses.

2　1990 年代，カトウ家は，ある都市部に住んでいました。
In (　　　　) 1990s, (　　　　) Katos lived in (　　　　) urban area.

3　私はその駅で男性が年配の女性を手伝っているのを見ました。
I saw (　　　　) man helping (　　　　) elderly woman at (　　　　) station.

LESSON 73 冠詞をつけない場合のルール

冠詞②/Rules for not Using Articles

単数形の名詞なのに，a / an の不定冠詞をつけない場合があります。

① 固有名詞：人名・地名・月・曜日など大文字始まる名詞

Taro 太郎

Tokyo 東京

Japan 日本

January 1月

Monday 月曜日

② 具体的なイメージができないもの

切られたり 混ぜられたりして

chicken 鶏肉

a chicken 鶏1羽

aがつくと
まるまる 1羽の鶏

③ 名詞が具体物ではなく動作・目的・機能を示すとき

for lunch

礼拝に行く
月曜日、タロウは学校へバスで行って、お昼に鶏肉を食べました。
On Monday, Taro went to school by bus and ate chicken for lunch.

どの名詞も無冠詞だね

「～が好き」というときは，a / an ＋単数形ではなく，無冠詞の複数形を使うのが自然です。

○ I like cats.
ネコが好き
いろんなネコを ひっくるめた感じ

△ I like a cat.
キライ?
ある一匹だけ好き、という感じになって不自然

EXERCISE

→答えは別冊39ページ
答え合わせが終わったら，音声に合わせて英文を音読しましょう。

1 （　　）内から適するものを選び，○で囲みましょう。

1　7月にノリコはニューヨークに行きました。
In (July / a July / the July), Noriko went to (New York / a New York / the New York).

2　夕食に魚を食べましょう。
Let's eat (a fish / the fish / fish) for dinner.

3　あなたは普段は何時に寝ますか？
What time do you usually go to (a bed / the bed / bed)?

4　あなたはリンゴが好きですか？
Do you like (apple / an apple / apples)?

2 （　　）内の語を並べかえて，英文を完成させましょう。

1　彼女は友達と電車で通学しました。
(went / she / to / by / her / school / train / with) friends.

______________________________ friends.

2　タダさんご一家は1年前に東京に引っ越しました。
(Tokyo / to / moved / Tadas / a / ago / the / year).

______________________________ .

3　私は月を見上げて写真を撮りました。
(and / looked / I / up / took / at / photo / the / moon / a).

______________________________ .

復習タイム

答えは別冊40ページ

答え合わせが終わったら，音声に合わせて英文を音読しましょう。

CHAPTER 11　名詞・冠詞

1　次の英文の（　　）に入れるのに最も適切なものを，それぞれ下の①～④のうちから１つずつ選びましょう。

1）There are (　　　　　) people in the concert hall.
　① a　② an　③ many　④ much
　(　　　　)

2）The artist displayed some of her (　　　　　) on the wall.
　① work　② works　③ working　④ worked
　(　　　　)

3）How many (　　　　　) came to the museum last month?
　① customers　② visitors　③ guests　④ audience
　(　　　　)

4）Could you tell me the bus (　　　　　)?
　① price　② fare　③ cost　④ fee
　(　　　　)

5）This is a book for (　　　　　).
　① a young　② an young　③ the young　④ young
　(　　　　)

2　次の日本語を英文にしましょう。その際，与えられた単語を用い，必要に応じて動詞は適切な形に変えてください。

1）東京では多くの人々が電車で通勤しています。　(many / commute)

2）私たちは昨日の夕食に鶏肉を食べました。　(eat / dinner)

3）運動後はグラス一杯の水を飲んでください。　(glass / exercise)

3 次のイラストを描写する英文を書いてください。その際，与えられた単語を用いてください。

姉と自分の好みの違いを表しましょう。
(sister / like)

Coffee Break

「1 つにつき」を表す a/an

不定冠詞の a/an には，直前に回数を示す表現を伴って「1 つの○○につき」という意味を表すことができます。以下，頻出表現を確認してみましょう。

・once a week（週に 1 回）
・twice a month（月に 2 回）
・three times a year（年に 3 回）
・four people a class（1 クラスに 4 人）
・several times an hour（1 時間に数回）

基礎ができたら，もっとくわしく。

注意すべき名詞の複数形

Noun Plurals

英語の名詞の複数形は，基本的には語尾に -s をつけますが，特殊なものがあります。特徴ごとに表にまとめますので，複数形を意識して覚えましょう。

▼形がそのまま

名詞	複数形	日本語訳
deer	deer	鹿
fish	fish	魚
sheep	sheep	羊

▼ 1 文字だけ変わる

名詞	複数形	日本語訳
analysis	analyses	解析
axis	axes	軸
man	men	男性
woman	women	女性

▼ f が v になって，語尾に s がつく

名詞	複数形	日本語訳
knife	knives	ナイフ
leaf	leaves	葉
life	lives	生命

▼ oo が ee になる

名詞	複数形	日本語訳
foot	feet	足
goose	geese	ガチョウ
tooth	teeth	歯

▼形がまるっきり変わる

名詞	複数形	日本語訳
child	children	こども
mouse	mice	ネズミ
person	people	人

CHAPTER

12

名詞の「代わり」に使うさまざまな代名詞を学びます。

日本語では省略されることの多い代名詞ですが，

英語ではとてもよく使われます。

使い分けや種類をしっかり把握していきましょう。

LESSON 74

使い分けに注意したい代名詞①

代名詞の語法①/Pronouns to Watch Out For - Part 1

名詞をさして「これ」「それ」などと表す代名詞。同じ単語の重複を避けたがる英語では頻繁に使われます。どういう状況で，何をさすかによって使い分けが必要になります。

it：前に出てきた名詞と全く同じものを表す。
I like this donut.
このドーナツが好きです。
それちょうだい！
I want it.
そのドーナツが欲しい。
one：前に出てきた名詞と同じ種類のものを表す。
I like this donut.
このドーナツが好きです。
1つ欲しい～！
I want one.
同じ種類のドーナツが欲しい。
another：「もうひとつの」「別のもの」を表す。
I like this donut.
このドーナツが好きです。
おかわり！
I want another.
もうひとつ欲しい
別のもってきて～
I don't like this donut.
このドーナツ好きじゃない。
I want another.
他の種類のドーナツが欲しい。

other にまつわる語法は状況によって，次のように使い分けます。

- **one - the other**
(あるひとつに対して)もうひとつ

I have two bags. One is white, and the other is black.

私はバッグを2つ持っています。ひとつは白でもうひとつは黒です。

- **one - the others**
(あるひとつに対して)それ以外

I have three bags. One is white, and the others are black.

私はバッグを3つ持っています。ひとつは白で残りの2つは黒です。

- **some - others**
(いくつかに対して)その他

Some like white, and others like black.

白が好きな人もいれば黒が好きな人もいる。

EXERCISE

答えは別冊41ページ
答え合わせが終わったら，音声に合わせて英文を音読しましょう。

1 日本語を参考にして，英文の（　　）に適切な語を入れましょう。

1 チームメンバーの中で，1人が他をリードします。
Among the team members, (　　　　) leads (　　　　)(　　　　).

2 彼は2冊の本を手に入れました。彼は一方を読み，もう一方を売りました。
He got two books. He read (　　　　) and sold (　　　　)(　　　　).

3 便利なコンピューターを持っています。より良いものを見つけるのは難しいです。
I have a useful computer. It's hard to find a better (　　　　).

4 犬の中には，屋内に留まりたい犬もいれば，外に行くのが好きな犬もいます。
(　　　　) dogs want to stay inside, and (　　　　) like to go outside.

2 （　　）内の単語を用いて，日本文を英文にしましょう。

1 ユキチは本を読もうとしましたが，それをカネコさんに渡しました。（tried / but / gave）

2 グラス1杯の水をおかわりできますか？（can / have / glass）

3 友達が私に新しい時計を見せてくれたとき，私は時計を買いたくなりました。（showed / watch / wanted）

LESSON 75 使い分けに注意したい代名詞②

代名詞の語法②/Pronouns to Watch Out For - Part 2

74に続いて，次の代名詞の使い分けを意識しておきましょう。

	単数扱い	複数扱い	同格※
each	各自	それぞれ　※同格のとき	○
most	−	多く［ほとんど］の人	
all	万事・～なのは…だけ（＋関係代名詞節）	すべての人々	○
both	−	両方・両者	○
either	（二者のうち）どちらか一方		
neither	（二者のうち）どちらも～ない		
none	どれも～ない（不可算名詞をさす時）	どれも～ない（可算名詞をさす時）	

※ここでの「同格」とは，名詞の後ろに置いて，名詞の補足説明をするもの

We each have our preferences.
同格
私たちにはそれぞれ好みがあります。

A few people agree with this plan, but most disagree with it.
複数扱い
数人はこの計画に賛成していますが，多くの人々が反対しています。

This is all I know. これが私が知っているすべてです。
単数扱い　後ろに関係代名詞節を導く

I met the Muraki sisters. I liked them both. 私はムラキ姉妹に会いました。2人とも好きでした。
同格

I don't know either. = I know neither. どちらも知りません。
単数扱い　単数扱い

I booked the last seats, so none are available. 私は最後の席を予約したので，もうどれも空いていません。
複数扱い

most / all / none は，どれも後ろに of を伴うこともできます。

I have many bags. Most of them are white.
後ろにofを置く　前の文の many bags を指す
私は多くのバッグを持っています。それらのほとんどは白です。

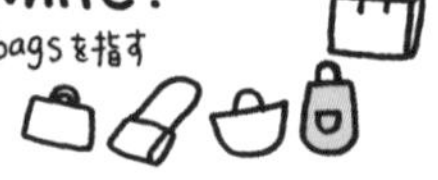

both A and B, either A or B というフレーズで使われることもあります。

▶I like **both** tea and coffee.（私は紅茶もコーヒーもどちらも好きです）

▶Do you like **either** tea or coffee?（あなたは紅茶とコーヒーのどちらかが好きですか？）

EXERCISE

答えは別冊42ページ
答え合わせが終わったら，音声に合わせて英文を音読しましょう。

1 （　　）内から適するものを選び，○で囲みましょう。

1 その兄弟に会った時，どちらかと話しましたか？
When you met the brothers, did you talk to (either / neither)?

2 リンゴが2つありました。ツルタさんは両方を手に入れました。
There were two apples. Mr. Tsuruta got (most / both).

3 ほとんどの人がニュースに興味を持っています。
(All / Most) are interested in the news.

4 私たちに必要なのは愛だけです。
(Each / All) we need is love.

2 （　　）内の語を並べかえて，英文を完成させましょう。

1 クラスには生徒がひとりも出席していませんでした。
(the / present / of / students / class / none / in / the / were).

______________________________.

2 私は自分の会社のほとんどの従業員を知っています。
(company / most / know / of / the / employees / I / in / my).

______________________________.

3 ポールは仕事で英語と日本語の両方を話します。
(English / at / work / speaks / Paul / and / Japanese / both).

______________________________.

LESSON 76 所有代名詞と再帰代名詞

代名詞の語法③/Possessive Pronouns and Reflexive Pronouns

人称代名詞には主格，所有格，目的格といった基本的なもののほかに，「～のもの」ということを表す**所有代名詞**，そして語尾に -self（単数）・-selves（複数）をつけて「～自身」という意味になる**再帰代名詞**があります。

所有代名詞は**〈所有格＋名詞〉の意味を１つの単語で表す**ことができます。主に文脈の中ですでに出てきたものを表します。

I can't use my computer now. Can I borrow yours?

文脈に出てきたcomputerを表す

この文のyours = your computer

私は今自分のコンピューターが使えません。
あなたのものを借りてもいいですか？

再帰代名詞は，**主語と同一の人やものを目的語にするときに用いるのが基本の使い方です**。名詞の直後または文末に置いて，強調の意味を表すこともあります。

I'm going to introduce myself before the presentation.

主語と同一の人物なのでmeではなくmyself

プレゼンテーションの前に
自己紹介をさせていただきます。

The action itself was not a problem. その行動自体は問題ではありませんでした。

前の名詞を強調！

再帰代名詞は前置詞とともに慣用表現として用いられることもあります。

	意味
by oneself	自分で・自力で・一人で
for oneself	自分のために・自分で
in itself	それ自体では・本来
beside oneself	我を忘れて

※ oneself は示す名詞に応じて，myself / yourself（単数）/ yourselves（複数）/ himself / herself / ourselves / themselves / itself と変化します。

Let's do it (by) ourselves! 自分たちでやりましょう！

She was beside herself with delight.

彼女は大喜びで我を忘れました。

EXERCISE

答えは別冊42ページ
答え合わせが終わったら，音声に合わせて英文を音読しましょう。

1 日本語を参考にして，英文の（　　）に適切な語を入れましょう。

1 アミさんはプレゼンテーションの前に独り言を言っていました。
Ms. Ami was talking to (　　　　　) before the presentation.

2 より良い答えを見つけるために自分で考えてください。
Think for (　　　　　) to find a better answer.

3 生徒たちは自分たちで問題を解決しました。
The students solved the problem (　　　　　).

4 今日は傘を持っていないので，あなたの傘を借りたいです。
I don't have my umbrella today, so I'd like to borrow (　　　　　).

2 （　　）内の語を並べかえて，英文を完成させましょう。

1 試合に勝った後，彼らは興奮して我を忘れていました。
After (excitement / the / they / themselves / game / winning / were / beside / with).

After ______________________________.

2 この薬は本来無害ですが，服用には十分注意してください。
(when / itself / this / is / in / but / be / harmless / careful / taking / medicine / it).

______________________________.

3 私は着替えて，鏡で自分の姿を見ました。
(looked / I / the / clothes / and / at / changed / myself / in / mirror / my).

______________________________.

復習タイム

CHAPTER 12　代名詞

答えは別冊43ページ

答え合わせが終わったら，音声に合わせて英文を音読しましょう。

1 次の英文の（　　）に入れるのに最も適切なものを，それぞれ下の①～④のうちから1つずつ選びましょう。

1）This shirt is too big for me. Could you bring me (　　　　　)?
①　it　　②　one　　③　another　　④　other
(　　　　　)

2）Which cake would you like?　— I'll take this (　　　　　).
①　one　　②　ones　　③　other　　④　others
(　　　　　)

3）Of the four people invited, only one person came to the party and (　　　　　) didn't.
①　one　　②　the other　　③　the others　　④　others
(　　　　　)

4）(　　　　　) has his or her own bed and desk in the dormitory.
①　Each　　②　Most　　③　All　　④　Both
(　　　　　)

5）You can choose (　　　　　) Japanese food or American food for breakfast.
①　both　　②　all　　③　either　　④　none
(　　　　　)

2 次の日本語を英文にしましょう。その際，与えられた単語を用い，必要に応じて動詞は適切な形に変えてください。

1）自宅で仕事をする人もいれば，オフィスに行く人もいます。
(people / office)

- -

2）現金と電子マネーの両方をご利用いただけます。　(both / electronic)

- -

3）ナカムラさん（Ms. Nakamura）は一人でその場所に行きました。

(place / by)

3 **次のイラストを描写する英文を書いてください。その際，与えられた単語を用いてください。**

彼女が手に持っているものを片手ずつ表現しましょう。

(bag / hand)

注意したい代名詞の表現

each other と one another は「お互いに」という日本語訳で覚えているせいか，日本人が使い方を間違いやすい表現です。どちらも代名詞なので，動詞や前置詞の目的語として使われます。日本語とちがい，副詞のようには使えないので注意しましょう。

● The sisters talk with **each other** in English.
（その姉妹はお互いに英語で話します）

● The sisters gave their presents to **one another** on Christmas Day.
（その姉妹はクリスマスの日にお互いにプレゼントを交換しました）

上の例にもある talk などの自動詞の場合，前置詞を置かず（×）talk each other としてしまう間違いが多いので注意しましょう。

楽しい仕組みづくりが継続の秘訣

30年以上英語学習を続けていると，多くの方から「どうしたらそんなに続けられるのですか」とご質問をいただくことがあります。その質問にはいつも,「自分自身に『楽しい』と感じさせる仕組みをつくっているから」とお答えしています。自分が何を楽しいと思うか，どう取り組んだら楽しめるか，に常に敏感であることを意識しています。年齢や環境によって興味も少しずつ変わっていきますので，自分自身の観察を続けています。私の場合，英語学習のおかげで，自分の好みや機嫌を保つ方法がとてもよくわかるようになりました。

私にとっての「楽しい」仕組みは，練習の後の「ご褒美」と挑戦した後の「上達の実感」です。「ご褒美」には自分で自分を褒めること，美味しいものを食べること，そして自分の好きな場所に行くことなどが含まれます（カフェ巡りが趣味の私にとっては，大好きなカフェに行くことが何よりのご褒美。そして「今日もよくできました。知識深まり，世界広がる！」とひとりごと)。なんにせよ，毎回「ご褒美」を用意するのがポイントです。自分で自分を褒めることには慣れが必要かもしれませんが，他者からの褒めを期待するのではなく，「褒め」の自家発電ができると，どこまでも気分よく学習を続けることができるのでおすすめです。

日本で英語を勉強する上で，定期的に挑戦しているのが「試験」です。英検やTOEICなどに加え，最近ではスマホアプリなどでも実力を測るテストを受けることができます。英語力を数値化して「上達の実感」を得ることも私にとっては「楽しい」要素の一つです。

CHAPTER 13

形容詞

名詞を修飾する役割をもつ形容詞をくわしく学びます。
形の似ている形容詞の使い分けや数量を表す形容詞を
例文やイラストを使って身につけていきましょう。

LESSON 77

形容詞のはたらきと用法

形容詞の語法①/The Function and Use of Adjectives

名詞に情報をプラスするのが形容詞のはたらきです。形容詞には「**限定用法**」と「**叙述用法**」という２種類の用法があります。**限定用法**の形容詞は，**名詞の前後に置かれ，直接名詞を修飾**します。**叙述用法**の形容詞は**動詞の後に置かれ，補語として主語の説明**をします。

限定用法の形容詞について注意したいのは，something，anything，nothing などの名詞を修飾する場合です。これらの名詞を修飾する際，形容詞は必ず名詞の後ろに置かれます。

限定用法 I want to drink some cold water.

形容詞 名詞

私は冷たい水が飲みたいです。

ふつうは前から名詞を説明

I want to drink something cold.

私は何か冷たいものを飲みたいです。

-thingで終わる名詞は後ろから説明

叙述用法 It's cold today.

動詞の補語になる

今日は寒いです。

次の形容詞は，限定用法と叙述用法とで意味が異なるので要チェックです。

	限定用法	叙述用法
present	現在の～	出席して
certain	とある～	確信して

限定用法 She is the present chairperson.

彼女は現在の議長です。

叙述用法 She is present at the conference.

彼女は会議に出席しています。

限定用法 I discovered a certain fact.

私はある事実を見つけました。

叙述用法 I'm certain that he will win.

私は彼が勝つと確信しています。

EXERCISE

答えは別冊44ページ
答え合わせが終わったら，音声に合わせて英文を音読しましょう。

1 （　）内の語を並べかえて，英文を完成させましょう。

1 アカネは息子の誕生日に楽しいものを探しました。
(fun / for / looked / her / son's / Akane / for / something / birthday).

2 彼らは会議で重要なことについて何も話しませんでした。
(didn't / the / talk / they / anything / meeting / important / at / about).

3 レイコは昨日の午後，その重要な会議に出席しました。
(in / was / Reiko / present / afternoon / meeting / important / the / yesterday).

4 その探偵はさらなる調査の後，ある手がかりを見つけました。
(investigation / a / detective / the / certain / clue / after / found / more).

2 （　）内の単語を用いて，日本文を英文にしましょう。

1 その観光客たちは土産物屋で何も高価なものを買いませんでした。
(tourists / nothing / souvenir)

2 彼はその実験が成功することを確信していますか？
(certain / experiment / successful)

LESSON 78

使い分けに注意したい形容詞

形容詞の語法②/Adjectives to Watch Out For

形容詞の中には，**つづりがよく似ていて意味の異なるもの**がいくつかあります。語尾に注意しながら，しっかり区別しておきましょう。

● respectable：立派な

He has a respectable job now.
彼は今，立派な仕事をしています。

● respectful：礼儀正しい

They gave a respectful bow to the audience.
彼らは聴衆に礼儀正しいお辞儀をしました。

● respective：それぞれの

They played their respective instruments very well.
彼らはそれぞれの楽器を上手に演奏しました。

● considerable：かなりの

We have a considerable number of environmental problems now.
私たちには今，かなりの数の環境問題があります。

● considerate：思いやりのある

We should be considerate to others.
私たちは他者に対して思いやり深くなるべきです。

次の形容詞も，語尾を区別しながら覚えていきましょう。

economic	経済の	economical	経済的な，倹約の
favorite	お気に入りの	favorable	有益な，好ましい
sensible	分別のある，賢明な	sensitive	敏感な，繊細な
literate	読み書きができる	literal	文字通りの
literary	文学の		

EXERCISE

答えは別冊45ページ
答え合わせが終わったら，音声に合わせて英文を音読しましょう。

1 (　　) 内から適するものを選び，〇で囲みましょう。

1 彼女は立派なビジネスを経営しています。
She runs a (respectable / respective) business.

2 その作家は昨年，文学賞を受賞しました。
The writer won a (literate / literary) award last year.

3 タカオは私たちにとって賢明な助言者です。
Takao is a (sensible / sensitive) adviser to us.

4 ヨウコは昨日かなりの金額を使いました。
Yoko spent a (considerate / considerable) amount of money yesterday.

2 日本語を参考にして，英文の (　　) に適切な語を入れましょう。

1 彼は顧客に対して好意的な態度を取り続けました。
He maintained a (　　　　　) attitude toward his clients.

2 私たちはより経済的な選択肢が欲しいです。
We want a more (　　　　　) option.

パッとSpeak! ふきだしの内容を英語で表しましょう。

野球選手の試合中のひとコマを説明しましょう。

選手たちはそれぞれのポジションに行きました。

LESSON 79 数量を表す形容詞

形容詞の語法③/Adjectives that Represent Quantity

形容詞には**数や量の多少を表すもの**があります。こうした数量表現には，可算名詞にのみ使える形容詞，不可算名詞にのみ使える形容詞，どちらにも使える形容詞があるので注意が必要です。

	ない	少し	いくらか	十分な	いくつか	多くの	より多くの	最も多い
可算名詞とともに	no	a few	some	enough	several	many	more	most
不可算名詞とともに	no	a little	some	enough		much	more	most

I have no coins [money].
コイン/お金がない。

I have a few coins.
コインが少しある。

I have a little money.
お金が少しある。

I have enough coins [money].
コイン/お金が十分にある。

I have several coins.
コインが何枚かある。

I have many coins.
コインが多くある。

I have much money.
お金が多くある。

I have more coins [money] than him.
彼より多くのコイン[お金]がある。

I have the most coins [money] in this country.
この国の中で最も多くのコイン[お金]がある。

冠詞 **a の有無**によって，意味が大きく変わる場合があります。

I have few books.
本をほとんど持っていない。

ほとんどないの…

I have a few books.
本を数冊持っている

3冊もある

I have little time to rest.
休む時間がほとんどない。

I have a little time to rest.
休む時間が少しある。

EXERCISE

答えは別冊45ページ
答え合わせが終わったら，音声に合わせて英文を音読しましょう。

1 日本語を参考にして，英文の（　　）に適切な語を入れましょう。

1 あなたは学生時代にたくさん本を読みましたか？
Did you read (　　　　　) books when you were a student?

2 私たちにがっかりしている時間はありません。
We have (　　　　　) time to be disappointed.

3 アヤは４人の子どもを育てるのに十分なエネルギーを持っていました。
Aya had (　　　　　) energy to raise her four children.

4 彼女はアクション映画にはあまり興味がありません。
She doesn't have (　　　　　) interest in action movies.

2 （　　）内の語を並べかえて，英文を完成させましょう。

1 私は月に数回ピアノの練習をしています。
(piano / few / practice / month / I / the / a / times / a).

______________________________.

2 フジタ先生は他の先生よりも多くの生徒と話しました。
(did / talked / more / other / students / than / Mr. Fujita / with / teachers).

______________________________.

3 グラスに水がほとんどありません。
(in / is / little / the / water / glass / there).

______________________________.

復習タイム

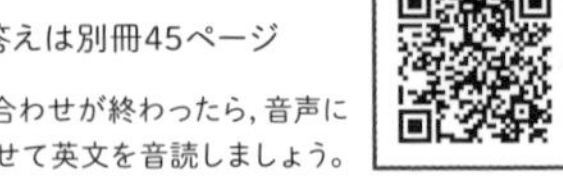

答えは別冊45ページ

答え合わせが終わったら，音声に合わせて英文を音読しましょう。

CHAPTER 13　形容詞

1 次の英文の（　　）に入れるのに最も適切なものを，それぞれ下の①～④のうちから１つずつ選びましょう。

1）I don't usually eat (　　　　) for dinner.

① cold anything　② anything cold

③ cold nothing　④ nothing cold

(　　　　)

2）Please return to your (　　　　) seats in the classroom.

① respect　② respected　③ respectful　④ respective

(　　　　)

3）She is the most (　　　　) lady I have ever met.

① consider　② considering　③ considerate　④ considerable

(　　　　)

4）Do you know the rate of (　　　　) people in the world now?

① literate　② literal　③ literary　④ literature

(　　　　)

5）We had (　　　　) time and money to travel abroad.

① few　② little　③ many　④ several

(　　　　)

2 次の日本語を英文にしましょう。その際，与えられた単語を用い，必要に応じて動詞は適切な形に変えてください。

1）私はその情報について確信が持てません。　(certain / about)

2）彼らには締め切りまで数日ありました。　(have / few / until)

3）あなたはリラックスするのに十分な時間はありますか？　(have / relax)

3　次のイラストを描写する英文を書いてください。その際，与えられた単語を用いてください。

現在，オンラインクラスに出席しているという自分の状況を表現しましょう。
(present / in)

疑問文の some と any

「いくらかの」という意味をもつ形容詞 some は通例，疑問文では any に変えます。

肯定文　You need **some** help.（あなたは助けが必要です）

疑問文　Do you need **any** help?（あなたは助けが必要ですか？）

ただし，場合によっては疑問文でも some を使う場合があります。尋ねる人が「きっと助けが必要だろうな」と思いながら質問する場合は，
Do you need **some** help? ということもできます。

基礎ができたら，もっとくわしく。

数・量・程度を表す形容詞と名詞の組み合わせ

Adjectives of Number, Quantity, and Degree

「多くの」「少ない」という数や量を表す形容詞は，本編で紹介した many や few などの形容詞以外にも次のような形容詞を用いる場合があります。

□「多くの」「大幅な」「急激な」: big / huge / large
□「少ない」「限られた」: small / limited

次の表を参考に，これらの形容詞と組み合わせられる，相性のいい名詞や名詞句を覚えて，表現の幅を広げましょう。

組み合わせられる名詞（句）	例	日本語訳
increase	a huge increase in sales	売上の大幅な増加
decrease	a large decrease in revenue	収益の大規模な減少
population	a huge population	膨大な人口
workforce	a large workforce	大規模な労働力
an amount of	a huge amount of donations	膨大な寄付の額
a circle of	a big circle of friends	大きな友人の輪 （広い交友関係）
a crowd of	a huge crowd of fans	膨大なファンの群れ
a number of	a small number of students	少数の学生
a collection of	a small collection of books	少ない数の書籍の コレクション
a selection of	a limited selection of stores	限られた店舗の選択肢

※ big は large や huge に比べて口語的なので，ビジネスなどのかしこまった場面では large や huge を使います。

CHAPTER 14

副詞

名詞以外の単語を修飾する役割をもつ副詞を学びます。
よく使う「ほとんど」「とても」を表す副詞や
接続副詞についても練習していきましょう。

LESSON 80 副詞のはたらき ①

副詞の語法①/The Function of Adverbs - Part 1

副詞も形容詞と同じく，情報をプラスする役割をもつ語です。形容詞は名詞を修飾しましたが，**副詞は動詞，形容詞，副詞，文全体を修飾**します。語尾が -ly で終わることが多いので，副詞を見分ける際のヒントになります。

様態	slowly	ゆっくりと	fast	速く
	easily	簡単に	hard	難しく・懸命に・激しく
	cheerfully	元気に	angrily	怒って
頻度	always	いつも	often	よく
	frequently	頻繁に	sometimes	ときどき
程度	so	とても	very	とても
	pretty	かなり	surprisingly	驚くほど
確信度	absolutely	絶対に	probably	おそらく
	maybe	たぶん	perhaps	たぶん

副詞が**単語を修飾する場合，その単語の前に置くのが基本**ですが，次のような例外があります。**頻度の副詞**の語順は，ふつう**〈be 動詞＋副詞〉**もしくは**〈副詞＋一般動詞〉**となります。

She is always happy.
be動詞がある場合はbe動詞の後ろに！
彼女はいつも幸せです。

She always feels happy.
一般動詞がある場合は一般動詞の前に！
彼女はいつも幸せを感じています。

程度の副詞の語順は**〈副詞＋形容詞〉とするのが基本**ですが，**enough と ago については〈形容詞＋副詞〉の順**になります。

This book is very interesting to read.
〈副詞＋形容詞〉の語順が基本！
この本は読むのがとても面白いです。

例外 This book is interesting enough to read.
enoughなどの場合は〈形容詞＋副詞〉の語順
この本は読むのに十分面白いです。

副詞を**2つ重ねて使うときは文末に置きます。**

2つ重ねる場合は文末に置くのが基本！

She eats breakfast surprisingly slowly.
副詞 副詞
彼女は驚くほどゆっくりと朝食を食べます。

EXERCISE

→答えは別冊47ページ
答え合わせが終わったら，音声に合わせて英文を音読しましょう。

1 （　　）内から適するものを選び，〇で囲みましょう。

1 彼は雨の日はゆっくり歩きます。
He walks (slow / slowly) on rainy days.

2 シンノスケは頻繁に牡蠣を食べます。
Shinnosuke (frequent / frequently) eats oysters.

3 彼女はとても元気にそのプレゼンをしました。
She gave the presentation very (cheerful / cheerfully).

4 そのテストはほとんどの志願者にとって十分簡単でした。
The test was (easy enough / enough easy) for most applicants.

2 （　　）内の語を並べかえて，英文を完成させましょう。

1 パーティの夕食はかなりおいしかったです。
(good / was / the / at / the / party / pretty / dinner).

______________________________.

2 昨日ユキは仕事をとても早く完了しました。
(her / fast / completed / tasks / so / Yuki / yesterday).

______________________________.

3 フセさんは仕事中はいつも丸眼鏡をかけています。
(wears / work / Mr. Fuse / round / always / glasses / at).

______________________________.

LESSON 81 副詞のはたらき ②

副詞の語法②/The Function of Adverbs - Part 2

ここでは文を修飾する副詞，場所や時を表す副詞，単独で用いられる副詞をまとめます。

文修飾	basically	基本的に	clearly	明らかに
	surprisingly	驚くべきことに	possibly	可能性があることには
	fortunately	幸運にも	unfortunately	不幸にも

※これらの副詞は通例，文頭に置いてカンマを伴います。

Fortunately, we have lived together for a long time.

幸いなことに，私たちは長い間一緒に暮らしています。

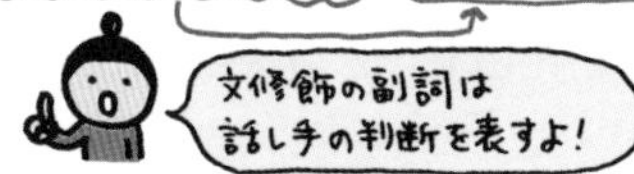

文修飾の副詞は
話し手の判断を表すよ!

60年になるかのう
そうですね〜

場所	here	ここに	there	そこに
	up	上に	down	下に
時	now	今	then	その時
	today	今日	tomorrow	明日

※これらの副詞は修飾したい単語の後ろや，文頭，文末に置くことができます。

副詞を重ねて使う場合は通例，**場所→様態→時**の順で使います。

I have to go there early tomorrow.

重ねて使う場合は　場所 → 様態 → 時の順に

私は明日早くそこに行かなくてはならない。

その他，会話などの返答時に単独で用いられる副詞もあります。

Absolutely / Definitely

Exactly その通り
She should think before she speaks.
彼女は話す前に考えるべきです。

その通りです
××発言に波紋

EXERCISE

答えは別冊47ページ
答え合わせが終わったら，音声に合わせて英文を音読しましょう。

1 日本語を参考にして，英文の（　　）に適切な語を入れましょう。

1 基本的に，私たちが健康を維持するためには十分な睡眠が必要です。
（　　　　　）, we need enough sleep to keep healthy.

2 この通りを下りましょう。
Let's go（　　　　　）the street.

3 カナコは「素晴らしい」と言い，タカシマさんは「その通り」と答えました。
Kanako said, "Excellent," and Ms. Takashima replied, "（　　　　　）."

4 この書類が欲しいのは今日ですか，明日ですか？
Do you want this document（　　　　　）or（　　　　　）?

2 日本語を参考に，下の語群の単語を用いて，英文の（　　）に適切な語を入れましょう。

1 驚いたことに，ムロヤさんはその時真実を知りませんでした。
（　　　　　）, Ms. Muroya didn't know the truth（　　　　　）.

2 私は明日あなたにそこで会えますか？
Can I see you（　　　　　）（　　　　　）?

3 彼らは今，熱心に英語を学んでいます。
They are studying English（　　　　　）（　　　　　）.

there / surprisingly / enthusiastically / now / then / tomorrow

LESSON 82

「ほとんど」を表す副詞

副詞の語法③/Adverbs to Watch Out For

特に名詞や代名詞を修飾する副詞で「ほとんど」または「ほとんど～ない」という単語がいくつかあります。主要な単語と使い方を意識して覚えていきましょう。

ほとんど・ほぼ	almost	nearly
ほとんど～ない	hardly	scarcely
めったに～ない	rarely	seldom

hardly, scarcely, rarely, seldomは否定の意味をもっているよ!

almostは頻出単語でalmost all「ほとんどすべて」というフレーズで使われることが多いです。この場合，almostは副詞で形容詞allを必ず伴います。almostの直後に名詞は置かないので注意しましょう。

○ Almost all the students came to the class.
副詞　形容詞
ほとんど全ての生徒がその授業に来ました。

× Almost students came to the class.
副詞　名詞
副詞は名詞を修飾できないので×。

almostが動詞を修飾する場合は「(ほとんど) ～しそうになる」と訳すと理解しやすくなります。

I almost fell asleep.
私は寝そうになりました。

「ほとんど～ない」という副詞は否定文ではなく肯定文で使います。

I can hardly hear you.
私はあなたの言っていることがほとんど聞こえません。

He rarely drinks coffee.
彼はめったにコーヒーを飲みません。

EXERCISE

答えは別冊48ページ
答え合わせが終わったら，音声に合わせて英文を音読しましょう。

1 （　　）内から適するものを選び，○で囲みましょう。

1 カワバタさんは夜にほとんどすべてのケーキを食べました。
Mr. Kawabata ate (almost all / almost) the cake at night.

2 ここでは夏に雨が降ることはめったにありません。
It (rarely rains / doesn't rarely rain) here in summer.

3 彼らはその話をほとんど信じることができません。
They can (hardly / almost) believe the story.

4 リヨは週末に朝食をとることはめったにありません。
Riyo (seldom has / doesn't seldom have) breakfast on weekends.

2 （　　）内の語を並べかえて，英文を完成させましょう。

1 アキコは10時間近く寝続けていました。
(sleeping / kept / Akiko / ten / for / hours / nearly).

________________________________.

2 外がとても暑いので，私はほとんど息ができません。
(outside / scarcely / can / hot / it's / breathe / because / very / I).

________________________________.

3 彼は妻の誕生日をほとんど忘れるところでした。
(birthday / his / forgot / almost / wife's / he).

________________________________.

LESSON 83 副詞 so「とても」の語順

副詞の語法④/The Adverb "so"

「とても～な＋〇〇」ということを副詞 so で表す時，語順に注意が必要です。

修飾する形容詞の直前に！

so + 形容詞 + a[an] + 名詞

置けるのは可算の単数名詞だけ

It's so wonderful a gift for me!

それは私にとってとても素晴らしい贈り物です！

so の代わりに too「あまりにも～な」を使う場合も同様です。too は後ろに to 不定詞を伴って「…するには～すぎる」と使うことも多いです。

tooも修飾する形容詞の直前に！　不定詞を伴うこともある

It's too wonderful a gift to receive.

それは受け取るには素晴らしすぎる贈り物です。

「～すぎて…できない」という意味合いになるよ！

また，so の代わりに形容詞 such を使って同じ内容を表すことができます。その時の語順は，such + a(an) + 名詞となります。such の後ろに複数名詞を置くこともできます。

それはとても素晴らしい贈り物です。

It's so wonderful a gift!

≒ It's such a wonderful gift!

表す内容は同じ！

※ suchの後には複数名詞や不可算名詞も置ける

They are such wonderful gifts.

複数名詞

EXERCISE

答えは別冊48ページ
答え合わせが終わったら，音声に合わせて英文を音読しましょう。

1 （　　）内から適するものを選び，〇で囲みましょう。

1 そんな小さなことを心配するのはやめましょう。
Stop worrying about (so / such) small a matter.

2 彼女はとても元気な女の子でした。
She was (so / such) a cheerful girl.

3 ナオコはマユミをとても長い間待っていました。
Naoko waited for Mayumi for (such / too) long a time.

4 そんなに重い荷物を運ばないでください。
Don't carry (so / such) heavy a load.

2 （　　）内の語を並べかえて，英文を完成させましょう。

1 今日は室内にとどまるには（天気が）良すぎる日です。
(day / too / nice / a / to / inside / it's / stay / today).

____.

2 このような素晴らしい機会を与えていただき，ありがとうございます。
(for / me / such / great / opportunity / a / you / giving / thank).

____.

3 私は彼がこんなに面白い人だとは知りませんでした。
(never / was / funny / so / a / he / person / I / knew).

____.

LESSON 84 接続副詞

副詞の語法⑤/Conjunctive Adverbs

副詞の中には，and や but などの**接続詞のように２つの文（節）を意味的につなげる役割をする**ものがあります。これらは「**接続副詞**」と呼ばれます。

しかしながら	however	したがって	thus / therefore
さらに	moreover / furthermore	その上	besides
それでもなお	nonetheless	それにもかかわらず	nevertheless
さもないと	otherwise	それゆえ　※文語	hence

接続副詞には，接続詞の and や but と意味は似ているものもありますが，使い方が異なるので気をつけましょう。

EXERCISE

答えは別冊49ページ
答え合わせが終わったら，音声に合わせて英文を音読しましょう。

1 （　　）内から適するものを選び，〇で囲みましょう。

1 彼女はほとんどお金を持っていませんでした。しかし新しいビジネスを始めました。
She had little money.（However / Therefore）, she started a new business.

2 よく眠りよく食べてください。さもないと病気になります。
Sleep well and eat well.（Otherwise / But）you'll get sick.

3 昨日は大雨でした。さらに風もとても強かったです。
It rained a lot yesterday.（Moreover / So）, it was very windy.

2 日本語を参考にして，英文の（　　）に適切な語を入れましょう。下の語群の中から適切なものだけを選んでください。

1 ナカオカさんは会社から遠いところに住んでいました。したがって彼は引っ越すことにしました。
Mr. Nakaoka lived far from his office.（　　　　　）, he decided to move.

2 マリエは緊張していました。それでもなお，彼女はよいスピーチをしました。
Marie was nervous.（　　　　　）, she gave a good speech.

3 私は外出したくありません。疲れています。その上，雨も降っています。
I don't want to go out. I'm tired.（　　　　　）, it's raining.

However / Nonetheless / Besides / Otherwise / Therefore

復習タイム

CHAPTER 14　副詞

答えは別冊49ページ

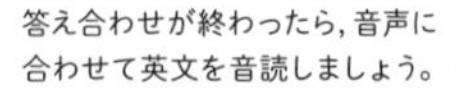
答え合わせが終わったら，音声に
合わせて英文を音読しましょう。

098

1 次の英文の（　　）に入れるのに最も適切なものを，それぞれ下の①～④のうちから１つずつ選びましょう。

1）You can (　　　　　) find the answer to this question.

①　ease　　②　easy　　③　easier　　④　easily

(　　　　　)

2）(　　　　　), our picnic was canceled because of the storm.

①　Fortunate　　②　Fortunately

③　Unfortunate　　④　Unfortunately

(　　　　　)

3）(　　　　　) runners wear sunglasses in summer.

①　Almost　　②　Almost all　　③　All most　　④　All almost

(　　　　　)

4）I haven't seen (　　　　　) a moving movie before.

①　so　　②　such　　③　enough　　④　too

(　　　　　)

5）We could (　　　　　) hear his voice from a distance.

①　hard　　②　hardly　　③　not hard　　④　not hardly

(　　　　　)

2 次の日本語を英文にしましょう。その際，与えられた単語を用い，必要に応じて動詞は適切な形に変えてください。

1）この歌の歌詞は十分覚えやすいです。　(lyrics / easy / enough)

- -

2）彼は今，急いで階段を下りています。　（ go / stairs / fast ）

3）昨日はその選手たちにとってとても暑い日でした。　（ so / a / athletes ）

3 次のイラストを描写する英文を書いてください。その際，与えられた単語を用いてください。

ステージで子どもたちが元気に歌っていることを表現しましょう。
(children / cheerfully / stage)

Coffee Break

場所を表す副詞と前置詞

副詞 home（家に）や abroad（海外に）など，場所を表す副詞は動詞の直後にそのまま置けます。前置詞は不要です。

○ Let's go **home**!　　× Let's go to **home**!（家に帰りましょう！）

○ Have you lived **abroad**?　　× Have you lived in **abroad**?（海外に住んだことはありますか？）

ただし，前置詞 from（～から）は特例で，それぞれ組み合わせて使うことができます。

・He is away from **home**.（彼は家から離れています）

・Many tourists come from **abroad**.（海外から多くの観光客が来ます）

基礎ができたら，もっとくわしく。

形容詞と副詞の見分け方

Adjectives and Adverbs That End in -Ly

副詞の単語は，語尾に -ly がつくものが多くありますが，その中に，実は形容詞としても使える，という単語も数々あります。また，中には，-ly で終わっているけれども副詞ではなく形容詞としてだけ使われる，というものもあります(表の*)。

次の表を参考に，見間違えやすい形容詞と副詞を整理して覚えましょう。

単語	形容詞としての用例	日本語訳
brotherly	a brotherly love	兄弟のような愛情
cowardly	a cowardly act	臆病な行為
friendly	a friendly smile	友好的な微笑み
jolly	a jolly fellow	陽気な仲間
kindly	a kindly gesture	優しげな仕草
leisurely	a leisurely stroll	ゆっくりとした散歩
lively	a lively conversation	生き生きとした会話
lonely	a lonely feeling	寂しい気持ち
lovely *	a lovely flower	可愛い花
silly *	a silly mistake	ばかげたミス
timely	a timely response	タイミングの良い対応

また, daily（毎日[の]）/ weekly（毎週[の]）/ monthly（毎月[の]）/ yearly（毎年[の]）などの単語も形容詞と副詞，両方の意味をもちます。

CHAPTER

15

「場所」や「時」などを表すときに使う前置詞を学びます。
名詞の「前に置く」前置詞は種類も多いので,
使い方や細かいちがいをしっかり理解しておきましょう。

LESSON 85 前置詞の意味と使い方①

前置詞①/The Use of Prepositions - Part 1

名詞の前に置いて，「空間」や「時間」などの要素を表す前置詞。使用頻度の高い，at，on，in は空間と時間のどちらも表せます。とてもよく似ているので，それぞれの核となる中心イメージを明確にして，後ろにどんな名詞を置くのかをしっかり区別して覚えましょう。

前置詞	中心イメージ・意味	例
at	点 ～で・～に	I'm staying **at** a hotel. 私はホテルに滞在しています。
on	接着 ～の上で	A cat is **on** the table. ネコがテーブルの上にいます。
in	空間の内側 ～の中に	Jack is **in** his room. ジャックは自分の部屋にいます。

このイメージを「空間」と「時間」に当てはめてみると次のようになります。

上記のルール以外に，決まり文句として覚えておきたいフレーズがあります。

at を使った表現

at noon（正午に）　at midnight（夜0時に）　at night（夜に）

on を使った表現

on a sunny morning（晴れた日の朝に）　on (a) Friday evening（（ある）金曜日の夕方に）

in を使った表現

in the morning（午前中に）　in the afternoon（午後に）　in the evening（夕方・夜に）　in five minutes（5分後に）

EXERCISE

→答えは別冊50ページ
答え合わせが終わったら，音声に合わせて英文を音読しましょう。

（　）内から適するものを選び，○で囲みましょう。

1 ナカニシさんは毎週日曜日によくお店に来ていました。
Mr. Nakanishi used to come to the shop (at / on / in) Sundays.

2 私の父は京都生まれです。
My father was born (at / on / in) Kyoto.

3 私はある雨の日の午後，カフェで面白い本を読みました。
(At / On / In) a rainy afternoon, I read an interesting book at a café.

4 彼女はたいてい５時に起きます。
She usually wakes up (at / on / in) 5 o'clock.

5 2020年にその特別企画が始まりました。
The special project started (at / on / in) 2020.

6 私は吉祥寺駅で友達を待ちました。
I waited for my friend (at / on / in) Kichijoji Station.

7 彼は夜にカフェインなしのコーヒーを飲みます。
He drinks caffeine-free coffee (at / on / in) night.

8 午前中は集中して仕事をしましょう。
Let's concentrate on working (at / on / in) the morning.

9 ２時間後にバス停で会いましょう！
See you (at / on / in) the bus stop (at / on / in) two hours!

LESSON 86 # 前置詞の意味と使い方②

前置詞②/The Use of Prepositions - Part 2

ここでは前置詞 to, from, with, by, until, before, after を確認しましょう。

前置詞	中心イメージ	例
to	目標 「～へ・～に」	go **to** the station 駅に行く（目標→一方向）
from	起点 「～から」	**from** Tokyo to Osaka 東京から大阪へ（空間的な起点と目標）
with	双方向 「～と一緒に」	speak **with** my friend 友達と話す（双方向）
by	近接 「～のそばで・～までに・～によって」	**by** the window 窓の近く（空間的な近接） **by** Friday 金曜日までに（時間的な近接→期限）
until till	継続期間 「～まで」	**until** [till] Friday 金曜日まで（ずっと）（継続期間）
before	前 「～の前に」	**before** lunch ランチの前
after	後 「～の後に」	**after** lunch ランチの後

● withは「道具」を表すこともできます。

Fix it **with** some nails. 釘でそれを固定してください。

● byは次の用法でもよく使われます。

I'll go there **by** train. 私はそこに電車で行きます。(手段)

This book was written **by** Shakespeare. この本はシェークスピアによって書かれました。(動作主)

They won the game **by** one point. 彼らは1点差で試合に勝ちました。(差)

EXERCISE

答えは別冊51ページ
答え合わせが終わったら，音声に合わせて英文を音読しましょう。

日本語を参考にして，英文の（　　）に適切な前置詞を入れましょう。

1 クドウさんは駅から自宅まで歩きます。
Mr. Kudo walks (　　　　) the station (　　　　) his home.

2 アカリは今日までにレポートを提出しなければなりませんでした。
Akari had to submit the report (　　　　) today.

3 そのレストランは毎日午後9時まで営業しています。
The restaurant is open (　　　　) 9 p.m. every day.

4 そのテスト前，彼らは早朝から一生懸命勉強しました。
(　　　　) the test, they studied hard (　　　　) early morning.

5 私たちは箸で麺を食べます。
We eat noodles (　　　　) chopsticks.

6 そこに着くまでタクシーで5分しかかかりません。
It takes only five minutes to get there (　　　　) taxi.

7 彼女は私より3歳年上です。
She is older than me (　　　　) three years.

8 私と一緒に踊ってください！
Please dance (　　　　) me!

9 10分後にオフィスに向かいます。
We'll head (　　　　) the office (　　　　) ten minutes.

前置詞の意味と使い方③

前置詞③/The Use of Prepositions - Part 3

この項では前置詞 over, under, above, below, across, beyond, behind, through, along を確認しましょう。中心イメージやイラストを参考にすると覚えやすいです。

前置詞	中心イメージ・意味	例
over	真上をおおっている 「〜を越えて」	**over** the rainbow 虹を越えて
under	真下 「〜の下に」	**under** the table テーブルの下に
above	上方 「〜の上の方に」	**above** the sea 海の上に
below	下方 「〜の下の方に」	**below** the sea surface 海面の下に
across	横切って 「〜を渡って」	**across** the street 通りを渡って
beyond	超える 「〜を超えて」	**beyond** the limit 限界を超えて
behind	後ろ 「〜の後ろに」	**behind** the house 家の裏に
through	通り抜けて 「〜を通して」	**through** the tunnel トンネルを通って
along	長いものに沿って 「〜に沿って」	**along** the winding road 曲がりくねった道に沿って

EXERCISE

答えは別冊51ページ
答え合わせが終わったら，音声に合わせて英文を音読しましょう。

（　）内から適するものを選び，○で囲みましょう。

1 アヒルの家族が道を渡っていました。
A family of ducks walked (after / across / above) the road.

2 山を越えてその町へ行こう！
Let's go to the city (over / under / in) the mountain!

3 タツヤの新しい本は彼の予想を超えてよく売れています。
Tatsuya's new book is selling well (below / beyond / behind) his expectations.

4 私のネコは椅子の下にいるのが好きです。
My cat likes to stay (through / under / above) the chair.

5 病院の裏に薬局がいくつかあります。
There are some pharmacies (from / behind / over) the hospital.

6 美しい太陽が地平線の上に昇りました。
The beautiful sun rose (to / above / by) the horizon.

7 20歳未満の人に選挙権はありますか？
Do people (beyond / under / with) the age of 20 have the right to vote?

8 長いトンネルを抜けて，新幹線は駅に着きました。
(Through / To / Until) the long tunnel, the bullet train reached the station.

LESSON 88 前置詞の意味と使い方 ④

前置詞④/The Use of Prepositions - Part 4

ここでは前置詞 of, into, out of, for, against, among, between, around, about を確認しましょう。前置詞とセットになったイラストを参考にすると覚えやすいです。

前置詞	中心イメージ・意味	例
of	所属・部分・関連 「～の」	a member of the brass band 吹奏楽部のメンバー
into	中へ入る 「～の中へ」	into the sea 海の中へ
out of	外へ出る 「～の外へ」	out of the sea 海の外へ
for	向かう 「～へ」 「～のために」	for the future 未来のために
against	反対 「～に対して」	against the idea その考えに反対して
among	3者以上の間 「～の間で・に」	among young people 若者たちの間で
between	2者間 「～の間で・に」	between two shops 2つの店の間に
around	周囲 「～のまわりに」	around the table テーブルの周囲に
about	周辺 「～について・～の周りに」	about the environment 環境について

EXERCISE

→答えは別冊52ページ
答え合わせが終わったら，音声に合わせて英文を音読しましょう。

日本語を参考に，英文の（　　）に適切な語句を下の語群から選んで入れましょう。

1 公式サイトで記事全文を読むことができます。
You can read the full text (　　　　) the article on the official website.

2 私のネコはいつも空の箱に入ります。
My cat always goes (　　　　) empty boxes.

3 ほとんどの人はその計画に反対しています。
Most people are (　　　　) the plan.

4 この歌手はティーンエイジャーの間でとても人気があります。
This singer is very popular (　　　　) teenagers.

5 これはあなたと私の間の秘密です。
This is a secret (　　　　) you and me.

6 トクナガさんは彼の作品についてインタビューを受けました。
Mr. Tokunaga was interviewed (　　　　) his works.

7 私はたいてい短い時間で浴槽から出ます。
I usually get (　　　　) the bathtub after a short time.

8 これはあなたへのプレゼントです。
This is a present (　　　　) you.

9 月は地球のまわりを回っています。
The moon goes (　　　　) the earth.

about / against / among / between / for / into / of / out of / around

LESSON 89
群前置詞

前置詞⑤/Phrasal Prepositions

2語以上で前置詞と同じ役割をするものがあります。それらは「**群前置詞**」と呼ばれます。

● of を含む群前置詞

- □ ahead of ～の前に
- □ as of ～ ～現在で
- □ because of ～のため
- □ instead of ～の代わりに
- □ regardless of ～にかかわらず

● to を含む群前置詞

- □ according to ～によると
- □ as to ～に関して
- □ close to ～の近くに
- □ due to ～のため（原因）
- □ next to ～の隣に
- □ owing to ～のせいで
- □ prior to ～に先立って
- □ thanks to ～のおかげで
- □ up to ～まで

● 3語の群前置詞

- □ in addition to ～に加えて
- □ in case of ～の場合には，～に備えて
- □ in front of ～の前に
- □ in spite of ～にもかかわらず
- □ in terms of ～の観点から見れば
- □ on behalf of ～を代表して
- □ on top of ～の上に・～に加えて
- □ by means of ～によって，～の手段を用いて
- □ by way of ～を経由して
- □ with regard to ～に関して
- □ for fear of ～を恐れて

EXERCISE

答えは別冊52ページ
答え合わせが終わったら，音声に合わせて英文を音読しましょう。

（　　）内から適するものを選び，〇で囲みましょう。

1 今日現在，アズサは過去最高のスコアを持っています。
(As of / Ahead of) today, Azusa has the best score ever.

2 悪天候の場合には，そのイベントは中止になるでしょう。
(In front of / In case of) bad weather, the event will be canceled.

3 彼らはルーム B の代わりにルーム A を使用しました。
They used Room A (in terms of / instead of) Room B.

4 厳しいスケジュールにもかかわらず，コトコはすべてのタスクを完了しました。
(In addition to / In spite of) the hard schedule, Kotoko completed all the tasks.

5 天気予報によると，明日は晴れるでしょう。
(According to / Close to) the weather forecast, it will be sunny tomorrow.

6 停電のため，すべての列車が一時停止しました。
(Due to / Up to) the blackout, all trains stopped for a while.

7 当社を代表して社長がスピーチを行いました。
(On behalf of / Prior to) the company, our president gave a speech.

8 皆様のご協力のおかげで，私たちは目標を達成しました。
(Thanks to / Regardless of) your cooperation, we achieved our goal.

LESSON 90 句動詞

前置詞⑥/Phrasal Verbs

動詞の後ろに前置詞や副詞を伴って，特定の意味を表すフレーズをつくることがあります。それらは「**句動詞**」と呼ばれます。頻出の句動詞を確認しましょう。

● look を含む句動詞

- □ **look at** ～を見る
- □ **look for** 探す
- □ **look into** 調べる
- □ **look after** ～の世話をする

● get を含む句動詞

- □ **get back** 戻る
- □ **get on** ～に乗る
- □ **get off** ～を降りる
- □ **get out** 出て行く
- □ **get over** ～を乗り越える
- □ **get up** 起きる

● put を含む句動詞

- □ **put on** ～を身につける
- □ **put off** ～を延期する

● break を含む句動詞

- □ **break out** 起こる
- □ **break up** 別れる

● call を含む句動詞

- □ **call back** ～にかけ直す
- □ **call on** ～に要求する・頼む

● drop を含む句動詞

- □ **drop in** 立ち寄る
- □ **drop out** 脱落する

● stand を含む句動詞

- □ **stand by** 待機する
- □ **stand out** 目立つ

● turn を含む句動詞

- □ **turn on** （スイッチなど）をつける
- □ **turn in** ～を提出する

EXERCISE

答えは別冊53ページ
答え合わせが終わったら，音声に合わせて英文を音読しましょう。

日本語を参考にして，英文の（　　）に適切な語を入れましょう。

1 タカシは特別な何かを探していますか？
Is Takashi looking (　　　　) something special?

2 ムラマツさんはペットを亡くしたショックを乗り越えました。
Mr. Muramatsu got (　　　　) the shock of losing his pet.

3 台風のため，そのコンサートは延期されました。
The concert was put (　　　　) because of the typhoon.

4 その火災が発生する前に彼ら全員が逃げました。
All of them escaped before the fire broke (　　　　).

5 その団体は政府に対し，教育への投資を増やすよう求めました。
The group called (　　　　) the government to invest more in education.

6 イトウさんは昨日レポートを提出しました。
Ms. Ito turned (　　　　) the report yesterday.

7 チヒロが歌い始めたとき，彼女の才能は目立っていました。
When Chihiro started to sing, her talent stood (　　　　).

8 イマムラさんは３匹の犬の世話をしています。
Mr. Imamura looks (　　　　) three dogs.

9 私たちに会いに来てくれてありがとうございます！
Thank you very much for dropping (　　　　) to see us!

LESSON 91 # 前置詞 with と相性のいい動詞

前置詞⑦/Verbs that Take the Preposition "with"

動詞を覚えるときにぜひ意識したいのは「**どんな単語といっしょに使うか**」ということです。動詞だけで使うのは Freeze!（止まれ！）などの命令文だけ。その他の場合，動詞は**名詞や前置詞とともに文をつくります**。ここでは相性のいい前置詞に注目して，動詞をパターンで理解していきましょう。

前置詞 **with と一緒に使う動詞**は，with のもつ**「～と一緒に」「～を付加して」というイメージ**とともに覚えていきましょう。

● 動詞＋A＋with＋B

与える系

provide 提供する　supply 供給する　present 贈呈する　feed （食物・エサなどを）与える　fill 満たす　serve （食事などを）出す

The IT company provides its users with high-speed Internet service.

その IT 企業は利用者に高速インターネットサービスを提供しています。

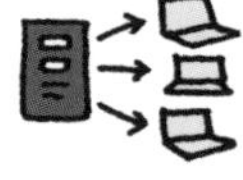

統合系

mix 混ぜる　combine 混ぜ合わせる　connect つなげる　relate 関連づける　associate 連想する

Some workers mix coffee with milk.

従業員の中にはコーヒーにミルクを混ぜる人もいます。

その他

help 手伝う　replace 置き換える　compare 比較する

Please help me with my work!

私の仕事を手伝ってください！

＼お願い～／

上で紹介した動詞の中には，他の表現に書き換えられるものもあります。注目するポイントは，**A（人）と B（もの）の順番と前置詞**です。

provide A(人) with B(もの)	→	provide B(もの) for A(人)
supply A(人) with B(もの)	→	supply B(もの) for A(人)
feed A(人・動物) with B(もの)	→	feed B(もの) to A(人・動物)

AとBが入れかわると前置詞が変わるよ！

EXERCISE

→答えは別冊53ページ
答え合わせが終わったら，音声に合わせて英文を音読しましょう。

1 日本語を参考にして，英文の（　）に適切な語を入れましょう。

1　このカップをコーヒーで満たしてください。
Please (　　　　) this cup (　　　　) coffee.

2　外国人は富士山といえば日本を連想することが多いです。
Foreigners often (　　　　) Mt. Fuji (　　　　) Japan.

3　このサイトは私たちに必要な情報を毎日提供しています。
This website (　　　　) us (　　　　) necessary information every day.

4　私たちは当社の製品と他社のものを比較するべきです。
We should (　　　　) our products (　　　　) others'.

2 （　）内の語を並べかえて，英文を完成させましょう。

1　ボランティア職員は人々にきれいな飲み水を供給しました。
(water / supplied / volunteer / with / workers / clean / drinking / people).

______________________________.

2　今夜私の仕事を手伝ってくれる？
(you / help / my / me / work / can / tonight / with)?

______________________________?

3　マサヒロはその古い電球を新しいものに交換しました。
(the / a / new / bulb / one / Masahiro / with / replaced / old).

______________________________.

LESSON 92 前置詞 from/into と相性のいい動詞

前置詞⑧/Verbs that Take the Prepositions "from" and "into"

ここでは，**前置詞 from，into とそれぞれ相性のいい動詞**を紹介します。**「～から」というイメージをもつ from** は次の動詞とよく使われます。

● 動詞＋A＋from＋B

区別系	separate 分ける	distinguish 区別する	isolate 孤立させる
守る系	protect 守る	save 救う	
妨げる系	prevent 妨げる・(未然に)防ぐ	stop ～するのを妨げる・～させない	discourage ～しないように思いとどまらせる
禁止系	ban 禁止する	forbid 禁止する	prohibit 禁止する

妨げる系と禁止系の動詞 A from B の B には動名詞（-ing）を置きます。

The bad weather prevented us from going out.
悪天候で外出できませんでした。

次に，**「～の中へ」というイメージをもつ前置詞 into** と相性のいい動詞です。

● 動詞＋A＋into＋B

変化系	change 変える	make 変える	turn 変える
分割系	divide 分ける		
翻訳系	put 表現する・翻訳する	translate 翻訳する	

I hope someone will make this comic book into a movie.
誰かがこのマンガを映画にしてくれることを願っています。

EXERCISE

答えは別冊53ページ
答え合わせが終わったら，音声に合わせて英文を音読しましょう。

1 （　）内から適するものを選び，〇で囲みましょう。

1 私たちは彼と彼の双子の兄を区別することができませんでした。
We couldn't distinguish him (with / from / into) his twin brother.

2 政府は私たちが夜間に外出することを禁止しましたか？
Did the government forbid us (with / from / into) going out at night?

3 これらの日本語の文を英語に翻訳してください。
Please translate these Japanese sentences (with / from / into) English.

4 このケーキを６つに分けましょう。
Let's divide this cake (with / from / into) six pieces.

2 （　）内の単語を用いて，日本文を英文にしましょう。

1 キムラさんは車庫を庭に変えました。(garage / change)

______________________________.

2 社長は従業員に残業するのを禁止しました。
(prohibit / employees)

______________________________.

3 あなたはパソコンの画面から目を守るべきです。
(protect / screens)

______________________________.

LESSON 93

前置詞 for/as と相性のいい動詞

前置詞⑨/Verbs that Take the Prepositions “for” and “as”

ここでは，**前置詞 for，as とそれぞれ相性のいい動詞**を紹介します。
「交換」「理由」というイメージももつ for は次の動詞とよく使われます。

● 動詞＋A＋for＋B

交換系
exchange 交換する
substitute 取り替える・代用する
mistake 間違える

理由系
thank 感謝する
praise ほめる
blame 責める
criticize 批判する
punish 罰する

Please substitute soy milk for milk.
牛乳の代わりに豆乳にしてください。

I thanked my sister for making breakfast.
私の姉（妹）が朝食を作ってくれたことに感謝しました。

「〜として」と訳すことができる**前置詞 as と相性のいい動詞**はこちらです。
as は数学の **「＝（イコール）」** だと考えるとイメージしやすいです。

● 動詞＋A＋as＋B

みなす系
regard・see・take・count みなす

認める系
recognize・acknowledge 認める

分類系
classify 分類する
define 定義する

We regard her as the best teacher in our school.
私たちは彼女を学校で一番いい先生だとみなしています。

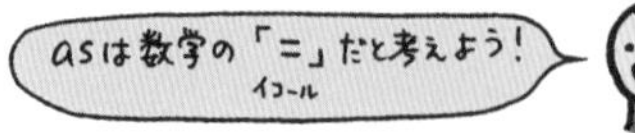

asは数学の「＝」だと考えよう！
イコール

EXERCISE

答えは別冊54ページ
答え合わせが終わったら，音声に合わせて英文を音読しましょう。

1 （　　）内から適するものを選び，○で囲みましょう。

1 私は見知らぬ人をいとこと見間違えました。
I mistook a stranger (to / for / with) my cousin.

2 しばらく会っていなかったので，私は彼をいとことして認識できませんでした。
I couldn't recognize him (for / as / to) my cousin because we hadn't met for a while.

3 千円札を硬貨に両替（交換）できますか？
Can you exchange a 1,000-yen bill (with / for / as) coins?

4 メンバー全員が彼をチームの優れたリーダーだとみなしています。
All members see him (as / for / at) a great leader on their team.

2 （　　）内の語句を並べかえて，英文を完成させましょう。

1 シンゴはツヨシを長い間，彼の親友としてみなしています。
(a / regarded / friend / Tsuyoshi / as / his / for / best / has / long / Shingo / time).

________________________________.

2 多くの読者がその著者のわくわくするストーリーをほめていました。
(stories / the / readers / author / for / his / a lot of / praised / exciting).

________________________________.

3 私たちは愛情深い家庭で育ててくれたことを両親に感謝しています。
(for / parents / thank / in / we / our / home / raising / a / us / loving).

LESSON 94

前置詞 of/on と相性のいい動詞

前置詞⑩/Verbs that Take the Prepositions “of” and “on”

ここでは，**前置詞 of，on とそれぞれ相性のいい動詞**を紹介します。

「所属」「部分」というイメージをもつ of は次の動詞とよく使われます。

ここで説明する動詞＋ A ＋ of ＋ B の A には「人」，B には「もの」や「ことがら」がきます。

● 動詞＋A＋of＋B

お知らせ系　remind 思い出させる　inform・notify 知らせる

This photo reminds me of my high school days.
この写真は私の高校時代を思い出させてくれます。

前置詞 of には「〜を離して」という「**分離**」のイメージもあります。その視点から相性のいい動詞も紹介します。

● 動詞＋A＋of＋B

奪う系　rob・deprive 奪う　relieve 取り除く

Stress robbed me of my creativity.
ストレスが私の創造性を奪いました。

次に，「〜の上に」などの「**接触」のイメージをもつ前置詞 on** と相性のいい動詞です。

● 動詞＋A＋on＋B

接触系　put 付ける・貼る・塗る・載せる

課す系　impose （税金など）を課す　force 押し付ける

The government imposed a heavy tax on unhealthy foods.
政府は不健康な食品に重い税金を課しました。

for の項目で挙げた blame（責める）は on とも相性のいい動詞です。

▶Don’t blame the failure on him.（失敗を彼のせいにしないでください。）

EXERCISE

答えは別冊55ページ
答え合わせが終わったら，音声に合わせて英文を音読しましょう。

1 （　　）内から適するものを選び，○で囲みましょう。

1 その薬はあなたの頭痛を取り除くでしょう。
The medicine will relieve you (on / of / with) your headache.

2 その厳しいトレーナーは生徒たちに厳しい運動を課しました。
The strict trainer imposed hard exercises (on / at / to) her students.

3 そのメロディーがロンドンへの旅行を思い出させます。
The melody reminds me (of / with / for) my trip to London.

4 私の背中に湿布を貼ってもらえますか？
Can you put a compress (on / for / at) my back?

2 日本語を参考にして，英文の（　　）に適切な語を入れましょう。

1 イナガキさんは私に彼の新しいメールアドレスを知らせました。
Mr. Inagaki (　　　　) me (　　　　) his new email address.

2 誰も私たちから自由を奪うことはできません。
No one can (　　　　) us (　　　　) our freedom.

3 自分の考えを他人に押し付けない方がいいです。
We shouldn't (　　　　) our ideas (　　　　) others.

LESSON 95

前置詞 to と相性のいい動詞

前置詞⑪/Verbs that Take the Preposition “to”

ここでは，**前置詞 to と相性のいい動詞**を紹介します。to は「～へ」や「～に」のような，**目的地に向かって進んで到達するイメージ**をもちます。

● 動詞＋A＋to＋B

加える・くっつける系

add 加える　attach くっつける　relate 関連づける　link つなぐ・結びつける

The detective linked this case to the previous one.

刑事は今回の事件を以前の事件と結びつけました。

少し抽象的な意味合いが強くなりますが，次の項目も **to と相性のいい動詞**です。

● 動詞＋A＋to＋B

合わせる系

adapt 順応させる　adjust 合わせる

制限系

limit 制限する　confine 限定する・閉じ込める

起因系

owe (～の)おかげである 借りがある　attribute (～の)せいにする

I owe my success to you.

私の成功はあなたのおかげです。

EXERCISE

答えは別冊55ページ
答え合わせが終わったら，音声に合わせて英文を音読しましょう。

1 （　）内の語句を並べかえて，英文を完成させましょう。

1　私のスケジュールをあなたの予定に合わせます。
（your / will / my / I / schedule / to / plans / adjust）.

________________.

2　私はこのメールに書類を添付しました。
（attached / to / email / a / I've / document / this）.

________________.

3　モリさんの勝利は彼の努力によるものです。
（owes / his / his / effort / to / victory / Mr. Mori）.

________________.

4　あなたのスピーチは10分に限ってください。
（ten / limit / speech / please / to / your / minutes）.

________________.

2 （　）内から適するものを選び，○で囲みましょう。

1　これらの話を私たち自身の経験に関連づけることができます。
I can（remind / relate）these stories to our own experiences.

2　私たちの身体的健康は精神状態に結びついています。
Our physical health is（linked / lined）to our mental condition.

3　調査によると，その現象は地球温暖化に起因していました。
The research（acknowledged / attributed）the phenomenon to global warming.

復習タイム

CHAPTER 15　前置詞

答えは別冊55ページ

答え合わせが終わったら，音声に合わせて英文を音読しましょう。

1 次の英文の（　）に入れるのに最も適切なものを，それぞれ下の①～④のうちから１つずつ選びましょう。

1）At this café, they usually serve pumpkin pie (　　　　) October.
① at　② on　③ in　④ to
(　　　　)

2）Please turn in the document (　　　　) the end of this year.
① by　② until　③ with　④ to
(　　　　)

3）There is a big supermarket (　　　　) this building.
① above　② below　③ across　④ behind
(　　　　)

4）We weren't (　　　　) your opinion in the meeting.
① of　② off　③ against　④ through
(　　　　)

5）(　　　　) the limited time, they met all the demands from the client.
① In spite of　② Because of　③ Instead of　④ On behalf of
(　　　　)

2 次の日本語を英文にしましょう。その際，与えられた単語を用い，必要に応じて動詞は適切な形に変えてください。

1）政府は学生に十分な奨学金を提供するでしょう。
(with / government / provide / scholarships)

2）新しいシステムはユーザーが単純な間違いをするのを防ぎました。
(prevent / users / make)

3）私たちにあなたの現在の健康状態をお知らせください。
(inform / current / status)

3 次のイラストを描写する英文を書いてください。その際，与えられた単語を用いてください。

先生が自分の腕時計を探していることを表現しましょう。
(teacher / look / watch)

Coffee Break

前置詞の後ろにおける動名詞

前置詞の後ろには名詞を置きますが，動詞 + ing という形をとって「～すること」という意味を表す動名詞も置くことができます。

「仕事のあと，私は家に帰りました。」
○ I went home **after work.**（前置詞 after ＋名詞 work）
「オフィスでの仕事のあと，私は家に帰りました。」
○ I went home **after working** at the office.（前置詞 after ＋動名詞 working）

動名詞を使う方が「仕事をする」という動作にも焦点を当てた言い方になります。

基礎ができたら，もっとくわしく。

前置詞と名詞はセットで記憶

Prepositions and Nouns

前置詞は場所・時間・方向などさまざまな意味を表し，それぞれ「核」となるイメージがあります。そのイメージはぜひ本編のイラストで確認してください。前置詞は「名詞の前に置く」というものなので，実際に運用するためには〈前置詞＋名詞〉のセットで覚えていくのがオススメです。

特に紛らわしく間違えやすい前置詞は in，at，on。これは次の定型文を覚えた上で，実際に使うときには内容に合わせてアレンジしましょう。

●時間

I go to the office at 10 a.m. on Mondays in April.

（私は 4 月の毎週月曜日，午前 10 時に会社に行きます。）

●場所

I'm on the bus now, and I will arrive at the office in Shibuya soon.

（私はバスに乗っていて，もうすぐ渋谷にあるオフィスに着きます。）

日本語は大きい単位から小さい単位へ表現するのに対して，英語は小さい単位から大きい単位へと表現していきます。

日本語：4 月 → 毎週月曜日 → 午前 10 時 ／ 渋谷 → オフィス

英語： at 10 a.m. → on Mondays → in April ／ at the office → in Shibuya

他にも〈前置詞＋名詞〉のセットで決まり文句として使うフレーズが多くありますので，それもセットで覚えましょう。音読を繰り返して，「音感」を鍛えておくと忘れにくくなります。

例
- at the end of　～の最後に
- on the other hand　他方
- in comparison with　～と比べて
- according to　～によると
- for example　たとえば

CHAPTER

16

単語と単語，文と文をつなげる役割をもつ接続詞を学びます。
「理由」「目的」「結果」「時」「条件」「逆接」「譲歩」を表す
さまざまな接続詞を使いこなせるように練習しましょう。

LESSON 96 接続詞の種類

接続詞①/Types of Conjunctions

接続詞には「**等位接続詞**」と「**従属接続詞**」があります。**等位接続詞は単語と単語，文と文をつなぐはたらきをします。**等位接続詞は，「等しい位のもの」つまり**同じ品詞や役割のものをつなぎます。**

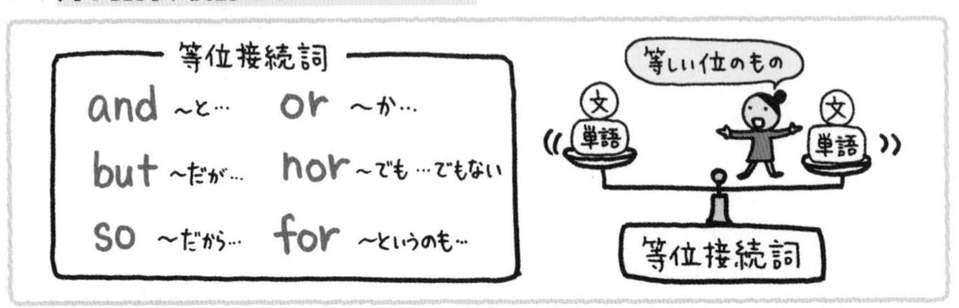

代表的な等位接続詞 and（～と…），but（～だが…），or（～か…），for（～というのも…）について例文とともに見ておきましょう。

等位接続詞が他の単語や文と結びついて決まり文句をつくることがあります。

both A and B	AとB両方とも	命令文＋ and …	～しなさい，そうすれば…
either A or B	AかBのどちらか	命令文＋ or …	～しなさい，そうしないと…
neither A nor B	AでもBでもない	not only A but(also) B	AだけでなくBも
not A but B	AではなくB		

111

EXERCISE

答えは別冊57ページ
答え合わせが終わったら，音声に合わせて英文を音読しましょう。

1 日本語を参考にして，英文の（　　）に適切な語を入れましょう。

1 私は納豆が大好きですが，彼は嫌いです。
I love natto, (　　　　) he hates it.

2 その質問は簡単だったので，彼女はすぐに答えました。
She answered the question at once, (　　　　) it was easy.

3 私は床を掃き，夫は皿洗いをします。
I sweep the floor, (　　　　) my husband washes the dishes.

4 そのホテルは無料の夕食だけでなく，お土産も提供しました。
The hotel offered (　　　　)(　　　　) free dinner (　　　　)(　　　　) some souvenirs.

2 （　　）内の語を並べかえて，英文を完成させましょう。

1 ユウスケは釣りも料理も両方得意です。
(both / is / good / Yusuke / at / cooking / fishing / and).

-- .

2 今すぐ起きなさい。さもないとコンサートに遅れますよ。
(concert / will / up / now / you / be / get / late / right / the / or / for).

-- .

3 外が寒かったので，私はジャケットを着ました。
(jacket / cold / a / outside / so / was / I / it / wore).

-- .

LESSON 97

「理由」を表す接続詞

接続詞②/Conjunctions that Represent “Reason”

従属接続詞には，主語と動詞を含む「カタマリ（＝節）」をつくり，他の文に意味をプラスするはたらきがあります。「従属＝他のものの下に付き従う」という名前のとおり，他の文に従うものなので，**従属接続詞がつくるカタマリだけでは文は成り立ちません。**

ここでは「理由」を表す従属接続詞をまとめます。どれも頻出の接続詞なので，意味に加えて，注意点や例文も押さえておきましょう。

従属接続詞	意味	注意点
because	～なので	前置詞句 because of との使い分けを意識する。
since	～なので	他に「～して以来（ずっと）」という「時」の意味を表す場合もある。 前置詞・副詞だと「～以来（ずっと）」の意味になる。
as	～なので	通例文頭に置いて「理由」を表す。直後に置く主語と動詞を省略することもある。 この他に「～のように」「～のままに」「～につれて」「～している最中に」「～だけども」という意味もある。 前置詞だと「～として」という意味も表せる。

雨が激しいので，私は家にいます。

接続詞 Because it's raining hard, I'm staying home.（it's raining hard：後ろに文）

接続詞 ＝ I'm staying home because it's raining hard.（it's raining hard：後ろに文）

前置詞句 ＝ Because of the hard rain, I'm staying home.（the hard rain：後ろに名詞句）

彼女は昨日からずっと寝ています。

前置詞 She has been sleeping since yesterday.（yesterday：後ろに名詞）

休日だったので，私はお昼まで寝ました。

接続詞 Since it was a holiday, I slept till noon.（it was a holiday：後ろに文）

私はリーダーなので，他のメンバーを励ましました。

接続詞 As I'm a leader, I encouraged other members.（I'm a leader：後ろに文）

リーダーとして他のメンバーを励ましました。

前置詞 As a leader, I encouraged other members.（a leader：後ろに名詞）

EXERCISE

答えは別冊57ページ
答え合わせが終わったら，音声に合わせて英文を音読しましょう。

1 文頭の単語に続く（　）内の語を並べかえて，英文を完成させましょう。

1 ハナコは書道の練習をしたいので，早起きします。
As (practice / she / wakes / wants / Hanako / calligraphy / up / early / to).
As ＿＿＿＿＿＿＿＿＿＿＿＿＿＿＿＿＿＿.

2 カエデの猫がこのおもちゃを壊したので，彼女は別のおもちゃを買いました。
Because (cat / bought / broke / Kaede's / toy / she / this / another).
Because ＿＿＿＿＿＿＿＿＿＿＿＿＿＿＿＿＿＿.

3 何人かが欠席だったので，彼らは会議を延期しました。
They (because / off / meeting / some / put / of / absent / the / were / them).
They ＿＿＿＿＿＿＿＿＿＿＿＿＿＿＿＿＿＿.

4 私たち全員，歌詞を知っているので，この歌を歌いましょう。
Let's (this / we / the / sing / lyrics / all / since / song / know).
Let's ＿＿＿＿＿＿＿＿＿＿＿＿＿＿＿＿＿＿.

2 （　）内の単語を用いて，日本文を英文にしましょう。

1 リサは難しい試験に合格したのでうれしいです。
(happy / because / exam)
＿＿＿＿＿＿＿＿＿＿＿＿＿＿＿＿＿＿.

2 雨が止んだので，マツモトさんはピクニックに出かけました。
(As / rain / went)
＿＿＿＿＿＿＿＿＿＿＿＿＿＿＿＿＿＿.

LESSON 98

「目的」「結果」を表す接続詞(句)

接続詞③/Conjunctions that Represent "Purpose" and "Result"

ここでは「**目的**」や「**結果**」を表す接続詞（句）をまとめます。

「目的」「結果」を接続詞（句）	意味	注意点
so that	～するように	so ～(形容詞) that だと「とても～なので」という意味に。
such that	～であるような	such ～(名詞) that だと「とても～なので」という意味に。
in order that	～するために	似ているフレーズとして不定詞を用いる in order to もある。
in case	万一～する場合に備えて	口語では just in case という場合もある。
for fear that	～するといけないので	似ているフレーズとして名詞(句)を導く for fear of もある。
lest	～するといけないので	lest 以下に should を用いることもある。文語体。

He was so tired that he fell asleep in class.
彼はとても疲れていたので、授業中に寝ました。

His friend tapped him on the shoulder so that he would wake up.
彼の友人は彼が目を覚ますように彼の肩をたたきました。

She is so enthusiastic about makeup that she has tons of lipsticks.
彼女はメイクにとても熱心なので、たくさんの口紅を持っています。

She is such an enthusiast about makeup that she has tons of lipsticks.
彼女はメイクマニアなので、たくさんの口紅を持っています。

We need more time in order that we can meet the customers' requests.
お客様のご要望にお応えするためにもっと時間が必要です。

In case it rains, take an umbrella.
雨に備えて傘を持っていきなさい。

She won't go out for fear that she will catch a cold.
彼女は風邪をひくのを恐れて外出しないでしょう。

この文を文語体にすると➡ She won't go out lest she (should) catch a cold.

EXERCISE

答えは別冊58ページ
答え合わせが終わったら，音声に合わせて英文を音読しましょう。

1 （　　）内から適するものを選び，○で囲みましょう。

1 雪が降った場合に備えて，キョウカは早く家を出ました。
(In case / In order that) it snowed, Kyoka left home early.

2 彼らは海外で生活するために一生懸命英語を勉強します。
They study English hard (in case / in order that) they may live abroad.

3 彼はまた事故に遭うのではないかと恐れて運転しようとしません。
He won't drive (for fear that / such that) he'll have another accident.

4 あなたのお母さんはとても明るい人なので，みんなに好かれています。
Your mother is (so / such) a cheerful person that everyone likes her.

2 （　　）内の語を並べかえて，英文を完成させましょう。

1 電子決済を受け付けていないお店もあるといけないので，コインを持っていきなさい。
(accept / don't / some / take / lest / some / payment / shops / electronic / coins).

______________________________.

2 ハルカは息子が何か食べたいときに備えて，たくさんのおやつを買いました。
(in / snacks / bought / case / her / something / son / to / wanted / Haruka / many / eat).

______________________________.

LESSON 99 「時」を表す接続詞(句)

接続詞④/Conjunctions that Represent "Time"

ここでは「**時**」を表す接続詞（句）をまとめます。

時を表す接続詞(句)	意味	注意点
when	～するときに	直後に置く主語と動詞（主に be 動詞）を省略することもある。
while	～している間に	直後に置く主語と動詞（主に be 動詞）を省略することもある。
as	～している最中に	「～なので」という理由や「～のように」という様態も表せる。
once	一度～すると	副詞だと「一旦」「かつて」という意味になる。
before	～する前に	同じ意味で前置詞もある。
after	～した後に	同じ意味で前置詞もある。
until	～するまで	till も同じ意味。どちらも前置詞もある。
by the time	～するときまでには	完了形とともに用いることが多い。

彼が妻をカフェで待っているとき、友達に会いました。

While (he was) waiting for his wife at the café, he met his friend.

私たちが帰るとき、2人のお客さんが入ってきました。

As we left, two customers came in.（時）

あなたは夜の静けさが好きなので、夜更かしします。

As you like the quiet of the night, you stay up late.（理由）

あなたがご存知のように、私は朝の明るさが好きです。

As you know, I like the brightness of morning.（様態）

彼女は新しいフレーズを覚えたら、それを使おうとしました。

Once she learned a new phrase, she tried to use it.

映画が終わるまで、夫は寝ていました。

接続詞 My husband slept until the movie ended.（後ろに文）

前置詞 My husband slept until the end of the movie.（後ろに名詞句）

私が帰宅するまでに、彼は宿題を終えていました。

He had finished his homework by the time I got home.

（過去完了形）

EXERCISE

答えは別冊58ページ

答え合わせが終わったら，音声に合わせて英文を音読しましょう。

1 日本語を参考にして，英文の（　　）に適切な語を入れましょう。

1 私たちは一度会話を始めたら，話が止まりませんでした。

(　　　　) we started a conversation, we couldn't stop talking.

2 彼らは学校が再開するまで，毎日10時に起きました。

They got up at 10 every day (　　　　) school started again.

3 私が駅に着く頃には電車は出発していました。

The train had left (　　　　)(　　　　)(　　　　) I got to the station.

4 アンドウさんは海の近くに引っ越す前に一生懸命働きました。

Ms. Ando worked hard (　　　　) she moved near the sea.

2 （　　）内の単語を用いて，日本文を英文にしましょう。

1 私は図書館で勉強していたとき，親友に会いました。

（while / studying / met）

2 本を読んでいる間，ミホはたいていメモを取ります。

（when / reads / notes）

LESSON 100 「条件」「譲歩」を表す接続詞(句)

接続詞⑤/Conjunctions that Represent "Condition" and "Concession"

ここでは「**条件**」「**譲歩**」を表す接続詞（句）をまとめます。

条件を表す接続詞(句)	意味	注意点
if	もし～ならば	直後に置く主語と動詞（主に be 動詞）を省略することもある。 間接疑問で用いると「～かどうか」という意味になる。
unless	～しないなら	後ろに肯定文が置かれても否定的な意味になる。
as long as	～する限りは	「～さえすれば」という「条件」を表す。「～するだけずっと」という意味もある。
as far as	～する限りは	「できる範囲」を表す。

If you are not hungry, just drink some coffee.

Unless you are hungry, just drink some coffee.

お腹が空いていなければコーヒーを飲んでください。

As long as she helps me, I have no problem with accounting tasks.

彼女が私を助けてくれる限り、
私は経理の仕事に何の問題もありません。

譲歩を表す接続詞(句)	意味	注意点
although though	～ではあるが	文頭・文中どちらも置ける。直後に置く主語と動詞（主に be 動詞）を省略することもある。 though は文中の切れ目や文末に置くこともある。
even if	たとえ～だとしても	実際に起こっていない仮定の話をする場合に用いる。
even though	たとえ～だとしても	事実やすでに起こった話をする場合に用いる。

I love sweets, but I don't eat too many.

Although I love sweets, I don't eat too many.

私は甘いものは大好きですが、食べすぎません。

Even if there were 48 hours in a day, I would just do my usual routine.

1日48時間あるとしても、
私はいつものルーティンをこなすだけです。

EXERCISE

答えは別冊59ページ
答え合わせが終わったら，音声に合わせて英文を音読しましょう。

1 (　　) 内から適するものを選び，〇で囲みましょう。

1 彼は集中しないと上手にピアノを弾けません。
(If / Unless) he concentrates, he can't play the piano well.

2 コンサートは天候が許す限り開催されます。
The concert will be held (as long as / as far as) the weather permits.

3 フジイさんはとても忙しいにもかかわらず，英語の勉強を続けました。
(But / Although) Ms. Fujii was very busy, she kept studying English.

4 明日たとえ雪が降ったとしてもそこへ行きたいです。
I want to go there (even if / even though) it snows tomorrow.

2 (　　) 内の語を並べかえて，英文を完成させましょう。

1 もし疲れたら，一番好きな食べ物を食べて，よく眠りましょう。
If (food / you / well / tired / eat / are / favorite / and / sleep / your).

If ______________________________.

2 アキコが知る限り，その店は今日開いています。
As (Akiko / the / open / is / as / store / knows / today / far).

As ______________________________.

復習タイム

CHAPTER 16　接続詞

答えは別冊59ページ

答え合わせが終わったら，音声に合わせて英文を音読しましょう。

1 次の英文の（　　）に入れるのに最も適切なものを，それぞれ下の①～④のうちから１つずつ選びましょう。

1）（　　　　　）you see that drama, you will never forget that actor.
① Though　② Once　③ Before　④ For
（　　　　）

2）（　　　　　）the train stops, I will get to the airport on time.
① Unless　② If　③ As long as　④ As far as
（　　　　）

3）He always sets the alarm（　　　　　）he will oversleep.
① in order that　② such that　③ for fear that　④ so that
（　　　　）

4）We will have arrived at the station（　　　　　）our friends come.
① by the time　② since　③ as　④ because
（　　　　）

5）（　　　　　）this book was hard to read, I finished it.
① If　② Although　③ When　④ After
（　　　　）

2 次の日本語を英文にしましょう。その際，与えられた単語を用い，必要に応じて動詞は適切な形に変えてください。

1）私たちが知る限り，彼はこのチームで最高のリーダーでした。
(far / best / team)

2）たとえ疲れていても，彼はピアノの練習を続けるでしょう。
（ if / were / keep ）

3）あなたが私の電話番号を忘れた場合に備えて，メールアドレスをお伝えします。
（ case / forget ）

3 次のイラストを描写する英文を書いてください。その際，与えられた単語を用いてください。

毎朝，顔を洗ったあとに朝ごはんを食べるという毎朝の行動を一文で表現しましょう。
（ morning / eat / after ）

前置詞と区別したい接続詞

同じ意味を表す接続詞と前置詞はしっかり区別しておきましょう。以下，特に間違いやすいものを挙げますので，確認してください。

●～にもかかわらず / ～なのに

前置詞 despite	**Despite** the heavy rain, we went on a picnic.
前置詞句 in spite of	**In spite of** the heavy rain, we went on a picnic.
接続詞 although	**Although** it was raining hard, we went on a picnic. （大雨にもかかわらず，私たちはピクニックに行きました）

●～しながら

前置詞 during	**During** my stay at the hotel, I didn't leave the room.
接続詞 while	**While** I was staying at the hotel, I didn't leave the room. （そのホテルに滞在中，私は部屋から出ませんでした）

基礎ができたら，もっとくわしく。

接続詞 and と but の見分け方

How to Distinguish Conjunctions

and も but もどちらも等位接続詞ですが，情報のつなげ方が大きく異なります。

● **and** …「A かつ B」同じような情報をつなぐ

・プラスの内容＋プラスの内容

It tastes good and smells good.　美味しい（＋）and いい香り（＋）

・マイナスの内容＋マイナスの内容

It tastes bad and smells bad.　美味しくない（－）and 香りもよくない（－）

● **but** …「A だが B」対照的または矛盾する情報をつなぐ

・プラスの内容＋マイナスの内容

It tastes good but smells bad.　美味しい（＋）but 香りはよくない（－）

・マイナスの内容＋プラスの内容

It tastes bad but smells good.　美味しくない（－）but 香りはいい（＋）

日本語から英語にする際は特に and と but の使い分けは，少し注意が必要です。次の例で確認してみましょう。空欄前後の内容に注目して，and もしくは but を入れてください。

⑴ 彼女はケーキが好きですが，ダイエット中です。

She likes cake, (　　　) she is on a diet.

⑵ 彼は昨日元気そうでしたが，今日も元気そうでした。

He seemed fine yesterday, (　　　) he also seems fine today.

⑴ はケーキが好き（＝食べたい）＋ダイエット中なので食べられない，という矛盾する内容です。よって，but が正解です。

⑵ 彼は昨日も今日も元気，という同じ内容なので，and が正解です。「～が」という日本語に惑わされないようにご注意ください。

巻末資料

英文法のキーワード

中学英語と高校英語の大きなちがいの一つは，文法用語の扱いです。中学でひと通りの文法のルールを学び終えたみなさんは，高校でルールに従って英語で表現するトレーニングを積んでいきます。折に触れてルールを参照するために便利なのが文法用語です。高校生だけでなく，社会人のみなさんがたとえば TOEIC 対策の勉強をする際などにも文法用語が登場します。英語学習をこれから続けていくための合言葉になる文法用語をここでまとめておきましょう。

1　名詞　Noun

P.10, 200, 202, 204

物の名前，人名，地名，ことがらなどを表す語です。その内容により，普通名詞，集合名詞，固有名詞，物質名詞，抽象名詞に分けられます。

2　形容詞　Adjective

P.10, 224, 226, 228

名詞を説明する語のことです。a **young** man（若い人），a **small** car（小さな車）などのように，名詞のすぐ前につく場合と，He is **young**.（彼は若い），This car is **small**.（この車は小さい）などのように，補語として使われる場合があります。また -thing，-body などの代名詞を修飾する場合には something **new**（何か新しいもの）のように形容詞は代名詞の後に置かれます。

3　副詞　Adverb

P.10, 234, 236, 238, 240, 242

副詞の「副」は，「副読本」「副社長」のように，主なものを助けるという性質を表します。つまり副詞とは，**動詞や形容詞やほかの副詞などを助けて，意味をくわしく説明するはたらき**をするものです。

副詞は，run **fast**（速く走る）の fast のように，動詞を修飾してその動作の「様子」を示したり，live **here now**（今ここに住んでいる）の here や now のように「場所」や「時間」を表したりします。また，**very** hot（とても熱い）の very のように形容詞やほかの副詞を修飾して，その「程度」を示す場合もあります。さらには，**Naturally**, he said so.（彼がそう言ったのは当然だ）の naturally のように文を修飾する副詞もあります。

4 代名詞 Pronoun

➔P.11, 214, 216, 218

名詞の代わりに使われる語です。1度出てきた名詞のくり返しを避ける傾向にある英語では，代名詞はよく使われます。人を表す代名詞を特に人称代名詞といい，主格・所有格・目的格などの区別があります。このほかにも，指示代名詞，不定代名詞，疑問代名詞，関係代名詞などがあります。

5 冠詞 Article

➔P.11, 206, 208

a，an，the のこと。**名詞の前に冠（かんむり）のように置かれることから，冠詞と名付けられています**。a，an は不定冠詞，the は定冠詞といいます。不定冠詞 a, an は，数えられる名詞の前につけて「ある1つの（1人の）」という意味を表します。定冠詞 the は，文の中で1度，前に出てきた名詞や，話者の間でおたがいに何となくわかっているものの前につけて「その」という意味を表します。また天体などこの世に1つだけしか存在しないものにも定冠詞をつけます。

6 助動詞 Auxiliary Verb

➔P.11, 78, 80, 82

動詞の前に置かれ，話し手の気持ちや判断などのいろいろなニュアンスを動詞につけ加えるものです。たとえば，can（～できる），may（～かもしれない）などがあります。そのほか，未来を表す場合に使う will も助動詞です。

7 前置詞 Preposition

➔P.11, 248, 250, 252, 254

主として**名詞，代名詞などの「前に置かれる」ので「前置詞」と名づけられています**。形容詞や副詞のはたらきをするカタマリ（句）をつくります。a lot **of** ～（たくさんの～）や，listen **to** ～（～に耳を傾ける）などのように，ほかの語句と組み合わせて使うこともありますが，これらはひとまとめの表現として覚えるのがおすすめです。

8 接続詞 Conjunction

➔P.11, 158, 160, 274

単語と単語，句と句，文と文をつなげるはたらきをする語です。結びつけるものを対等な関係でつなぐものを等位接続詞（and，but，for，or，nor など）といい，名詞や副詞などの役割をするカタマリをつくるものを従属接続詞（that，when，if など）といいます。

9 間投詞 Interjection

P.11

ah, oh など，感心したり，感激したり，驚いたり，悲しいときに自然に口から出てくる言葉のことです。

10 文の要素 Elements of Sentences

P.12

5文型などで代表される**文の骨格を作っているもの**のことで,「主語」「動詞」「目的語」「補語」のことをいいます。実際に文を作っているのは「単語」ですが,「主語」「動詞」「目的語」「補語」は，単語が文の中で果たすはたらきに注目したいい方です。

11 主語 Subject

P.12

文の中で，**動詞の前に置いて，動作や状態の主体を表す語や語句**のことを主語といいます。たとえば，I live in Tokyo.（私は東京に住んでいる）のIは，live という動詞の表す「住んでいる」という動作・状態の主体なので主語です。主語になるのは名詞か代名詞，名詞のはたらきをする句や節などです。略すときは「主語」を表す英語 Subject の頭文字をとって S で表します。

12 動詞 Verb

P.12

look（見る）や live（住んでいる）のように，**動作や状態を表す語**のことを動詞といいます。動詞は，主語の動作や状態を述べているという点から，述語動詞ということもあります。略すときは「動詞」を表す英語 Verb の頭文字をとって V で表します。

13 目的語 Object

P.12

動詞の動作を受ける「対象」になる語のことで,「〜を食べる」「〜をする」などの「〜を」にあたる語句です。句や節などのカタマリも目的語になります。

また，動詞の目的語は1つとはかぎらず，他動詞の中には2つの目的語をとるものもあります。たとえば，He gave me a book.（彼は私に本をくれた）の me と a book は目的語で，動作や行為の受け手となる前者を「間接目的語」，動作や行為の対象としてその働きを直接こうむる後者を「直接目的語」と区別して呼ぶことが多いです。略すときは「目的語」を表す英語 Object の頭文字をとって O で表します。

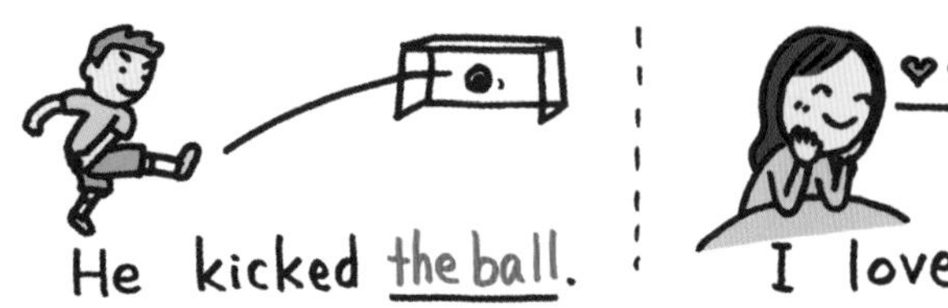

14 補語 Complement

P.12

意味を補って文を完成させるはたらきをする語のことです。たとえば，I am a student.（私は学生です）という文では，a student がなければ「私はです」となり，文の意味が完成しないので a student が補語のはたらきをしています。また，I saw her standing there.（私は彼女がそこに立っているのを見た）という文の standing（立っているのを）のように，目的語 her（彼女）の様子を補って説明するのも補語です。略すときは「補語」を表す英語 Complement の頭文字をとって C で表します。

15 修飾(語) Modification

P.10

修飾とは，単語に何かほかの語（句）をつけて，その単語を飾る，つまり説明することをいいます。**単語にほかの語（句）をつけて，情報をプラス**します。たとえば，an interesting book（面白い本）の interesting は book を説明して，修飾のはたらきをしています。また，walk slowly（ゆっくり歩く）の slowly は walk を説明して，修飾のはたらきをしています。このような修飾のはたらきをする語を，修飾語といいます。

16 句 Phrase

P.12

英語では 2 語以上の単語が 1 つのカタマリになって，文中で 1 つの品詞のはたらきをすることがあります。そのとき，その**カタマリの中に主語と動詞を含まないもの**を句といいます。句は，そのはたらきによって名詞句，形容詞句，副詞句に分けられます。句をつくるものには，前置詞，不定詞，分詞などがあります。

17 節（せつ） Clause

P.12

2 語以上の単語が 1 つのカタマリになって，文中で 1 つの品詞のはたらきをするもののうち，**カタマリの中に主語と動詞を含むもの**を節といいます。節は，そのはたらきによって名詞節，形容詞節，副詞節に分けられます。節をつくるものには接続詞，関係詞，疑問詞などがあります。

18 自動詞 Intransitive Verb

P.15

目的語をとらない動詞のことです。目的語とは，「～をする」の「～を」にあたる語句のことで，動詞の動作を受ける語です。自動詞の後に動作の対象となる語を続けたい場合は〈前置詞＋名詞〉をつけます。

19 他動詞 Transitive Verb

P.15

目的語をとる動詞のことです。英語の動詞はほとんどのものが，場合によって自動詞にも他動詞にも用いられます。

20 第１文型 SV Sentence Pattern

P.24

５文型の１つ。S ＋ V。ふつう，主語と動詞と修飾語からなり，目的語や補語がない文型です。

21 第２文型 SVC Sentence Pattern

P.26

５文型の１つ。S ＋ V ＋ C。ふつう，主語，動詞，補語がこの順で並んでいる文をいいます。動詞には be 動詞以外に，look，sound，taste，seem なども使われることが多いので注意しましょう。

22 第３文型 SVO Sentence Pattern

P.28

５文型の１つ。S ＋ V ＋ O。ふつう，主語，動詞，目的語がこの順で並んでいる文をいいます。目的語になるものには，「人」「物」「ことがら」などいろいろあるので注意しましょう。

23 第 4 文型 SVOO Sentence Pattern

P.30

5 文型の 1 つ。S ＋ V ＋ O ＋ O。主語，動詞，それに 2 つの目的語が続く文をいいます。2 つの目的語のうち前の O は「人」であることが多く，間接目的語とよばれます。後の O は直接目的語とよばれ，主に「物」「ことがら」がきます。

I gave him a present.

S V O（人） O（もの）

私は彼にプレゼントをあげました。

ありがと！ おめでとう～

24 第 5 文型 SVOC Sentence Pattern

P.32

5 文型の 1 つ。S ＋ V ＋ O ＋ C。主語，動詞，目的語，補語の順で語句が並んでいる文をいいます。この文型をとる代表的な動詞は see，hear などの知覚動詞や make，have，let などの使役動詞です。

We call our dog Hachi.

S V O C

our dog = Hachi

私たちは私たちの犬をハチと呼びます。

25 基本時制 Basic Tense

現在，過去，未来の 3 つの時制のことをいいます。

26 3 単現 The Third Person Singular Form

P.38

主語が 3 人称（I，you，we 以外）で，単数で，現在のことを述べるときは，動詞の語尾に -s や -es をつけます。このような場合を，簡単に「3 単現」ということがあります。

27 進行形 Progressive Form

P.54, 56

〈be ＋現在分詞〉の形で**「～しているところである」の意味を表す**いい方です。be が現在なら現在進行形，過去なら過去進行形，〈will be ＋現在分詞〉の形なら未来進行形，〈have been ＋現在分詞〉の形なら現在完了進行形です。

28 完了形 Perfect Form

→P.44, 46, 48, 50, 52

〈have[has]＋過去分詞〉の形で，経験・継続・完了を表します。〈had ＋過去分詞〉なら過去完了形，〈will have ＋過去分詞〉なら未来完了形です。また，それぞれに進行形があります。

29 受動態 Passive Voice

→P.66

〈be ＋過去分詞〉の形で，**「〜される」「〜られる」の意味を表す**いい方です。get arrested（逮捕される）のように〈get ＋過去分詞〉の使い方もあります。be が現在，過去（was，were），未来（will be），完了形（have been）となって，それぞれ現在，過去，未来，完了形の受動態になります。受動態の形は「受け身」とも呼ばれます。

30 準動詞 Non-finite verb

不定詞，分詞，動名詞のことを，ひとまとめにしていうときの用語です。これらはもともと動詞ですが，準動詞となると文中で修飾語などのほかのはたらきをもち，述語動詞にはなれません。

31 不定詞 Infinitive

→P.88

〈to ＋動詞の原形〉をいいます。これには名詞用法，形容詞用法，副詞用法があります。また，to がつかない〈動詞の原形〉を，原形不定詞（あるいは略して原形）といいます。混同を避けるために，to のついたものを to 不定詞という場合もあります。

32 原形不定詞 Zero Infinitive / Bare Infinitive

→P.92

不定詞のうち，to のついていないもののことをいいます。主に，see，hear などの知覚動詞や make などの使役動詞がつくる第 5 文型の文で使われます。動詞の元の形にあたるので，動詞の原形と考えてもいいです。

33 動名詞 Gerund

→P.98

動詞の原形の後ろに -ing をつけた形で，文中で名詞のはたらきをします。つまり，主語・目的語・補語などになるということです。また，目的語や修飾語をとるなど動詞的な性質ももっています。

34 分詞 Participle

→P.102

現在分詞と過去分詞を，ひとまとめにしていうときの用語です。

35 現在分詞 Present Participle

➔P.102

動詞の原形の語尾に，-ing をつけた形。be 動詞と一緒に進行形をつくったり，名詞の前や後ろについて形容詞のはたらきをしたりすることもあります。また，SVC や SVOC 型の文で C のはたらきをすることもあります。現在分詞が副詞的な修飾語としてはたらく場合を，「分詞構文」（➔p.106）と呼ぶことがあります。

36 過去分詞 Past Participle

➔P.100

規則動詞の過去分詞は，過去形と同じ形で，不規則動詞の過去分詞には，いろいろな形があります。過去分詞は，be 動詞と一緒に受動態をつくったり，have と一緒に完了形をつくったりします。名詞の前やうしろについて形容詞のはたらきをすることもあります。また，SVC や SVOC 型の文で C のはたらきをすることもあります。過去分詞が副詞的な修飾語としてはたらく場合を，「分詞構文」（➔p.106）と呼ぶことがあります。

37 仮定法 Subjunctive Mood

➔P.116, 118

英語の「法」には，仮定法，直説法，命令法があります。仮定法は，**実際とはちがっていることを「もし〜だったら」と仮定して述べる表現法**です。「仮定法過去」と「仮定法過去完了」が基本で，それぞれ現在や過去の事実に反することを仮定して述べます。

38 直説法 Indicative Mood

➔P.116

直説法は，**事実を事実として述べる際の動詞の使い方**です。He came here yesterday.（彼は昨日ここに来た）など，現在や過去の事実を述べる文で主に使われます。

39 命令法 Imperative mood

➔P.19

命令法は，**相手に向かって「〜しなさい」という命令するいい方**です。一般的に「命令文」と呼ばれる文です。原則として主語を省いて，動詞の原形で始めます。禁止のときは Don't 〜で始めます。

40 原級 Positive Degree

P.128

形容詞と副詞で，比較級や最上級になっていない，**元のままの形**をいいます。

41 比較級 Comparative Degree

P.130

形容詞と副詞に関する用語で，**2つのものを比べて，一方がもう一方より「もっと～」「いっそう～」というときに使う形**です。ふつうは，原級の語尾に er をつけたり，原級の前に more を付けたりしてつくります。

42 最上級 Superlative Degree

P.132

形容詞と副詞に関する用語で，**3つ以上のものについて，「最も～」「一番～」というときに使う形**。ふつうは，原級の語尾に -est をつけたり，原級の前に most をつけたりしてつくります。

43 関係代名詞 Relative Pronoun

P.138

名詞や代名詞を修飾するカタマリ（＝形容詞節）をつくるはたらきをする語です。節の中で代名詞のはたらきをするとともに，節を名詞や代名詞に「関係づけてくっつける（＝修飾させる）」ということで，このように呼ばれます。たとえば，the boy who belongs to the tennis club（そのテニス部に属している少年）の who は who belongs to the tennis club という節の中で代名詞として主語のはたらきをすると同時に who belongs to the tennis club という節を the boy という名詞に関係づけて（＝修飾させて）います。who，which，that がこの代表です。

ただし，関係代名詞の what は「～もの（こと）」という意味の名詞節をつくるので注意しましょう。

44 関係副詞 Relative Adverb

P.146

場所や時や理由などを表す名詞を修飾するカタマリ（＝形容詞節）をつくるはたらきをする語です。節の中で副詞のはたらきをするとともに，節を語に「関係づけてくっつける」ということで，このように呼ばれます。たとえば when，where，why がこの代表です。how も関係副詞ですが，the way の後の how は省略されるのがふつうです。

45 先行詞 Antecedent

P.138, 146

関係代名詞や関係副詞がつくるカタマリによって修飾される語のことです。関係詞の先を行くことばなので，このように呼ばれます。ふつうは，関係代名詞や関係副詞の直前にある名詞が先行詞になりますが，先行詞と関係代名詞や関係副詞が離れていることもあるので注意しましょう。

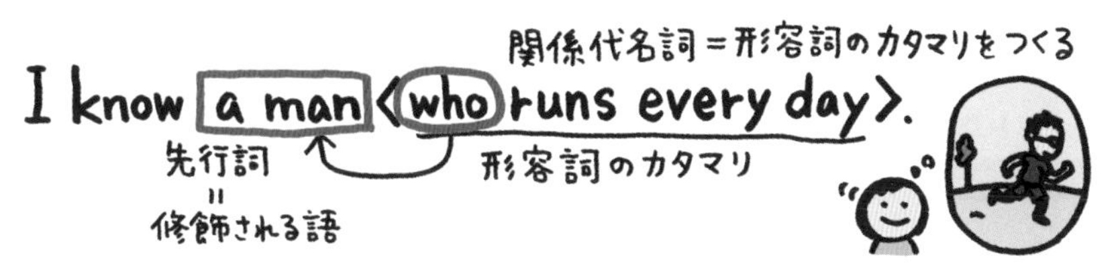

46 制限用法 Restrictive Relative Clause

P.150

関係代名詞や関係副詞とその先行詞の間にコンマ（,）がなく，関係代名詞や関係副詞がつくるカタマリが，直接その前にある先行詞を修飾する場合を制限用法といいます。

47 非制限用法 Unrestrictive Relative Clause

P.150

関係代名詞や関係副詞とその先行詞の間にコンマ（,）があり，関係代名詞や関係副詞のつくるカタマリが，先行詞について何かを付け足して説明するような場合を非制限用法といいます。継続用法と呼ばれることもあります。

48 話法 Speech

P.162

ある人が言ったことを，文にして伝えるときの方法で，直接話法と間接話法があります。

49 直接話法 Direct Speech

P.162

直接話法は，**人の言葉をそのまま相手に伝える方法**で，said に続けて“　”の中に人の発言内容をそのまま書きます。

50 間接話法 Indirect Speech

P.162

間接話法は，**伝える人（話者）の立場で言い換えて表現する方法**で，ふつうの文なら that，疑問文なら if や疑問詞などに続けて発言内容を書きます。

主な不規則動詞の語形変化

117

多くの動詞の過去形，過去分詞は語尾に ed をつけることで規則的に変化します（規則動詞）。それらの動詞とは別に，不規則に変化する動詞（不規則動詞）があります。

ここでは，主な不規則動詞の語形変化をまとめておきます。

不規則動詞の語形変化には，4つのパターンがあります。

①A - A - A型（原形・過去形・過去分詞がすべて同じ）
②A - B - A型（原形と過去分詞が同じ）
③A - B - B型（過去形と過去分詞が同じ）
④A - B - C型（原形・過去形・過去分詞がすべてちがう）

①A - A - A型（原形・過去形・過去分詞がすべて同じ）

原形	主な意味	過去形	過去分詞	ing 形
burst	爆発する	burst	burst	bursting
cost	費用がかかる	cost	cost	costing
cut	切る	cut	cut	cutting
hit	打つ	hit	hit	hitting
hurt	傷つける	hurt	hurt	hurting
let	～させる	let	let	letting
put	置く	put	put	putting
quit	やめる	quit	quit	quitting
set	置く	set	set	setting
shut	閉める	shut	shut	shutting
spread	広げる，広がる	spread	spread	spreading
upset	動揺させる	upset	upset	upsetting

②A - B - A型（原形と過去分詞が同じ）

原形	主な意味	過去形	過去分詞	ing 形
become	～になる	became	become	becoming
come	来る	came	come	coming
overcome	打ち勝つ	overcame	overcome	overcoming
run	走る	ran	run	running

③A - B - B型（過去形と過去分詞が同じ）

原形	主な意味	過去形	過去分詞	ing 形
bend	曲げる	bent	bent	bending
bring	もってくる	brought	brought	bringing
broadcast	放送する	broadcast(ed)	broadcast(ed)	broadcasting
build	建てる	built	built	building
buy	買う	bought	bought	buying
catch	つかまえる	caught	caught	catching
deal	扱う	dealt	dealt	dealing

dig	掘る	dug	dug	digging
feed	食物を与える	fed	fed	feeding
feel	感じる	felt	felt	feeling
fight	戦う	fought	fought	fighting
find	見つける	found	found	finding
have	もっている	had	had	having
hear	聞こえる	heard	heard	hearing
hold	つかむ，開催する	held	held	holding
keep	保つ	kept	kept	keeping
lay	置く，横たえる	laid	laid	laying
leave	去る	left	left	leaving
lend	貸す	lent	lent	lending
lose	失う，負ける	lost	lost	losing
make	作る，～させる	made	made	making
mean	意味する	meant	meant	meaning
meet	会う	met	met	meeting
pay	払う	paid	paid	paying
read	読む	read [red]	read [red]	reading
say	言う	said	said	saying
seek	さがす	sought	sought	seeking
sell	売る	sold	sold	selling
send	送る	sent	sent	sending
shine	輝く	shone	shone	shining
shoot	撃つ	shot	shot	shooting
sit	座る	sat	sat	sitting
sleep	眠る	slept	slept	sleeping
slide	すべる	slid	slid	sliding
spend	費やす	spent	spent	spending
stand	立つ	stood	stood	standing
strike	打つ	struck	struck/stricken	striking
swing	揺れる，揺らす	swung	swung	swinging
teach	教える	taught	taught	teaching
tell	話す，伝える	told	told	telling
think	考える，思う	thought	thought	thinking
understand	理解する	understood	understood	understanding
win	勝つ	won	won	winning

④A - B - C型（原形・過去形・過去分詞がすべてちがう）

原形	主な意味	過去形	過去分詞	ing 形
be	～である	was, were	been	being

bear	生む，耐える	bore	borne/born	bearing
begin	始まる，始める	began	begun	beginning
blow	吹く	blew	blown	blowing
break	壊す	broke	broken	breaking
choose	選ぶ	chose	chosen	choosing
do	する	did	done	doing
draw	描く，引く	drew	drawn	drawing
drink	飲む	drank	drunk	drinking
drive	運転する	drove	driven	driving
eat	食べる	ate	eaten	eating
fall	落ちる	fell	fallen	falling
fly	飛ぶ	flew	flown	flying
forget	忘れる	forgot	forgotten/forgot	forgetting
forgive	許す	forgave	forgiven	forgiving
freeze	凍る	froze	frozen	freezing
get	得る	got	gotten/got	getting
give	与える	gave	given	giving
go	行く	went	gone	going
grow	成長する	grew	grown	growing
hide	隠れる，隠す	hid	hidden	hiding
know	知っている	knew	known	knowing
lie	横になる	lay	lain	lying
mistake	間違える	mistook	mistaken	mistaking
ride	乗る	rode	ridden	riding
ring	鳴る	rang	rung	ringing
rise	上がる	rose	risen	rising
see	見える	saw	seen	seeing
shake	振る	shook	shaken	shaking
show	見せる	showed	shown	showing
sing	歌う	sang	sung	singing
sink	沈む	sank	sunk	sinking
speak	話す	spoke	spoken	speaking
steal	盗む	stole	stolen	stealing
swim	泳ぐ	swam	swum	swimming
take	取る	took	taken	taking
tear	裂く	tore	torn	tearing
throw	投げる	threw	thrown	throwing
wake	目覚める，起こす	woke	woken	waking
wear	着ている	wore	worn	wearing
write	書く	wrote	written	writing

数の言い方

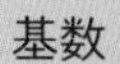

基数

「1つ，2つ…」と個数を表す

1	one
2	two
3	three
4	four
5	five
6	six
7	seven
8	eight
9	nine
10	ten
11	eleven
12	twelve
13	thirteen
14	fourteen
15	fifteen
16	sixteen
17	seventeen
18	eighteen
19	nineteen
20	twenty
21	twenty-one
30	thirty
40	forty
50	fifty
60	sixty
70	seventy
80	eighty
90	ninety
100	one hundred
1,000	one thousand

序数

「1番目，2番目…」と順序を表す

1 番目	first
2 番目	second
3 番目	third
4 番目	fourth
5 番目	fifth
6 番目	sixth
7 番目	seventh
8 番目	eighth
9 番目	ninth
10 番目	tenth
11 番目	eleventh
12 番目	twelfth
13 番目	thirteenth
14 番目	fourteenth
15 番目	fifteenth
16 番目	sixteenth
17 番目	seventeenth
18 番目	eighteenth
19 番目	nineteenth
20 番目	twentieth
21 番目	twenty-first
30 番目	thirtieth
40 番目	fortieth
50 番目	fiftieth
60 番目	sixtieth
70 番目	seventieth
80 番目	eightieth
90 番目	ninetieth
100 番目	one hundredth
1,000 番目	one thousandth

● 21 以降は，10 の位の数（twenty ～ ninety）と 1 の位の数（one ～ nine）をハイフン（ - ）でつないで表します。

例 ・21 → twenty-one　・22 → twenty-two　・23 → twenty-three
・31 → thirty-one　・42 → forty-two　・99 → ninety-nine

● 100 の位は hundred を使って表します。

例 ・101 → one hundred (and) one　・110 → one hundred (and) ten
・250 → two hundred (and) fifty　・596 → five hundred (and) ninety-six

● 1,000 の位は thousand，1,000,000 の位は million，1,000,000,000 の位は billion を使って表します。

数の読み方

①小数

小数点を point と読み，小数点以下の数字は 1 つずつ基数で読みます。

例 3.14 = three point one four

②分数

分子を基数で，分母を序数で読みます。分子が 2 以上のときは，分母の序数を複数形にします。下の例でいうと，「3 分の 1」は third（3 分の 1）が 1 つととらえ，a[one] third，「3 分の 2」は third が 2 つととらえ，two thirds となります。

例 ・3 分の 1（1/3）= a[one] third　・3 分の 2（2/3）= two thirds

※ 2 分の 1 は a[one] half で表します。
また，4 分の 1（1/4）は one fourth のほかに，a[one] quarter とも表します。

③時刻

基本的には「時」→「分」の順に，基数で読みます。

例 ・7:50 → seven fifty　・8:55 → eight fifty-five

④月日

ふつう「日」は序数で読みます（基数の場合もあります）。序数の前には the をつけることもあります。アメリカとイギリスでは読み方と書き方が異なります。

例 ・アメリカ英語：1 月 21 日 → January (the) twenty-first / January twenty-one
・イギリス英語：1 月 21 日 → twenty-first January / the twenty-first of January

⑤年号

100 の位と 10 の位の間で区切って，2 けたずつ基数で読むのが基本です。

例 ・1492 → fourteen ninety-two　・1984 → nineteen eighty-four
・2001 → two thousand (and) one　・2020 → twenty twenty

用語さくいん

★数字はページ数です。文法用語を中心に収録しています。

S

T

U

W

Y

あ

か

さ

た

な

は

ま

わ

高校英文法をもう一度ひとつひとつわかりやすく。

著者
富岡恵

イラストレーション
坂木浩子

ブックデザイン
山口秀昭（Studio Flavor）

英文校閲
Kathryn A. Craft

編集協力
渡辺泰葉，挙市怜子，石川道子，日本アイアール株式会社，藤田義人（昭和学院秀英中学校・高等学校）

データ作成
株式会社四国写研

録音
（財）英語教育協議会（ELEC）

ナレーション
Dominic Allen，Karen Haedrich，Neil DeMaere，水月優希

軽くのりづけされているので，
外して使いましょう。

もう一度

高校英文法をひとつひとつわかりやすく。

解答&解説

英語の答え合わせについて

◆答え方の一例を示しています。一部，［　］の中に別の答え方を示していることもあります。
◆解答例が何通りかある場合も，音声は一通りのみが収録されています（最初に示す答え方で読まれています）。
◆本書では多くの場合，I'm やisn't などの短縮形を使って答えを示していますが，短縮しない形で答えてももちろん正解です。

短縮形		短縮しない形	短縮形		短縮しない形	短縮形		短縮しない形
I'm	→	I am	how's	→	how is	can't	→	cannot
you're	→	you are	who's	→	who is	won't	→	will not
we're	→	we are	isn't	→	is not	haven't	→	have not
they're	→	they are	aren't	→	are not	hasn't	→	has not
he's	→	he is	wasn't	→	was not	hadn't	→	had not
she's	→	she is	weren't	→	were not	I'll など	→	I will など
it's	→	it is	don't	→	do not	I've など	→	I have など
that's	→	that is	doesn't	→	does not	I'd など	→	I would など
what's	→	what is	didn't	→	did not	I'd など	→	I had など

Gakken

01 第1文型(SV)の文

025 ページ

1
1 I don't[do not] work for twelve hours a day.
2 Do you go to the station at 9 in the morning?
3 He comes to the office on Monday.
4 Do they usually sleep here?

2
1 Do you often talk to your friends
2 The door closes quietly
3 She gets up at five in the morning
4 My cats don't move quickly

解答のヒント

1 1〈元の文の訳〉私は1日に12時間，働きます。
2〈元の文の訳〉私たちは朝9時に駅に行きます。
3 主語が3人称単数の he なので，一般動詞の語尾には s がつきます。
〈元の文の訳〉彼は月曜日に会社に来ますか？
4 主語が3人称ですが，複数なので Does ではなく，Do を使います。
〈元の文の訳〉彼らはいつもここで眠ります。

2 1 talk to ～「～と話す」。often を最後に置いて，Do you talk to your friends often? としても構いません。
3 get up「起きる」。

02 第2文型(SVC)の文

027 ページ

1 You are healthy
2 She is always calm
3 Does he look sad
4 They don't seem angry
5 We are basketball players

Tom and John look very excited.

解答のヒント

1 healthy「健康である」。
2 calm「穏やかである」。

03 第3文型(SVO)の文

029 ページ

1
1 loves, cat(s)
2 play, Tuesday
3 brother, doesn't
4 Does, help

2
1 We have a lot of computers
2 My uncle likes dogs very much
3 They don't drink black coffee
4 Does your father eat a lot

解答のヒント

1 1 3 4 主語が3人称単数なので，動詞や do の形に注意しましょう。

2 1 a lot of ～「たくさんの～」。
4 eat a lot「たくさん食べる」。

04 第4文型(SVOO)の文

031 ページ

1
1 Does he buy his mother flowers on her birthday?
2 I don't[do not] buy my wife a muffin every morning.
3 She makes him breakfast.
4 My son shows his test scores to me.

2
1 Please tell me the way to the station
2 They gave you a key to their room
3 I sent an e-mail to my cousin
4 Did you ask him any questions

解答のヒント

1 1〈元の文の訳〉彼は(母親の)誕生日に母親に花を買ってあげます。
2〈元の文の訳〉私は毎朝，妻にマフィンを買ってあげます。
3〈元の文の訳〉彼女は彼に朝食をつくってあげません。
4 第4文型を第3文型に書きかえるときには，前置詞が必要になるので注意しましょう。
〈元の文の訳〉私の息子は私に彼のテストの点数を見せます。

2 1 tell を使った第 4 文型の文をつくります。please を文の最後に置いて，Tell me the way to the station, please. としても構いません。

2 gave（give の過去形）を使った第 4 文型の文をつくります。a key to their room「彼らの部屋の鍵」。

3 to があるので sent（send の過去形）を使った第 3 文型の文をつくります。

4 ask を使った第 4 文型の文をつくります。

05 第 5 文型(SVOC)の文

033 ページ

1 1 call, me
2 named, their
3 find[think], difficult
4 Does, make

2 1 Music keeps the baby quiet
2 Roller coasters make me excited
3 He doesn't leave his room messy
4 Do they find it interesting

解答のヒント

2 3 messy「散らかっている」。

復習タイム

034 ～ 035 ページ

1 1)① 2)④ 3)②
4)① 5)②

解説

1) 訳 彼女は家で夫のことをティムと呼びます。

解説 選択肢から空欄には動詞が入ることがわかるので，空欄直後の her husband は目的語になります。そして，その後ろに Tim という名前がきています。her husband = Tim が成り立つことから，第 5 文型(SVOC)で使える① calls「…を～と呼ぶ」が正解です。② says「～と言う」，③ talks「話す」，④ speaks「話す」は第 5 文型では使えません。

2) 訳 タクヤはイタリアに行く計画について私に話しました。

解説 空欄直後の me に注目。「人」を目的語にして，第 3 文型(SVO)をつくれるのは，④ told「～に話す」のみ。そのほかの選択肢はどれも，「(人)に言う[話す]」というときには，「人」の前に to などの前置詞が必要です。

もっとくわしく

自動詞＋前置詞

自動詞は後ろに前置詞を続けることで，他動詞と同じように，動作の対象となる語を置くことができます。2)の問題の選択肢でいうと，talk to[with] ～「～に話す」，say to ～「～に言う」，speak to[with] ～「～に話す」のように前置詞を置けば，後ろに話す対象の「人」を置くことができます。

3) 訳 キャリーはそのパーティーで友達におもしろい話をしました。

解説 空欄の後ろに her friends という「人」，その後ろに a funny story という「もの」があることから，この文は第 4 文型(SVOO)をとると予想できます。選択肢の中で，第 4 文型をとれる動詞は② told「～に話す」のみ。① expressed「表現した」，③ said「言った」，④ spoke「話した」は第 4 文型をとれません。意味が似ている動詞でも，それぞれの動詞がとる文型をチェックしておくことが重要です。

4) 訳 その男性は，車が彼をはねたあと，5 日間意識不明のままでした。

解説 空欄の後ろに形容詞の unconscious「意識不明の」があるので，この文は第 2 文型(SVC)。選択肢の中で，第 2 文型をとる動詞は，① remained「～のままでいた」のみ。そのほかの② remembered「～を覚えていた」，③ removed「～を取り除いた」，④ rescued「～を救出した」はすべて他動詞なので，後ろに目的語が必要となり，ここでは不適切です。

5) 訳 ほとんど毎日，私は駅まで歩いています。

解説 空欄の後ろに to という前置詞があるので，空欄の直後に前置詞 to があるので，空欄には自動詞が入ると予想できます。選択肢のうち自動詞の② walk を選べば，walk to the station「駅まで歩く」となり意味も通ります。ちなみに，この文は I を主語とした第 1 文型(SV)の文に，to the station という場所を示す修飾語句がついている文です。そのほかの選択肢は① keep「～を保つ」，③ find「～を見つける」，④ give「～を与える」ですが，すべて他動詞なので不適切です。

もっとくわしく

自動詞と他動詞で意味が異なる動詞

多くの動詞は自動詞と他動詞の両方の役割を果たします。しかし，自動詞と他動詞では意味が異なるものもあるので，注意しましょう。

- stand 〈自動詞〉「立つ」
  〈他動詞〉「～に耐える・～を我慢する」
- run 〈自動詞〉「走る」
  〈他動詞〉「(会社など)を経営する」
- walk 〈自動詞〉「歩く」
  〈他動詞〉「～を散歩させる」

動詞の後ろの品詞や形に注目し，正確に文型をつかんで，意味を取り違えないようにしましょう。

2 1）This song reminds me of the happy days in my 20s.
2）He gave a beautiful ring to me.
3）My cats sleep on my bed every day.

解説

1）解説 「～を思い出させる」という意味の動詞 remind を使う英文。remind A of B という形で用います。(主に A には人，B には事柄やものが入ります。) 前置詞の of はセットで覚えておきましょう。

もっとくわしく

〈SVO ＋前置詞＋名詞〉の形をとる動詞

SVO のあとに〈前置詞＋名詞〉を続けて特別な意味を表すものがあります。今回の問題で登場した remind A of B のほかに次のようなものがあります。〈SVO＋前置詞＋名詞〉を 1 つのパターンとして覚えておくとよいでしょう。

- inform A of B 「A に B を知らせる」
- convince A of B 「A に B を納得させる」
- accuse A of B 「A を B のことで訴える」
- blame A for B 「A を B のことで非難する」
- thank A for B 「A に B のことで感謝する」
- supply A with B/supply B for[to] A
  「A に B を供給する」

2）解説 動詞 give を使った「人に～を与える」という文は第 3 文型(SVO to 人)でも第 4 文型(SVOO)でも書くことができます。この問題の場合，使用単語に to が含まれているので，He gave 指輪 to 私，という第 3 文型をとります。この文を第 4 文型にすると，He gave me a beautiful ring. となります。

3）解説 sleep「眠る」という自動詞を使う第 1 文型(SV)の文です。主語＋動詞のあとは，場所と時をそれぞれ置きましょう。

3 Your bag is on the table.

解説

解説 ものの位置は，be 動詞を用いる第 1 文型(SV)で表せます。もしこの問題のように所有格 Your などや冠詞 The などがつかない場合は，There is a[an] 単数名詞または There are 複数名詞で「～があります」という表現もできます。この問題もカバンがだれのものかわからないときは，There is a bag on the table.「机の上にカバンがあります」と表せます。カバンが 2 つあれば，There are two bags on the table. です。

06 現在形

039 ページ

1
1 Do you sometimes walk to the station?
2 My boss isn't[is not] a baseball fan.
3 Does she eat three oranges a day?
4 He doesn't[does not] know a lot about Japan.

2
1 We are all Japanese
2 Do you study English at home
3 They don't have any problems at school
4 Tokyo is a big and exciting city

解答のヒント

1 1 walk to ～「～に歩いて行く」。
〈元の文の訳〉私はときどき駅まで歩いて行きます。
2〈元の文の訳〉私の上司は野球のファンです。
3〈元の文の訳〉彼女は 1 日にオレンジを 3 つ食べます。

4 〈元の文の訳〉彼は日本についてたくさん知っています。
a lot の代わりに much を使って，He doesn't know much about Japan. としても構いません。
2 1 We all are Japanese としても構いません。
3 don't have any ～で「何ももっていない」→「何もない」。

07 過去形

041 ページ

1
1 was
2 did
3 Did
4 didn't
5 went

2
1 Was Kyoto the capital of Japan a long time ago?
2 It wasn't[was not] so hot on that day last summer.
3 Did they hear the big news about their teacher?

解答のヒント
2 1 〈元の文の訳〉京都は昔，日本の首都でした。
2 〈元の文の訳〉去年の夏のその日は，とても暑かったです。
3 〈元の文の訳〉彼らは自分たちの先生に関する大きなニュースを聞きました。

08 未来を表す表現

043 ページ

1 Atsuko is going to visit Paris next week
2 it will be sunny the day after tomorrow
3 He isn't going to buy a new car
4 Will you come back to Japan in the future

パッとSpeak! Good bye. I will see you in winter!

解答のヒント
3 be going to の否定文は be 動詞のあとに not を置きます。
4 will の疑問文は主語と will を入れかえてつくります。

09 現在完了形の用法①

045 ページ

1
1 Nana and her family have moved three times
2 I have never eaten that food
3 Have you ever been to Egypt
4 I haven't talked to him before

2
1 We have never visited Rome.
[We have never been to / in Rome]
2 My father has been to London five times.
3 I have never read such an interesting novel.

解答のヒント
1 3 2 2 have [has] been to ～「～に行ったことがある」。
2 1「1度も～ない」とあるので，never を使います。
3 interesting は母音の発音ではじまっているので，その前に置く冠詞は an になります。「1度も～ない」とあるので，never を使います。

10 現在完了形の用法②

047 ページ

1
1 has, lived, for
2 has, already, left
3 have, lived
4 have, worked, since

2
1 I have studied English for twenty years in Japan.
2 He hasn't[has not] finished his project yet.
3 I haven't[have not] seen him for a while.
4 Has she written to her mother yet?

解答のヒント
1 1 2 2 2 4 主語が3人称単数なので，has を使うことに注意しましょう。
1 3 How long ～? は期間をたずねる表現で，完了形と一緒によく使われます。

11 過去形と現在完了のちがい

049 ページ

1
1 Yukie ((has lived) / lived) in Tokyo since last year.
2 Ryu (has lived / (lived)) in Okinawa last

year.

3 I (have finished / finished) my task just now.

4 I (haven't eaten / didn't eat) breakfast this morning.

5 (Has she brought / Did she bring) her umbrella last night?

6 Mika and I are good friends. I (have known / knew) her for over twelve years.

7 Ten years (have passed / passed) since we came here.

8 They haven't eaten lunch (yet / yesterday).

解答のヒント

1 1 since last year「去年から」という表現があることから，現在完了形を選びます。
〈日本語訳〉ユキエは去年から東京に住んでいます。

2 last year「去年」という過去を表す表現があるので，過去形を選びます。
〈日本語訳〉リュウは去年，沖縄に住んでいました。

3 just now「たった今」は，過去形とともに用いる表現です。
〈日本語訳〉私はたった今，課題を終えました。

4 this morning「今朝」という過去を表す表現があるので，過去形を選びます。
〈日本語訳〉私は今朝，朝食を食べませんでした。

5 last night「昨夜」という過去を表す表現があるので，過去形を選びます。
〈日本語訳〉彼女は昨夜，傘をもってきましたか？

6 for over twelve years「12 年以上の間」という期間を表すことばがあり，「今もよい友達だ」という文脈から，現在完了形を選びます。
〈日本語訳〉ミカと私はよい友達です。私は彼女を 12 年以上知っています。

7 since we came here「私たちがここに来て以来」という表現から，現在完了形を選びます。
〈日本語訳〉私たちがここに来てから 10 年が経ちます。

8 現在完了形の文なので yet「まだ」を選びます。yesterday「昨日」は過去形とともに用います。
〈日本語訳〉彼らはまだ昼食を食べていません。

12 過去完了形

051 ページ

1 They had already left before Mr. Ueno arrived there

2 She had never spoken French until then

3 He had struggled for years

4 because I had read it before

パッとSpeak! The bus had already left when I got to the bus stop. / When I got to the bus stop, the bus had already left.

解答のヒント

1「完了」を表す過去完了形の文です。

2「経験」を表す過去完了形の文です。

3「継続」を表す過去完了形の文です。for years「長年」で継続の期間を表しています。

4 had read ～は knew という過去よりも前のこと(大過去)を表しています。

13 未来完了形

053 ページ

1 1 He will have finished his work by 9 p.m. tonight

2 We will have been married for five years next week

3 Will you have completed your report before the meeting

4 We won't have finished the repairs before the race

2 1 I will have been there seven times

2 We will have lived here for six years

3 She will have bought a car

解答のヒント

1 2「来週で結婚 5 周年」は，「来週で 5 年間結婚していることになる」ということ。

3 未来完了形の疑問文は，主語と will を入れかえてつくります。

4 未来完了形の否定文は，will のあとに not を入れてつくります。この問題では，will not の短縮形である won't が使われています。

2 1〈日本語訳〉もしも私が来月ハワイに行けば，そこに7回行ったことになります。〈経験〉
2〈日本語訳〉明日で，私たちはここに6年間住んでいることになります。〈継続〉
3〈日本語訳〉来年の今ごろまでに彼女は車を買っているでしょう。〈完了〉

14 現在進行形

055 ページ

1 1 I'm not writing an e-mail to my best friend now.
2 Are they waiting for anyone in the lobby?
3 Is your grandmother looking for her glasses?
4 We are painting the wall.

2 1 arriving
2 wants
3 knows
4 coming

解答のヒント

1 1〈元の文の訳〉今，私は親友にEメールを書いています。
2〈元の文の訳〉彼らはロビーでだれかを待っています。
3〈元の文の訳〉私のおばあさんは彼女のめがねを探しています。
4〈元の文の訳〉私たちは壁を塗っているのではありません。

2 1 4 これらの文の現在進行形は，近い未来のはっきりした予定を表しています。
2 3 want「欲しがっている」, know「知っている」は状態動詞なので，現在進行形にはしません。

15 過去進行形・未来進行形

057 ページ

1 I was watching TV when she came to my house
2 The boy was sleeping in the bed then
3 I will be attending the meeting at 3 p.m. tomorrow
4 Will he be leaving here at this time next week

パッとSpeak! I was taking a shower when the doorbell rang. / When the doorbell rang, I was taking a shower.

解答のヒント

1 2 過去の一時点を示す表現があるので，過去進行形を使います。
3 4 未来の一時点を示す表現があるので，未来進行形を使います。

16 現在完了進行形

059 ページ

1 He has been trying to call his client for a week
2 I have been studying for about three hours
3 It has been raining since the day before yesterday
4 Have you been waiting here for two hours

パッとSpeak! You have been working too hard lately.

解答のヒント

いずれも過去にはじまった動作が現在までずっと続いているということを表すので，現在完了進行形を使います。

17 過去完了進行形・未来完了進行形

061 ページ

1 1 had been playing
2 had been improving
3 will have been working

2 1 I (have been using / (will have been using)) the Internet for four hours by the time you come home.
2 Finally she found the key. She (has been looking / (had been looking)) for it for three hours.
3 He was very tired because he (was walking / (had been walking)) all day.

4 She will (be waiting / have been waiting) for him for three hours if he comes at 7 p.m.

解答のヒント

1 1 2 過去のある時点まで，ずっと続いていたことを表すので過去完了進行形を使います。

3「来週」という未来の時点まで，ずっと続いているだろうということを表すので未来完了進行形を使います。

2 1「あなたが帰宅する」という未来の時点まで，インターネットを使い続けているということなので，未来完了進行形を使います。

2「鍵を見つけた」という過去の時点まで，ずっと探していたということなので，過去完了進行形を使います。

3「疲れていた」という過去の時点まで，ずっと歩き続けていたということなので，過去完了進行形を使います。

4「彼が午後7時に来る」という未来の時点まで，ずっと待ち続けているということなので，未来完了進行形を使います。

復習タイム

062～063ページ

1 1）①　2）④　3）①
4）③　5）④

解説

1）訳 私たちは今ここでお客様を待っています。

解説 文末の now「今」がキーワード。現在していることを表す現在進行形の① are waiting が正解です。ほかの選択肢は②過去完了形，③過去形・過去分詞，④現在形です。④現在形には3単現の s がついていて，主語 We と合いません。

2）訳 ミホとメグは2010年以来の知り合いです。

解説 since 2010「2010年以来」という表現がキーワード。過去から現在までのつながりを示す現在完了形の④ have known が正解です。know は状態動詞なので進行形を含む①と③の形はとりません。②現在形＋3単現の s で，主語が Miho and Meg という複数なので合いません。

3）訳 雪が降りはじめたとき，彼らは2時間テニスをし続けていました。

解説 for two hours「2時間」という期間を示す表現があることから，空欄では完了形を使うのがよいと判断できます。そして，後半の when 節での動詞が過去形のため，それよりも前から起きて続いていた事柄を表せる過去完了進行形が適切です。よって空所のあとの playing とつなげて過去進行形をつくる① had been が正解です。そのほかの選択肢は，②現在完了形，③未来の助動詞 will＋be 動詞，④現在形です。

4）訳 私は韓国に高校生のころに2年間住んでいましたが，韓国語は話せません。

解説 when I was a high school student という明らかに過去を示す表現があるので，過去形を使います。選択肢の中で過去形の動詞は，③ lived と④ went ですが，文脈的に「住んでいた」という意味の③ lived が適切です。for ～という期間を示す表現だけを見て，①や②の現在完了形を選ばないように注意しましょう。when 節や，～ ago など過去の時を表す語句があるときは，現在完了形は使えません。

5）訳 たぶん私は明日の午後7時にはまだ働いているだろうから，そのコンサートには行けません。

解説 at 7 p.m. tomorrow「明日の午後7時」という未来の時点での一時的な動作を表すので，未来進行形の④ I'll still be working が正解です。ほかの選択肢は，①過去完了進行形，②過去進行形，③現在完了進行形です。

2 1）I've been expecting his call for the last two hours.
2）Was Bob taking a shower when the doorbell rang?
3）She will have submitted the document by the time she leaves the office.
4）We realized (that) we had already talked about this topic before.

解説

1）解説 the last two hours に期間を表す前置詞 for をつけた「この2時間」がポイント。過去から今まで続いている期間を伴っているので現在完了の時制がぴったり。なおかつ「(期待して)待っている」という意味をもつ動作動詞 expect の継続を表すには，現在完了進行形 have been expecting とするのが適切です。I've は I have でも OK です。

もっとくわしく

時を表す表現の注意点

last ～（この前の～），yesterday（昨日）など明確に過去を示す表現とともに，現在完了形は使えません。しかし 1）の問題でも the last two hours という過去を表す表現があるのに完了形が正解でした。これは，過去を示す語句の直前に for がついて「期間」を示す表現になっているためです。for the last two hours で「この2時間」という意味になっていることから，現在完了形や現在完了進行形とともに使うことができるのです。このように過去を表す表現でも，for や since などがついていれば，全体で「期間」などを示す表現になります。過去を示す表現だけを見て早合点せずに，しっかり全体を見てから判断しましょう。

2）解説「ドアのベルが鳴ったとき」= when the doorbell rang，という過去の一時点における，一時的な状態を表しているため，過去進行形を使うのが適切です。それを疑問文の形にして Was Bob taking a shower ～? とします。

3）解説「会社を出るときまでには」は，締め切りを表す前置詞 by を使って by the time she leaves the office と表せます。このとき，by the time 以降は時を表す副詞節なので動詞は現在形の leaves になります(本冊 p.160 参照)。未来の会社を出るときまでに完了していることを表すには未来完了形が適切なので，She will have submitted the document を前半に置いて，by the time 以降を続けましょう。

4）解説「話した」ことは「気づいた」時点よりも前の出来事です。過去のある一時点と，さらにそれより前の事柄を表すには，過去形と過去完了形を組み合わせます。「気づいた」は過去形 = realized，「話した」は過去完了形 = had talked にして，We realized (that) we had already talked ～とするのが適切です。この文の that は名詞のカタマリをつくる接続詞で，省略可能です(本冊 p.158 参照)。

18 受動態

067 ページ

1
1 He is often praised by his boss
2 We are delighted to be here today
3 Natto isn't eaten much in Osaka
4 Is soft tennis played in your country

2
1 were bored
2 was shocked
3 wasn't[was not] written
4 taken

解答のヒント

1 2 delight は「～を喜ばせる」，**2** 1 bore は「～を退屈にさせる」，**2** 2 shock は「～にショックを与える」という意味の他動詞。それぞれ「人が喜ぶ」,「人が退屈する」,「人がショックを受ける」という場合は「人が喜ばされる」,「人が退屈させられる」,「人がショックを与えられる」と考えて，受動態を使います。

19 SVOOの受動態

069 ページ

1
1 This beautiful hat was bought for me by my husband
2 I was given a lot of presents by her
3 Were you told this news by your friend
4 He was taught nothing about his job by his boss

2
1 Was, asked
2 isn't, given, to

解答のヒント

1 1 My husband bought me this beautiful hat. の直接目的語である this beautiful hat を主語にした受動態です。前置詞には for が使われます。
2 She gave me a lot of presents. の間接目的語である me を主語にした受動態です。主語になるので，me は主格の I に変わっています。

3 Your friend told you this news. の受動態，You were told this news by your friend. を疑問文にした形です。

4 His boss taught him nothing about his job. の間接目的語である him を主語にした受動態の文です。

2 1 The students asked him a lot of questions. の間接目的語である him を主語にした受動態を，疑問文にした形です。主語になるので，him は主格の he に変わっています。

2 Doctors don't give patients this kind of medicine. の直接目的語である this kind of medicine を主語にした受動態の文です。

20 SVOCの受動態

071 ページ

1 1 is, called
2 was, named
3 is, called
4 wasn't, kept[left]

2 1 You are considered honest by everybody
2 This story isn't thought true by most of us
3 Was the audience made uncomfortable by his joke

1 1 Children call her Carrie. の目的語である her を主語にした受動態です。主語になるので，her は主格の she に変わっています。

2 Her owner named this cat Kate. の目的語である this cat を主語にした受動態の文です。

3 Everybody calls ○○ "the boss." の目的語に置かれるはずの○○を who に変えて文頭に置き，受動態にした疑問文です。

4 ○○ didn't leave[keep] the door open. の目的語である the door を主語にした受動態の文です。文末の by ○○は省略されています。

2 1 Everybody considers you honest. の目的語である you を主語にした受動態の文です。

2 Most of us don't think this story true. の目的語である this story を主語にした受動態の文です。

3 His joke made the audience uncomfortable. の受動態 The audience was made uncomfortable by his joke. を疑問文にした形です。

21 進行形と完了形の受動態

073 ページ

1 1 is being used
2 has been occupied
3 isn't[is not] being shown
4 been eaten

2 1 That document has already been thrown away
2 Has today's dinner been cooked by him yet
3 The seats of the train were being filled by travelers

1 1 Another user is using this computer now. の目的語 this computer を主語にした受動態の文です。「今」という現在を表す単語があるので，現在進行形の受動態を使います。

2 The company president has occupied the meeting room for five hours. の目的語 the meeting room を主語にした受動態の文です。for five hours「5 時間」という期間を表すフレーズがあるので，継続を表す現在完了形の受動態を使います。

3 ○○ isn't[is not] showing that movie in this theater now. の目的語 that movie を主語にした受動態の文です。now「今」という現在を表す単語があるので，現在進行形の受動態を使います。文末の by ○○は省略されています。

4 ○○ have[has] eaten the sandwiches. の受動態，The sandwiches have been eaten by ○○. を疑問文にした形です。文末の by ○○は省略されています。

2 1 ○○ have[has] already thrown away that document. の目的語 that document を主語にした受動態です。already「すでに」という完了を表す単語があるので，現在完了形の受動態を使います。文末の by ○○は省略されています。

2 He has cooked today's dinner. の受動態，Today's dinner has been cooked by him. を疑問文にした形です。語尾に yet「もう」を加えています。

3 Travelers were filling the seats of the train. の目的語 the seats of the train を主語にした受動態の文です。

復習タイム

074～075ページ

1 1）③　2）②　3）①
4）④　5）③

解説

1）訳 ほとんどの学生はその講義にうんざりしていました。

解説 感情を表す動詞の多くは，人を主語にしたとき受動態で用います。bore「～を退屈させる」も，この問題文では主語が Most of the students と人なので，be動詞 were を伴って受動態をつくる③ bored が正解です。「～している」という日本語にひっぱられて④ boring を選ばないように注意しましょう。

2）訳 その教師は生徒たちの進歩に感銘を受けました。

解説 1）の問題同様，impress は「～に感銘を与える」という意味の動詞です。主語の The teacher は人なので，be動詞 was とともに受動態をつくる② impressed が正解です。④ impression は名詞形です。

3）訳 葉は川の流れに流されていました。

解説 主語 Leaves「葉」（leaf の複数形）と，動詞句 carry away「～を持っていく」の関係性に注目します。文末の by 以下の a current は「川や海などの流れ」のことなので，「流れに持っていかれる＝流される」という受動態にするのが適切です。よって，受動態の形を含む① were being carried が正解。これは過去進行形と受動態をミックスした形です。ほかの選択肢はどれも形が似ていますが，受動態をつくる be動詞＋過去分詞を的確に見極めましょう。

4）訳 その男性は彼の友達からディーンと呼ばれています。

解説 第5文型（SVOC）の受動態を選ぶ問題です。by his friends「友達によって」を伴っているのが大きなポイント。動詞 call を使って「ディーンと呼ばれている」という受動態の形をとるのが適切なので，正解は④ is called です。ほかの選択肢はすべて，後ろに目的語が必要です。一見 Dean という人名を表す名詞が目的語に見えますが，そうすると「その男性がディーンを呼ぶ［電話する］」という意味になり，by his friends がうまくつながりません。

5）訳 近所に新しい家が建てられているので，うるさくて私は家で勉強できません。

解説 build は「～を建設する」という意味の他動詞です。空欄の後ろを見ると，目的語になる名詞がないので，① builds，② has built，④ is building は不適切です。よって受動態の進行形の③ is being built が正解です。

2 1）Was that information given to you by the president?
2）The train was delayed due to heavy snow.
3）Nothing has been decided yet at the meeting.

解説

1）解説 第4文型（SVOO）の受動態をつくる問題です。その情報＋与えられる＋あなたに＋大統領によって，という語順で英文にしていきましょう。SVOO の能動態のときには give＋人＋ものという並べ方でしたが，それを直接目的語を主語にした受動態にするときには，「もの＋be given＋to 人」となります。人の前に前置詞 to を入れるのをお忘れなく。

2）解説 delay は「～を遅らせる」という意味の他動詞です。よって，「電車が遅れる」などのように「～が遅れる」という意味を表したいときは，受動態にする必要があります。「遅れました」という過去形なので，be動詞を過去形にして The train was delayed となります。due to は後ろに名詞を伴って，「～のせいで，～のために」という原因を表す表現です。

3）解説 「何も～ない」という日本語を英語にする場合，主語を Nothing にして表すことができます。ただし，その場合，動詞には否定語をつけないので気をつけましょう。「決まっていない」という日本語も厳密にいうと「決められていない」という受動態になり，現在完了形を用いて

(Nothing) has been decided yet となります。Nothing は単数扱いなので，動詞は have ではなく has になります。

3 Some cars are parked in a line.

解説

解説 主語 Some cars「数台の車」と，動詞 park「～を駐車する」の関係性を考えます。「駐車されている」という受動態にするのが適切なので，are parked となります。「一列に」は in a line という熟語で表せます。

22 助動詞

079 ページ

1
1 can
2 should
3 mustn't

2
1 You will (can / (be able to)) speak English better by next year.
2 They (can't / (might)) know my secret.
3 I (should / (couldn't)) stop laughing when I was talking with her.
4 ((May) / Will) I ask you a question?
5 (Must / (Shall)) we have lunch together after this class?

解答のヒント

1 3 must の否定形の mustn't［must not］で「～してはいけない」という禁止の意味を表します。

2 1 助動詞を 2 つ重ねて，× will can とはしません。
2 can't は「～のはずがない」の意味です。
3 should は「～すべきである」の意味です。
4 相手に許可を求めるので，may を使います。
5 Shall we ～? で Let's ～.（～しましょう）とほぼ同じ意味を表します。must は「～しなければならない」の意味です。

23 助動詞のもうひとつの意味

081 ページ

1
1 must
2 may
3 should
4 can

2
1 They will not arrive by 6 p.m. due to traffic
2 That drug store must sell headache medicine
3 The rumor about the celebrity couple may be true

解答のヒント

1 1「～にちがいない」，2「～かもしれない」，3「～はずだ」，4「可能性がある」をそれぞれ助動詞で表しましょう。
4 and 以下の省略を補うと，(it can be) sunny in another (part of the city) となります。

2 1 主語＋助動詞＋not＋動詞の原形をまず並べてみましょう。
3 rumor ＝「うわさ」，celebrity couple ＝「有名人カップル」で長い主語をつくったあとに助動詞以降をつなげましょう。

24 助動詞のいろいろな表現

083 ページ

1
1 They should be having lunch now
2 He may be driving to work now
3 This room can be used by anyone in this company
4 It must have been very hard for you

2
1 She ((cannot have done) / cannot do) such a thing.
2 The rumor ((might have been) / should have been) true.
3 You ((shouldn't have said) / cannot have said) that to him.
4 He ((must have read) / should have read) the letter.

解答のヒント

1 3 助動詞のあとに受動態が使われ，〈助動詞＋be＋過去分詞〉の形になっています。

復習タイム

084 ～ 085 ページ

1 1）② 2）③ 3）①
4）① 5）①

解説

1）訳 仕事が終わったら家に帰ってもいいですか？

解説 主語Ｉを置いた疑問文で，「～してもいいですか」という許可を求める表現になるのは② May です。助動詞 may には「～かもしれない」という意味もあります。

2）訳 もう正午です。昼食をとりながら，このことについて話し合いましょうか？

解説 主語 we を置いた疑問文で，「～しましょうか」という提案を表す表現になるのは，③ Shall で，これが正解です。Shall we ～? だと「私たちで(一緒に）～しましょうか」，Shall I ～? だと「私が～しましょうか」という意味になるので，使い分けが大切です。

3）訳 彼はまだ休暇で秋田にいるので，あなたは今朝渋谷駅で藤田さんを見たはずはありません。

解説 文の前半では this morning というフレーズがあり，過去の出来事だとわかります。過去についての否定の推量「～したはずがない」という意味を表すのは，〈can't［couldn't］＋have＋過去分詞〉なので，① couldn't が正解です。

4）訳 ただ教科書を読むだけでは，実用的なことは何も得られないでしょう。

解説 gain は「～を得る」という意味の他動詞です。空欄の後ろを見ると，目的語になる名詞がないので，② will gain，③ has gained，④ gains は不適切です。よって，助動詞を使った受動態の① will be gained「～得られるだろう」が正解です。Nothing が主語になっているので，否定的な意味合いの「何も得られないだろう」となります。

5）訳 私の祖母は若いときとてもやせていたにちがいありません。私にはきつすぎて，彼女のスカートははけません。

解説 推量の意味の助動詞を答える問題です。助動詞を使って過去のことを推量する際には〈助動詞＋have＋過去分詞〉という形を使います。「彼女のスカートが私にはきつすぎる」という明確な根拠があることから，「～にちがいない」という断定を表す① must が適切です。

もっとくわしく

その他の助動詞

助動詞の章で紹介したもの以外に，次のような助動詞もあります。

● used to「(よく）～したものだった，(以前は)～だった」

・He used to live in Kobe.（彼は以前，神戸に住んでいました）

● ought to「～すべきである，～のはずである」

類語の should の代わりに使うことができます。

・You ought to obey the rule.（あなたはそのルールに従うべきです）

● need「～する必要がある」

・You need not leave in a hurry.（あなたは急いで出発する必要はありません）

need を一般動詞として使い，You don't need to leave ～ と表しても同じ意味です。

● had better「～したほうがよい」

・You had better go home.（あなたは家に帰ったほうがよい）

had better は強い「忠告」の意味合いをもつので，目上の人には使わないほうがよいです。

2　1）We will be able to have our own company in five years.

2）She should be watching TV at home now.

3）I should have taken a taxi to the station.

4）He must be pleased with the result.

解説

1）解説 与えられた単語の中に able があるのに注目します。be able to で「～できる」という可能の意味を表すことができます。「５年後」という未来を表す will と組み合わせて will be able to の形をつくります。「～自身の」は one's own と所有格をつけることを忘れずに。「５年後」という場合の前置詞は in を使って，in five years です。

2）解説「今～している」の部分が現在進行形，「～はず」を助動詞 should で表します。助動詞の直後は動詞の原形なので，should be watching とするのが適切です。「家で」という場合の前置詞は at を使って，at home とします。

3）解説「乗るべきでした」は，助動詞 should＋完了形 have taken で表します。should take だけだと「～でした」という過去の要素が抜けてしまうので要注意です。「駅まで」という場合の前置詞は to を使って，to the station とします。

4）解説「～にちがいありません」は，助動詞 must を使って表します。動詞 please は「～を喜ばせる」という意味なので，人を主語にして「喜ぶ」とするには，受動態 be pleased とするのが適切です。助動詞の直後は動詞の原形を置くので，must be pleased となります。受動態をつくる際に不可欠な be 動詞を抜かさないように気をつけましょう。

25 不定詞とは

089 ページ

1
1 We went to America to learn practical English
2 He got enough money to travel around the world
3 To sleep well is important for me
4 Did you go there to meet him

2
1 anything, to, do
2 to, drink, coffee
3 to, pass

解答のヒント

1 1 to learn practical English「実践的な英語を学ぶために」は, went を修飾する副詞用法の不定詞。
2 to travel around the world「世界中を旅行するための」は，money を修飾する形容詞用法の不定詞。
3 to sleep well「よく眠ること」は，文の主語になる名詞用法の不定詞。
4 to meet him「彼に会うために」は，go を修飾する副詞用法の不定詞。

2 1 to do は anything を修飾する形容詞用法の不定詞。
2 to drink coffee「コーヒーを飲むこと」は，like の目的語になる名詞用法の不定詞。
3 to pass the examination「そのテストに合格するために」は studied を修飾する副詞用法の不定詞。

26 不定詞の意味上の主語

091 ページ

1
1 It is interesting for us to learn the differences between English and Japanese
2 It is too dangerous for children to swim in this river
3 It wasn't boring for them to listen to this presentation
4 Is it easy for you to read five books a day

2
1 for, to
2 isn't, easy, for

解答のヒント

日本語のどの部分が不定詞の意味上の主語になるか考えましょう。

27 SVO＋不定詞・SVO＋原形不定詞

093 ページ

1
1 want, to, go
2 advised, me, to
3 help, put
4 didn't, expect, him

2
1 Please remind me (take / (to take)) that book to the next class.
2 She watched her children ((run) / ran) in the park.
3 Why didn't you tell me (dress / (to dress)) appropriately today?
4 First, let me ((introduce) / to introduce) myself.

解答のヒント

1 1 2 4 want, advise, expect は，〈SVO＋to＋動詞の原形〉の形をとります。
3 help は〈help＋目的語＋to＋動詞の原形〉の形をとりますが，to はしばしば省略されます。

2 1 3 remind, tell は〈SVO＋to＋動詞の原形〉の形をとります。
2 4 watch, let は〈SVO＋動詞の原形〉の形で使われます。

28 不定詞のいろいろな形①

095 ページ

1
1 seemed, to, be
2 To, be, honest
3 Needless, to, say
4 not, to, eat

2
1 It is frustrating not to be able to do
2 The workers seemed to be paying attention to the presentation
3 To be exact, he arrived at the station at 9:15

解答のヒント

1 2 3 2 3 文頭に置かれる不定詞を含む決まり文句は解説ページ下にある表にまとめてあります。

29 不定詞のいろいろな形②

097 ページ

1
1 to have been used
2 were made to
3 to be bothered
4 have been

2
1 seems, to, have
2 doesn't, seem, to
3 Were, made, pay

解答のヒント

1 1 過去を表す完了不定詞を使い，さらに受動態にします。

30 動名詞とは

099 ページ

1
1 (Sing / (Singing)) a song is a good way to relax.
2 We shared the feeling of (had / (having had)) a good day.
3 He insisted on (telling not / (not telling)) a lie.
4 We are looking forward to (come / (his coming)) to the party next month.

2
1 Would you mind my practicing the violin here
2 He is proud of having passed the examination
3 I don't like being disturbed while studying

解答のヒント

1 4 look forward to ～「～を楽しみにしている」の to は前置詞なので，後ろには名詞や動名詞を置きます。このポイントは TOEIC などの試験でよく問われるので注意。

2 1 Would you mind ～ing ...? は「～していただけますか」という依頼の表現。一方，～ing の前に意味上の主語がついた Would you mind my ～ing ...? は「私が～してもいいですか」という相手に許可を求める表現です。

31 不定詞と動名詞のちがい

101 ページ

1
1 I really hope (visiting / (to visit)) Kyoto next spring.
2 We really enjoyed ((eating) / to eat) fresh fish in Japan.
3 Finally, he decided (quitting / (to quit)) the company.
4 Would you mind ((calling) / to call) me back in ten minutes?

2
1 expected, to, see
2 finished, cooking
3 to, smoking
4 decided, to, go

解答のヒント

不定詞だけを目的語にとる動詞は「未来に関わること」，動名詞だけを目的語にとる動詞は「過去あるいは現在に関わること」というのがポイントです。

32 分詞とは

103 ページ

1
1 singing
2 excited
3 waiting
4 broken

2 1 She sent me this letter (writing / written) in French.
2 I met a man (knowing / known) as a great guitarist in his city.
3 There was nothing (interesting / interested) in those shops.
4 Have you seen that photo (taking / taken) in Spain yet?

解答のヒント

1 1 名詞とそれを修飾する分詞の意味のつながりから，現在分詞を使うのか過去分詞を使うのかを決定しましょう。女の子は「歌っている」ので現在分詞を使います。
2 少女たちは「興奮させられる」ので過去分詞を使います。
3 男性は「待っている」ので現在分詞を使います。
4 窓は「割られる」ので過去分詞を使います。
2 1 手紙は「書かれる」ので過去分詞を使います。
2 男性が街で「知られている」という文脈なので過去分詞を使います。
3 ものは「おもしろい，興味をもたせる」ので現在分詞を使います。
4 写真は「撮られる」ので過去分詞を使います。

33 補語になる分詞

105 ページ

1 1 My mother heard me singing in the shower
2 I had to have my computer repaired as soon as possible
3 We couldn't hear our songs played at the party
4 They kept studying English until midnight

2 1 waiting
2 unlocked
3 understood

解答のヒント

1 1 heard me singing で「私が歌っているのを聞いた」の意味。
2 have my computer repaired で「コンピューターを修理してもらう」の意味。
3 hear our songs played で「私たちの曲が演奏されるのを聞く」の意味。
4 keep ～ing で「～し続ける」の意味。
2 1～3 は，すべて SVOC の C になる分詞を答える問題です。O と C になる分詞の意味のつながりを考えて，現在分詞を使うのか過去分詞を使うのかを決定します。
1 you「あなた」は「待っている」ので現在分詞を使います。
2 the door「ドア」は「鍵をかけられない」ので過去分詞を使います。
3 myself「私自身」は「理解されない」ので過去分詞を使います。

34 分詞構文

107 ページ

1 1 (Bearing / Born) in Beijing, she can speak fluent Chinese.
2 (Loving / Loved) by young women, the singer is very popular.
3 (Seeing / Seen) from the top of the mountain, the city was full of buildings.
4 (Not being / Not been) busy, I took a nap for two hours.

2 1 Opening the window, he found his brother running down the street
2 Surrounded by the defense, the striker passed the ball
3 Not knowing the result, I asked him about the game

解答のヒント

1 1～4 は分詞構文の問題です。メインの文の主語と分詞の意味のつながりを考えて，現在分詞と過去分詞のどちらを使うかを決定します。
1「生まれる」は英語で，be born のように受動態で表現されます。よって，過去分詞の born を使います。
2 the singer「その歌手」は「愛された」ので過去分詞を使います。
3 the city「街」は「見られる」ので過去分詞を使います。

4 I「私」は「忙しくない」ので現在分詞を使います。ただし，ここでは Not が前についた否定形になります。

2 1 現在分詞 opening ～で分詞構文をつくります。
2 過去分詞 surrounded で分詞構文をつくります。
3「知らなかったので」という日本語から，Not knowing という〈not ＋現在分詞〉で分詞構文をつくります。

35 分詞構文のいろいろな形

109 ページ

1 1 携帯電話をなくしたので，彼は公衆電話を探しました。
2 以前にここに来たことがないので，私は道に迷いました。
3 委員会に承認されて，そのレポートは公表されました。
4 映画を見ている間，彼は眠ってしまいました。
5 バスを待っている間，彼女は友達にメールをしました。

2 1 Having read the book before, I knew the story very well.
2 Having walked for some time, we came to the lake.
3 Not having received her e-mail, I didn't know the details.

解答のヒント

2 1〈日本語訳〉その本を以前に読んだことがあったので，私はその話をとてもよく知っていました。
2〈日本語訳〉しばらく歩いたあと，私たちはその湖にたどり着きました。
3〈日本語訳〉彼女の E メールを受け取っていなかったので，私は詳細を知りませんでした。

36 独立分詞構文と慣用表現

111 ページ

1 1 School (being / been) over, the students went home.
2 All things (considering / considered), he is a fairly good student.
3 The train (crowding / being crowded), we had to stand all the way home.
4 Generally (speaking / spoken), Japanese eat more rice than bread.
5 She can't concentrate on her reading with him (watching / watched) her.

2 1 The snow beginning to fall, I decided not to ride my bike
2 He listened to me with his arms crossed
3 Weather permitting, we will go on a picnic this weekend

解答のヒント

1 1 ～ 5 は独立分詞構文の分詞を決定する問題です。意味上の主語と分詞との意味のつながりを考えて，現在分詞と過去分詞のどちらを使うかを決定します。
1 school「学校」が「終わる」ので現在分詞を使います。
〈日本語訳〉学校が終わったので，生徒たちは帰宅しました。
2 all things「すべてのこと」は「考慮される」ので過去分詞を使います。
〈日本語訳〉総合的に考慮すると，彼はかなりよい生徒です。
3 be crowded で「混雑している」の意味なので，ここでは being crowded を使います。
〈日本語訳〉電車が混雑していたので，私たちは家までずっと立っていなければいけませんでした。
4 Generally speaking は「概して」という意味の慣用表現です。
〈日本語訳〉一般的に言うと，日本人はパンよりお米をよく食べます。
5 him「彼」は「見ている」ので現在分詞を使います。
〈日本語訳〉彼が彼女を見ていては彼女は読書に集中できません。

2 1「雪が降りだしたので」の部分は独立分詞構文 the snow beginning ～で表現します。
2「彼は腕組みしながら」の部分は，〈with ＋名詞＋分詞〉の形で表現します。

3「天候が許せば」の部分は，分詞の慣用表現である weather permitting を使って表現します。

復習タイム

112～113ページ

1　1）③　2）④　3）①
4）④　5）③　6）①
7）②

解説

1）訳 その医師は1日30分運動をすることを勧めました。

解説 空欄の前に recommend「～を勧める」という他動詞があります。recommend は動名詞を目的語にとるので，動名詞の③ doing が正解です。このように動詞が何を目的語にとるかを知っているだけで正解できる問題もあるので，動詞と動名詞・不定詞の関係をしっかり押さえておきましょう。

2）訳 何度も京都を訪れたことがあったので，その大使は街の雰囲気を簡単に思い出すことができました。

解説 分詞構文の問題です。選択肢の中で，分詞構文として成立するのは④ Having visited だけです。そのほかの選択肢は，どれも文法的に成立しません。〈having ＋過去分詞〉という完了形の分詞構文はメインの文の動詞よりも前のことを表します。この文で，京都の街の雰囲気を思い出すことができたのは，それよりも前に何度も訪れていたからです。

3）訳 すべてを考慮すると，コンサートは来月まで延期されるべきです。

解説 この問題は分詞構文の前に意味上の主語を置いた「独立分詞構文」をつくるものです。③④の to＋不定詞は All things という名詞のあとに入れても副詞句にはならず，文が成立しません。残った①と②については，メインの文の内容とは関係なく，意味上の主語と分詞との意味関係により，現在分詞と過去分詞を使い分けます。All things と選択肢 consider の関係を考えると，「すべてのことが考えられる」という受動の関係なので，過去分詞である① considered を選びます。

4）訳 空港で韓国語が通じたので，彼女はとても安心しました。

解説 使役動詞 make のあとに，目的語と補語を置く第5文型(SVOC)の補語をどれにするかを問う問題です。目的語 herself と understand の関係を考えると「彼女自身＝理解される」（理解するのは他者）なので，受動の関係です。よって過去分詞である④ understood が正解です。日本語にするときには，「通じる」とするのが自然です。

5）訳 ここであなたが仕事をしている間，窓を開けていただけませんか？

解説 空欄の前に mind「～を気にする」という他動詞があります。mind は不定詞ではなく動名詞を目的語にとるので，③ opening が正解です。Would you mind ～ing? は「～することは気にしますか？」＝「～していただけませんか」という定型表現なので，このまま覚えてしまいましょう。ちなみに，この文への応答として「いいですよ」というときは，「(いいえ)気にしませんよ」という意味で No, I don't mind. となります。Yes ではないので注意しましょう。

6）訳 初めてその映画を見たとき，彼女は退屈しました。

解説 第2文型(SVC)の C ＝補語になる分詞を答える問題です。She と bore「退屈させる」の意味関係を考えると，「彼女は退屈させられる」という受動の関係になることから，過去分詞の① bored を選びます。

7）訳 ほかのランナーと比べると，彼は天候の突然の変化に対してより前向きに感じました。

解説 カンマ以降が完全な文なので，空欄からカンマまでのカタマリは，メインの文を修飾する副詞句になると考えられます。よって，分詞構文で副詞句をつくれる② Compared with と③ Comparing as に絞れます。メインの文の主語と分詞の意味関係は，「彼とほかのランナーが比べられる」という受動の関係なので，過去分詞を使った② Compared with が正解です。compared with ～「～と比べて」は分詞構文でよく使われる表現なので，このまま覚えてしまいましょう。

2　1）Be careful not to drink too much coffee at night.

2）It is interesting for me to learn many foreign languages.

解説

1）解説 「～しないように注意する」は不定詞の否定を含む Be careful not to ～で表せます。「～を飲みすぎる」は「多すぎる～を飲む」と考えて，drink too much ～とするといいでしょう。「夜に」は at night です。

2）解説 It ... to ～構文を使って書ける文です。「それはおもしろい」+「私にとって」（意味上の主語）+「たくさんの外国語を学ぶこと」という語順で文を組み立ててみましょう。

3 The alarm on his cell phone keeps ringing.

解説

解説 「彼の携帯電話のアラームが鳴り続けている」ということを英文で表しましょう。「彼の携帯電話のアラーム」は the alarm on his cell phone で，cell phone に所有格の his をつけることを忘れずに。前置詞は on を使うのが自然です。「鳴り続ける」は keep の後ろに分詞 ringing を続けましょう。

37 仮定法過去

117 ページ

1
1 had, could
2 had, would
3 couldn't, wouldn't
4 would, lived

2
1 If she (be / are /(were)) a farmer, she would grow a lot of tomatoes.
2 If they (don't /(didn't)/ hadn't) trust you, they wouldn't leave this job up to you.
3 She (don't / won't /(wouldn't)) go there if she knew the distance from here.
4 Would they be more interested in foreign languages if they (have /(had)/ had had) some foreign friends?

解答のヒント

1 3「もし～することができたら［できなかったら］」という意味を表したい場合は，if 節で could［couldn't］を使います。

2 1 仮定法過去の if 節で be 動詞を使う場合は，主語が何であってもふつう were を使います。

38 仮定法過去完了・仮定法過去と仮定法過去完了のミックス形

119 ページ

1
1 If you (came /(had come)) earlier, you could have met her.
2 If he had refused our invitation, that party (would be /(would have been)) boring.
3 If you (haven't found /(hadn't found)) this cafe last month, we couldn't enjoy having tea together like this.
4 If my father hadn't taught me English in my childhood, I ((wouldn't be)/ wouldn't have been) an English teacher now.

2
1 If he had bought a ticket yesterday, he could see this movie now
2 If I hadn't decided to attend this university, I couldn't have met you

解答のヒント

1 3 4 2 1 if 節が仮定法過去完了，主節が仮定法過去になっています。過去の真実とはちがうことを仮定して，それによって現実が変わることを示す場合にこの形を使います。

39 仮定法の重要表現①

121 ページ

1
1 were
2 as, if［though］
3 should, go
4 hadn't, eaten

2
1 I wish I (went /(had gone)) to the party yesterday.
2 If he ((were to marry)/ had been married) me, I would be very happy.
3 If you ((should come)/ came), you will be welcomed.

4 She looks as if she (were / had been) a super model.

解答のヒント

1 2 4 2 4 as if[though] の後ろには仮定法過去，仮定法過去完了のどちらも使われます。メインの文の動詞の時制との関係を考えて使い分けましょう。

40 仮定法の重要表現②

123 ページ

1
1 Without, would, have, been
2 had, not, been, couldn't, have
3 time, went

2
1 If it were not for recent technology, most people couldn't work at home
2 But for their negotiation, this project wouldn't have been completed
3 It is high time you had a haircut

解答のヒント

1 1「～がなければ」を先頭の1語で表しましょう。
2「希望がなかったら，～できなかったでしょう」は過去の事実と逆のことなので If 節内で使うのは仮定法過去完了の形です。
3「～する時間です」は，仮定法過去を使う表現なので使う動詞は過去形にしましょう。

2 1「～がなければ」を If からはじまる表現で書きましょう。
2「～がなければ」を先頭の2語で表しましょう。
3「～するころです」も，仮定法過去を使う表現なので使う動詞は過去形にしましょう。

復習タイム

124～125 ページ

1 1) ③ 2) ③ 3) ①
4) ④ 5) ④

解説

1) 訳 もし私があなたなら，やってみるよ。
解説 カンマ以降の文が would を使った仮定法過去の文になっていることから，前半の if 節も仮定法過去になると判断します。選択肢の中で，仮定法過去になるのは③ were だけ。よって③が正解です。仮定法過去の if 節では，主語が何であっても be 動詞はふつう were を使うので注意しましょう。

2) 訳 彼女の親友の助けがなかったら，ミキは今ごろ困ったことになっているでしょう。
解説 前半の if 節で，If it had not been for ～「～がなかったならば」という仮定法の定型表現が使われています。これは had not been という仮定法過去完了が用いられているので，過去の事実とは異なる仮定を表しています。よって，カンマのあとの節でも仮定法過去完了を使いたいところですが，now という現在を表す表現があるため，現在の事実とは異なる仮定を表す仮定法過去を用いると考えられます。選択肢の中で仮定法過去になるのは③ would be，または④ would have。空欄の後に in trouble とあるので，be in trouble「困っている」という形をつくることができる③ would be を選びます。このように if 節が仮定法過去完了，主節が仮定法過去という 2 つの仮定法がミックスされた文があることを頭に入れておきましょう。nowのような時を表す表現が目印です。

3) 訳 サキコは私に大阪への出張はすばらしかったと語っていました。私もその企画に参加していればよかったなぁと思います。
解説 I wish のあとには仮定法を続けますが，まずは前の文の内容と時制にご注目を。told や was から過去の出来事だとわかります。「企画に参加して，サキコが行った出張に同行していたらよかった」という過去の事実に反する願望を表していると考えられます。よって仮定法過去完了が適切です。選択肢のうち，仮定法過去完了になるのは① had participated で，これが正解です。

4) 訳 問題がなかったなら，イベントを延期することはなかったでしょう。
解説 主節の動詞の形が wouldn't have postponed という仮定法過去完了になっています。よって if 以降の動詞の形は，had＋過去分詞を含むものになります。この文では「問題がなかったら延期することはなかった」という否定の形になる④ hadn't had が正解です。選択肢がどれも似ていて迷ってしまいますが，それぞれ①現在形，②過去形，③現在完了形の形です。仮定法過去完了で if

の後ろに置く動詞の形は過去完了形＝had＋過去分詞であることを思い出しながら正しい選択肢を選びましょう。

5）訳 不断の努力がなければ，私たちは困難な状況を乗り越えることはできなかったでしょう。

解説 カンマ以降の文の，couldn't have overcomeという動詞の形から，この文は仮定法過去完了を使った文だとわかります。仮定法の文と一緒に用いて，文頭に置けるのは④ Without「～がなければ」で，これが正解です。②の But はひっかけ。Bur for であれば，文頭に置けます。

2 1）It is time we picked our boss up at the station.

2）The little girl behaves as if she were a princess.

3）If you were to quit your job, what would you do?

解説

1）解説 It is time ～を用いた「もう～する時間です」という仮定法の表現を思い出しましょう。It is time のあとは，仮定法過去を置くので，動詞は picked という過去形にします。pick up ～で「～を迎えに行く」の意ですが，pick our boss up のように目的語は pick の直後に置くのが自然です。

2）解説 as if を用いた「まるで～のように」という表現を使って文をつくりましょう。as if の後ろには仮定法過去を置くので，as if she were a princess となります。be 動詞が were になること，princess の前に冠詞 a がつくことをお忘れなく。

3）解説 were to を用いた「もし～したら」という，実現する可能性が低い未来の仮定法の英文です。「仕事を辞める」は quit one's job で表せます。仮定法の文なので，what の後ろに would を使うことがポイントです。

3 If it were sunny, she would go on a picnic.

解説

解説 「今は雨が降っているけれど，もし晴れていればピクニックに行けるのに」という現実と逆のことを表すには仮定法過去を用います。天候を表すときの主語には it を用いますが，仮定法過去をつくるときの If 節内はどんな主語でも be 動詞は were にするのがポイント。「ピクニックに行く」は go on a picnic が自然なフレーズです。

41 原級を使った表現

129 ページ

1 1 My cell phone bill this month is as high as it was last month

2 My mother cooks as well as a professional chef does

3 He doesn't run as fast as I do

4 Is he as tall as his father

2 1 as, soon, as

2 wasn't, as, hot

3 three, times, big

解答のヒント

1 1 My cell phone bill is as high this month as it was last month. としても構いません。

2 1 as soon as possible は「できるだけ早く」という意味の定型表現なので，このまま覚えてしまいましょう。

3 ～ times as ... as という倍数表現を使うのがポイントです。

42 比較級を使った表現

131 ページ

1 1 more expensive

2 better

3 bigger

4 more slowly

2 1 worse, than

2 much[far, even, still], more, exciting

パッとSpeak! I'll take a bigger one.

解答のヒント

2 2 much[far, even, still] は比較級を強調する表現です。

43 最上級を使った表現

133 ページ

1
1 newest
2 most famous
3 best
4 more difficult

2
1 I like him the best of all the actors
2 He is not the oldest among us
3 What was the greatest moment in your life

解答のヒント

1 3 by far は最上級を強調する表現です。
4 〈no other+ 名詞（単数形）～比較級 + than ...〉で最上級とほぼ同じ意味を表します。

復習タイム

134 ～ 135 ページ

1 1）②　2）④　3）③
4）③　5）②

解説

1）訳 幸いなことに，その患者は医者が予想していたよりもはるかに良くなりました。
解説 比較級 better の前に置く語を問う問題です。比較級を強調できる語は，much, far, even, still であることを知っていれば，② much を選べるはずです。③ so は比較級を強調する表現ではないので不適切です。④ very は最上級を強調する表現なので不適切です。また① more は，many/much の比較級で，これを入れると比較級を重ねることになってしまうので不適切です。

2）訳 わあ，これは私が今まで飲んだ中でまさに最高のコーヒーです！
解説 最上級 best の前に置く表現を問う問題です。空欄が the と最上級 best にはさまれているのがポイントです。この間に入れるのは，選択肢のうち④ very だけです。① far は by far とすれば最上級を強調する表現になります。③ much は最上級を強調する語ですが，〈the + 最上級〉の前に置かれるので不適切です。② most を選ぶと最上級を重ねてしまうことになるので不適切です。

3）訳 アーサーは彼のサッカーチームのほかのどのメンバーよりも若いです。
解説 最上級と同等の意味を表す比較級の表現を選ぶ問題です。〈比較級 + than + any other + 名詞（単数形）〉「ほかのどの ... よりも～」という形を押さえていれば，③ younger than any other member を選べるはずです。①は than 以降に other がなく，さらに複数名詞が続いているので不適切です。また，than は比較級とセットで使われる表現なので，最上級と than が一緒に使われている②，④はともに不適切です。

4）訳 彼は毎朝，私の 3 倍の水を飲みます。
解説 「～倍」という倍数を表す表現を選ぶ問題です。正しい語順は③ three times as much で，これが正解です。選択肢はどれも似たような語順ですが，ひっかからないようにご注意を。この問題のように，「3 倍の多さの水」という風に名詞が登場するときは as と as の間に，形容詞 + 名詞をはさんだ〈～ times + as + 形容詞 + 名詞 + as〉という形をとります。

5）訳 これらの本は，市立図書館のものほど古くはありません。
解説 as ... as の原級を使った比較を否定文にしたときの語順を問う問題です。「～ほど ... ではない」は〈not as ... as ～〉という語順なので，② not as old as が正解です。not は as ... as の前に置くことをしっかり確認しておきましょう。

2 1）Which is more convenient for you, next Monday or Tuesday?
2）It will be far hotter tomorrow than (it is) today.
3）Could you submit this document as soon as possible?

解説

1）解説 2 つの候補のうち，都合のいいほうをたずねるときも比較級を使うことができます。形容詞 convenient は「便利な」「都合がいい」という意味で，比較級にする場合には more convenient となります。

2）解説 今日と明日の天気を比較するときの文です。Tomorrow will be ～というように Tomorrow を主語にすることもできますが，天気を表すときの主語は it を用いるのが一般的です。「はるかに暑い」というように比較級を強調したいときには，far hotter と表せます。than の後ろは主語＋動詞を入れることができますが，today「今日」は現在のことなので，未来の形である it will be ではなく，it is を用います。ただし省略も可能です。

3）解説「できるだけ早く」は，比較級を使った頻出定型表現 as soon as possible を文末に置きます。「～してくださいますか」という丁寧な依頼は Could you ～，「この書類を提出する」は，submit this document で表せます。

3 Tokyo Tower is slightly taller than the Eiffel Tower.
The Eiffel Tower is slightly shorter than Tokyo Tower.

解説

解説 東京タワーを主語にした文と，エッフェル塔を主語にした文の2通り考えられます。それぞれ「より高い」「より低い」と組み合わせて作文しましょう。
副詞 slightly「少し」は，比較級の taller と shorter の前に置きます。

44 関係代名詞の用法①

139 ページ

1
1 I'll introduce my friend who runs her own restaurant.
2 Try this drink which is really tasty and healthy.
3 He is a colleague who often asks me some questions.
4 Do you know the newspaper which reported this event in detail?

2
1 People (who / which) often praise you know you well.
2 This is a song (who / which) was popular three years ago.
3 We should find a person (who / which) can build our website.
4 I often watch this movie (who / which) makes me happy.

解答のヒント

2 1 People という「人」が先行詞なので，who を選びます。who often praise you までが関係代名詞節です。
〈日本語訳〉あなたをよくほめる人はあなたのことをよく知っています。
2 a song という「人以外」が先行詞なので，which を選びます。
〈日本語訳〉これは3年前に流行した曲です。
3 a person という「人」が先行詞なので，who を選びます。
〈日本語訳〉私たちはホームページを作成できる人を見つけるべきです。
4 this movie という「人以外」が先行詞なので，which を選びます。
〈日本語訳〉幸せな気持ちにしてくれるこの映画を私はよく見ます。

45 関係代名詞の用法②

141 ページ

1
1 Show me the math test which you took yesterday.
2 I talked to a writer whose books are selling well now.
3 We want to support the leader who we all respect.
4 The house which you can see on the hill is ours.

2
1 He lost a pen (who / which) his father had given him.
2 I talked to a boy (who / whose) uncle is a famous writer.
3 We couldn't remember the name of the person (who / which) we saw on the train.
4 They found a house (which / whose) roof is red and white.

解答のヒント

2 1 a pen という「人以外」が先行詞なので，which を選びます。

〈日本語訳〉彼は父親からもらったペンをなくしました。

2 (　　)のあとに冠詞のない名詞が続いているので，所有格の関係代名詞 whose を選びます。

〈日本語訳〉おじさんが有名な作家である少年と私は話しました。

3 the person という「人」が先行詞なので，who を選びます。

〈日本語訳〉電車で会った人の名前を私たちは思い出せませんでした。

4 (　　)のあとに冠詞のない名詞が続いているので，所有格の関係代名詞 whose を選びます。先行詞が「人」でも「人以外」でも，所有格の関係代名詞には whose を使います。

〈日本語訳〉屋根が赤と白の家を彼らは見つけました。

46 そのほかの関係代名詞

143 ページ

1
1 Jim met a man (whose / that) wife is a company president.
2 (What / That) we have is a lot of chances.
3 I know (what / that) is important when I learn a foreign language.
4 She is the most attractive person (who / that) I have ever met.

2
1 You gave me what I really wanted
2 These are all the books that I have already read
3 What is written in this letter is true
4 She was the only person that believed that they could win

解答のヒント

1 1 (　　)のあとに冠詞のない名詞が続いているので，所有格の関係代名詞 whose を選びます。関係代名詞 that に所有格の用法はありません。

〈日本語訳〉ジムは妻が会社の社長の男性と会いました。

2 (　　)の前に先行詞がないので，先行詞を含む関係代名詞 what を選びます。

〈日本語訳〉私たちがもっているのは，たくさんのチャンスです。

3 この問題も(　　)の前に先行詞がないので，what を選びます。

〈日本語訳〉外国語を学ぶときに大切なことを私は知っています。

4 先行詞に最上級の the most attractive が含まれているので，that が好まれます。

〈日本語訳〉彼女は私が今まで会った中で最も魅力的な人です。

2 2 先行詞に all が含まれているので，関係代名詞 that が好まれます。

4 先行詞に the only が含まれているので，関係代名詞 that が好まれます。

47 関係代名詞の注意すべき用法

145 ページ

1
1 Keep the pace (that / at which) you can enjoy working.
2 They love the environment (in which / which) they work.
3 That was the show (during which / which) I was so excited.
4 I'm making a list of people to (who / whom) I should send an e-mail.

2
1 that, on
2 in, which
3 who[whom / that], for
4 at, which

解答のヒント

1 1 at the pace「そのペースで」の the pace が関係代名詞 which になったと考えられます。

〈日本語訳〉あなたが楽しんで働けるペースで続けなさい。

2 in the environment の the environment が関係代名詞 which になったと考えられます。

〈日本語訳〉彼らは自分たちが働いている環境が好きです。

3 during the show の the show が関係代名詞 which になったと考えられます。

〈日本語訳〉あれが鑑賞中に私がとても興奮した

ショーでした。
4〈前置詞＋関係代名詞〉の形では who は使いません。
〈日本語訳〉私は自分が E メールを送らなければならない人々のリストをつくっています。

2 1 rely on ～で「～に頼る」。
2 in the cases の the cases が which になったと考えられます。
3 look for ～で「～を探す」。
4 at the time の the time が which になったと考えられます。

48 関係副詞の用法

147 ページ

1
1 why
2 how
3 where
4 when

2
1 I can tell you the time when I came home yesterday
2 The reason why he chose this job is very clear
3 We didn't know how we could deal with the problem

解答のヒント

1 2 2 3 how は先行詞なしで使われるので注意しましょう。

49 関係代名詞と関係副詞のちがい

149 ページ

1 We will never forget the year (when / which) we opened our shop.
2 They chose the path (which / where) was the least difficult.
3 I want to go to Okinawa, (which / where) I have never been to.
4 I don't know the reason (which / why) she decided to go abroad.
5 We couldn't find a place (where / which) we wanted to live.
6 Tell me (how / what) you and your wife met.
7 Bill quit the company, but he didn't tell me the reason (why / which) I wanted to know.
8 Most students look forward to the day on (which / when) they will take a school trip.

解答のヒント

関係詞を選ぶ問題では，先行詞だけではなく，関係詞の後ろの文が完全か不完全かをチェックしましょう。
1（　）のあとが完全な文なので，関係副詞 when を選びます。
2（　）のあとが主語のない不完全な文なので，主格の関係代名詞 which を選びます。
3（　）のあとが不完全な文なので，関係代名詞 which を選びます。
4（　）のあとが完全な文なので，関係副詞 why を選びます。
5（　）のあとが完全な文なので，関係副詞 where を選びます。
6（　）のあとが完全な文なので，関係代名詞 what は使えません。この文の met（meet の過去形）は「出会った」という意味の自動詞なので目的語は不要です。
7（　）のあとに know の目的語がない不完全な文が続いているので，関係代名詞 which を選びます。
8（　）の前に on があるので，関係代名詞 which を選び，〈前置詞＋関係代名詞〉の形にします。on がなければ when が使えます。

50 カンマ付きの関係代名詞・関係副詞

151 ページ

1
1 who, is
2 whose
3 which
4 when

2
1 We first met in 1999, when we entered the university

2 I want to go to New York, where my best friend lives
3 This museum has some of Picasso's paintings, which were painted in the 20th century

解答のヒント

1 3 この問題の関係代名詞は，I laughed a lot という前文全体が先行詞になっています。
4 the shop のあとに目的格の関係代名詞が省略されています。

2 1 1999 という年を先行詞として，関係副詞 when を非制限用法で使います。
2 New York という都市名を先行詞として，関係副詞 where を非制限用法で使います。
3 Picasso's paintings を先行詞として，関係代名詞 which を非制限用法で使います。

51 複合関係詞の用法

153 ページ

1 1 whatever
2 whenever
3 No, matter, how
4 Whoever

2 1 Whoever wins, we will be satisfied with the game
2 However far away you are, he will find you
3 No matter what anyone says, she has great talent
4 Whatever happens, I will go with you

復習タイム

154 ～ 155 ページ

1 1）① 2）① 3）①
4）② 5）③

解説

1）訳 ご不明な点があれば，お気軽におたずねください。
解説 anything を修飾する関係代名詞節を選ぶ問題です。関係代名詞のあとには不完全な文が続くことから，動詞 understand の後ろに目的語 that を置いて完全な文になる② you don't understand that は不適切です。また，先行詞を必要としない what を含む④ what you don't understand（あなたがわからないこと）も，anything のあとにはうまくつながりません。③は先行詞に人をとる who があるので不適切です。残った選択肢① you don't understand は，anything の直後に understand の目的語に相当する目的格の関係代名詞が省略されていると考えれば，先行詞 anything とうまくつながります。よって①が正解です。

もっとくわしく

関係代名詞の省略

目的格の関係代名詞は省略されることが多いです。省略された場合，先行詞の後ろに直接続く〈主語＋動詞〉が先行詞を修飾していることになります。空欄補充や整序問題で関係代名詞が足りない場合には，関係代名詞が省略されている可能性を考えてみましょう。
The book (that) I'm reading now is really exciting.（私が今読んでいる本は本当におもしろいです）

2）訳 ヘルシンキは彼女が長い間行きたいと思っていた都市です。
解説 適切な関係詞を選ぶ問題です。空欄の後ろには，visit の目的語がない不完全な文が続いています。後ろに不完全な文を置くのは関係代名詞なので，① that が正解です。a city という「場所」を表す名詞が先行詞だからといって，すぐに② where や③ wherever に飛びついてはいけません。先行詞の意味だけではなく，関係詞の後ろの文が完全か不完全かをチェックして，関係詞を特定するようにしましょう。④ whose は所有格の関係代名詞で，直後には冠詞などのつかない名詞がくるので，ここでは不適切です。

3）訳 彼はニューヨークでの新生活について私に話しましたが，彼はその生活をとても気に入っているようでした。
解説 カンマに続く，非制限用法の関係詞を選ぶ問題です。非制限用法をもたない③ what は消え，

① which，② where，④ when に選択肢が絞られます。空欄の後ろには，like の目的語が不足している不完全な文が続いていることから，関係代名詞である① which が正解です。関係副詞の② where，④ when の後ろには，完全な文が続かなければならないので，ここでは不適切です。which が導く節は，空欄直前の New York ではなく，his new life を修飾しています。

4）訳 去年の夏，私たちはハワイに行きましたが，そこでは思っていた以上に暑かったです。

解説 適切な関係詞節を選ぶ問題です。カンマのあとは関係詞「節」になるので，〈主語＋動詞〉が必要です。関係副詞は主語になれないため，① when was と③ where was は不適切です。④ which it was だと関係代名詞 which の後ろの it was 以降が完全な文になってしまい，関係代名詞の文中での役割がなくなってしまうため，文法的に不適切です。よって，残った選択肢② where it was が正解となります。この where は Hawaii を先行詞とする関係副詞で，前にカンマのある非制限用法で使われています。

5）訳 この心理学の授業中，私は教授が詳しく説明することを書き取っています。

解説 空欄の後ろに注目してください。動詞 explains の後ろに目的語がなく，不完全な文になっています。また，空欄の前には先行詞がないため，先行詞を必要とする② that，④ which は文法的に合わず，先行詞を含んだ関係代名詞③ what が正解となります。② that を接続詞「～ということ」としてとらえた場合でも，後ろには完全な文がこなければならないので，ここでは不適切です。また，① as は「～なので」「～するとき」「～につれて」という副詞節をつくる接続詞なので，後ろには完全な文がこなければなりませんし，副詞節なので write down の目的語にはなれません。文末の in detail は熟語で「詳しく」という意味です。

2 1）Tell me the way she studies English.
2）I'll cook whatever my husband wants to eat.
3）No matter who tries to stop me, I will go there.

解説

1）解説 「方法」を指す関係副詞は how または the way という表現です。how と the way は一緒に使うことができないので，今回は使用語句に指定されている the way だけを使って書きましょう。the way の後ろには，「彼女が英語を勉強する」という完全な文を置きます。その際，動詞 study に３単現の s をつけて，studies に。

2）解説 「～するものは何でも」という意味をもつ複合関係代名詞 whatever。使い方は先行詞を含む what と同じで，動詞のすぐ後ろに置くことができます。whatever の後ろには my husband wants と不完全な文を置きますが，ここでも動詞 want に３単現の s をつけることを忘れずに。

3）解説 「だれが～しても」を no matter を使って書きましょう。この場合，「だれが」＝人なので，no matter の後ろには who を置きます。「私はそこへ行きます」というのはこれからのことなので，未来を表す will を伴って，I will go there. としましょう。

3 This is my brother who is a doctor.
This is my brother, who is a doctor.

解説

解説 ある人をほかの人に紹介するときには，関係代名詞が使えます。人なので使うのはもちろん who ですね。「こちらは私の兄」This is my brother と述べてから，who 以下で「医者です」who is a doctor と続けましょう。「医者」は単数の数えられる名詞なので，冠詞 a をつけましょう。また，関係代名詞の用法としてはカンマのない制限用法かカンマを置いた非制限用法のどちらを使っても構いません。制限用法を使うと「私」にはほかにも兄がいる可能性を表し，非制限用法を使うと，「私」には兄が１人しかいないことを表します。

52 名詞のカタマリをつくる接続詞

159ページ

1 1 that they could change the world

2 I'm sure that you will feel better tomorrow
3 I heard the news that the actor would come to Japan
4 Did you know that she had gotten married

2 1 told, me, that
2 that
3 did, she, think

解答のヒント

1 3 the news の詳しい内容を説明する節をつくるために同格の that を使います。

2 2 the idea の詳しい内容を説明する節をつくるために同格の that を使います。

3 この問題文では，she could ～の前に名詞のカタマリをつくる接続詞 that が省略されていると考えます。that 節が目的語になる場合，接続詞の that は省略されることが多いです。

53 副詞のカタマリをつくる接続詞

161 ページ

1 1 when
2 Since
3 unless
4 Although

2 1 I will call you back when I get home
2 He said something while he was sleeping
3 If you come early, you can drink free

解答のヒント

1 3 2 1 3 副詞節は未来の内容を述べていますが，時や条件を表す副詞節であるため，動詞は現在形になっています。

54 時制の一致と話法

163 ページ

1 1 liked
2 had gone
3 would

2 1 he was busy practicing the guitar
2 they had completed the task
3 he would be back before nine

解答のヒント

1 1 時制の一致により，likes を過去形に変えます。

2 時制の一致により，went を過去完了形に変えます。

3 時制の一致により，will を過去形に変えます。

2 1 間接話法では主語 I を話し手から見た形である he に変え，動詞 am は said に一致させて過去形に変えます。

2 間接話法では主語 we を話し手から見た形である they に変え，動詞 have completed を said に一致させて過去完了形に変えます。

3 間接話法では主語 I を話し手から見た形である he に変え，助動詞 will は said の時制に一致させて would にします。

55 強調構文とは

165 ページ

1 1 It, that[which]
2 It, isn't[It's not], that
3 It, was, that[who]
4 was, two, days, ago

2 1 It was a book that[which] I bought yesterday.
2 It was my father that[who] encouraged me to go to university.
3 It was from Kumiko that I borrowed this CD.
4 It was yesterday that[when] I went to Shibuya to go shopping.

解答のヒント

時制に注意しましょう。強調構文では，文全体が過去のことであれば，It was ～として過去形にするのが一般的です。

また，強調構文で強調される名詞が「人」の場合は that を who に，「人以外」の場合は that を which に，それぞれ置きかえることができます。

56 形式主語・形式目的語を使った文

167ページ

1
1 日本語と英語のちがいを学ぶのは興味深いです。
2 彼がそのテニスの試合に勝つのは確実です。
3 私は1時間で宿題を終えるのは不可能だとわかりました。
4 あなたは朝早く起きることを習慣にしているのですか？

2
1 it, important, to
2 easy, for, to
3 It, is, that
4 it, that

解答のヒント

1 1 It は形式主語で後半の to learn 〜をさしています。
2 It は形式主語で後半の that 節をさしています。
3 it は形式目的語で後半の to finish 〜をさしています。
4 it は形式目的語で後半の to wake 〜をさしています。

2 1 it は形式目的語で後半の to share 〜をさしています。
2 不定詞の意味上の主語として for him を前に置きます。
3 It is a pity that 〜は「〜なのは残念なことです」という意味の定型表現なので，このまま覚えましょう。
4 take it for granted that 〜も「〜のことを当然だと思う」という意味の定型表現なので，このまま覚えましょう。

57 疑問詞を使った重要表現

169ページ

1
1 why he sold it
2 how old she is
3 what she bought at the shop yesterday
4 when the concert starts

2
1 I was not sure which cup to use
2 Tell me how to get to the station
3 Could you tell me what to do
4 We know where to go next month

解答のヒント

1 1〜4はすべて間接疑問の形にする問題です。〈疑問詞＋主語＋動詞〉という語順になることに注意しましょう。

58 否定

171ページ

1
1 None
2 Not, all
3 not, always
4 No

2
1 They are not satisfied with the quality at
2 every worker will attend the meeting tomorrow
3 The singer doesn't eat any meat at dinner

解答のヒント

1 1「〜の誰も…ではない」という場合の主語は〈none of the 複数名詞〉と表します。ここでは代名詞を用いて none of them となっています。
2 複数名詞を使って「すべての〜が…ではない」という場合の主語は〈not all the 複数名詞〉と表します。
3「いつも〜しているわけではない」は not always と表します。
4「〜がひとりもいない」という場合の主語は〈no＋単数名詞〉と表します。

2 1「彼らは」→「満足していません」→「品質に」→「まったく」という語順で書きましょう。「まったく〜していない」は，at all を文末に置いて，not 〜 at all とします。「〜に満足する」は are satisfied with と表します。
2 単数名詞を使って「すべての〜が…ではない」という場合の主語は〈not every＋単数名詞〉と表します。この場合は，Not every worker が主語になります。その後は，「出席する」→「会議に」→「明日」という語順で書きましょう。「出席する」のは明日のことなので，未来を表す助動詞 will を伴って，will attend とします。

3「その歌手は」→「食べません」→「どんな肉も」→「夕食に」という語順で書きましょう。「どんな～も…しない」not ～ any で表すので，「どんな肉も食べない」doesn't eat any meat となります。

59 否定語を含まない否定表現

173 ページ

1
1 I'm (too / to) tired (to / that) go jogging now.
2 The situation was far (from / to) ideal.
3 She is (anything / something) but a coward.
4 They have (still / yet) to find the answer.

2
1 Don't fail to lock the door
2 He is the last person to stop studying English
3 The world will be free from poverty in the future

パッとSpeak! I failed to bring my umbrella.

解答のヒント

1 1「～すぎて…できない」は too ～ to ...で表します。too の後には形容詞，to の後には動詞の原形を置きます。

2「～からほど遠い」は far from ～で表します。

3「～なんかではない」は anything but ～で表します。

4「まだ～ない」は have yet to ～で表します。to の後には動詞の原形を置きます。

2 1「決して忘れないでください」→「鍵をかけることを」→「ドアの」という語順で書きましょう。「～しないでください」は Don't から書き出します。「～し忘れる」「～しそびれる」は fail to ～と表します。toの後は動詞の原形を置きましょう。Don't の代わりに Never を用いて，Never fail to lock the door. とすることもできます。

2「彼は」→「～しない人です」→「勉強をやめる」→「英語の」という語順で書きましょう。「決して～しない…」は，the last ... to ～で表します。to の後は動詞の原形を置きましょう。「～するのをやめる」は stop -ing と表します。

3「世界には」→「なくなるでしょう」→「貧困が」→「将来」という語順で書きましょう。「～でしょう」という推量は助動詞の will を使います。「なくなる」は be free from と表します。

60 倒置

175 ページ

1
1 did, I
2 do, I
3 Here, are
4 does, he

2
1 Only on Sundays does he go to church
2 Little did I know the truth
3 the front yard sat three black cats

解答のヒント

1 1 Never「決して～ない」という否定語が文頭にあるので，主語と助動詞に倒置が起こります。「思いもしませんでした」という過去形なので，助動詞は did を使い，did I とします。

2 ある発言を受けて「～もそうです」と言うときは，So を文頭に置きます。最初の発言で使われている動詞が一般動詞で現在形なので，助動詞 do を続けます。最後に主語の I（私）を置きます。

3 何かを差し出しながら「これが～です」という場合は，文頭に Here is[are] ～を置きます。「プレゼント」some presents が複数形なので，be 動詞は are にします。

4 Rarely「めったに～ない」と言う否定の意味を含む単語が文頭にあるので，主語と助動詞に倒置が起こります。「話すことはめったにありません」という現在形で，主語が he（彼）なので，助動詞は does を使い，does he とします。

2 1 この文は肯定文ですが，並べかえる単語の中に助動詞 does が含まれているので，only を文頭に置く倒置のルールを当てはめます。「毎週日曜日だけ」→「彼は」→「行く」→「礼拝に」という語順で書きましょう。文頭の Only の後は，on Sundays を続けます。その後は助動詞 does と主語 he を置き，残りの go to church を続けましょう。

2　この文は過去形の否定文ですが，並べかえる単語の中に didn't[did not] がなく，その代わりに否定の意味を含む little と，did があるので，little を文頭に置く倒置のルールを当てはめます。「ほとんど～しませんでした」→「私は」→「知っている」→「真実を」という語順で書きましょう。文頭の Little の後は，助動詞 did と主語 I を置き，残りの know the truth を続けましょう。

3　文頭に前置詞 in があるので，「表の庭に」In the front yard から書き出しましょう。場所を示す言葉を文頭に置いた場合，倒置が起こるので，「座っていました」→「3匹の黒ネコが」という語順で書きましょう。

61 省略

177 ページ

1
1 I drank my tea, and my husband his coffee
2 It might rain tomorrow, but I hope not
3 This book might be my mother's
4 can sleep more if you want to

2
1 Get up early if you have to
2 When (I'm) tired, I take a longer break
3 Some people prefer taking trains, and others buses

解答のヒント

1 1「私は」→「飲み(ました)」→「(私の)紅茶を」→「(私の)夫は」→「(彼の)コーヒーを」という語順で書きましょう。「(私の)紅茶を」の後に，カンマ＋and を置いて，文と文をつなげましょう。「(私の)夫は」の後ろに置くはずの「飲みました」を表す動詞 drank は文の前半に登場しているので，重複を避けるために省略します。

2　天気を表す時には主語 It で書き出しましょう。その後は「かもしれません」→「雨が降る」→「明日」→「しかし」→「願っています」→「(降ら)ないことを」という語順で書きましょう。「願っています」の前には，I(私は)を補いましょう。「雨が降るかもしれない」It might rain が文の前半に登場しているので，重複を避けるために it will not rain の not のみを I hope の後ろに置きましょう。

3「この本は」→「かもしれません」→「私の母のもの」という語順で書きましょう。「私の母のもの」の「もの」は book（本)ですが，文の前半に登場しているので，重複を避けるために省略します。

4　主語 You の後は，「寝ていいですよ」→「もっと」→「(あなたが)寝たければ」という語順で書きましょう。「～していい」は，許可を表す助動詞 can を使います。「もっと」の後には，接続詞 if（もし)を補って，文と文をつなげましょう。「寝たい」は want to sleep となりますが，sleep は文の前半に登場しているので，重複を避けるために省略します。

2 1「起きてください」→「早く」→「(もし)その場合は」→「そうしなくてはならない」という語順で書きましょう。「そうしなくてはならない」の前には主語 you(あなたが)を補いましょう。「そうしなくてはならない」は「早起きしなくてはならない」have to get up early ということですが，get up early は文の前半に登場しているので，重複を避けるために省略します。

2「～するとき」→「疲れている」→「私は」→「取ります」→「より長い休憩を」という語順で書きましょう。「疲れている」は「私は」を入れて I'm tired と表しますが，when の後ろの主語と be 動詞は，メインの節の主語，動詞と同じ場合には省略できるので，When tired としても OK です。When を文頭に置くときは，tired の後ろにカンマを置いて文を区切りましょう。

3「(いくらかの)人もいる」→「好む」→「電車に乗るのを」→「(その他の)人もいる」→「好む」→「バスに乗るのを」という語順で書きましょう。「電車に乗るのを」の後には，カンマ＋and を置いて，文と文をつなげましょう。ただし「好む」prefer と「乗るのを」taking はどちらも文の前半に登場しているので，重複を避けるために省略し，others (prefer taking) buses と表します。

62 無生物主語の文

179 ページ

1 1 allows

2 caused
3 robbed
4 makes

2 1 Repeated practice enables us to improve our English skills
2 This perfume reminds me of my mother

解答のヒント

1 1「(もの)で人が～できる」は「(もの)が人に～するのを許す」と置き換えて〈allow＋人＋to do〉で表しましょう。
2「(もの)のために人が～する」という原因を表すときは〈cause＋人＋to do〉で表しましょう。
3「(もの)で人が～を失う」は「(ものが)人から～を奪う」と置き換えて〈rob＋人＋of＋もの〉で表しましょう。
4「(もの)で人が…する」は「(もの)が人に…させる」と置き換えて〈make＋人＋動詞の原形〉で表しましょう。

2 1「～することができる」は「繰り返される練習」を主語にして、〈動詞 enable＋人＋to do〉で表せます。「繰り返される練習」→「可能にする」→「私たちに(は)」→「向上させる」→「(私たちの)英語力を」という語順で書きましょう。
2「～を思い出す」は「この香水」を主語にして〈動詞 remind＋人＋of＋もの〉で表せます。「この香水は」→「思い出させる」→「私に(は)」→「私の母を」という語順で書きましょう。

復習タイム

180～181 ページ

1 1)③ 2)① 3)①
4)② 5)④

解説

1) 訳 私のお気に入りのカフェが先週閉店したという事実は衝撃的でした。
解説 空欄の後ろには完全な文が続くため，関係代名詞の① which，② what を置くことはできません。また，前置詞の④ of に続くのは名詞や名詞句のみなので，不適切です。よって，残った③ that が正解となります。この that は「事実」や「考え」などを表す名詞のあとに置かれる接続詞で，「事実」などの具体的な内容を説明する節を導きます。同格の that と呼ばれるものです。

2) 訳 すべての参加者が彼の提案に賛成だったわけではありません。
解説 空欄の直前に Not，直後に the participants という〈冠詞＋複数名詞〉があるのが正解への鍵です。この時点で，直後に冠詞なしの単数名詞を置く② every「すべての」は除外されます。残る選択肢はどれも not と組み合わせて否定表現をつくることができますが，not always「いつも～というわけではない」と not necessarily「必ずしも～ではない，～とは限らない」はどちらも前に be 動詞，または後ろに一般動詞を置くので，③ always と④ necessarily も除外されます。よって① all が正解です。not all で「すべてが～というわけではない」という意味を表します。

3) 訳 その状況は平和とはほど遠いものでした。
解説 空欄直前に far があるのが正解への鍵。far の後ろに置いて「～からほど遠い」「決して～ではない」という意味を表せる① from が正解です。他の選択肢を見ておきましょう。② to は「～へ」「～に」という意味の前置詞です。③ but は接続詞だと「しかし」，前置詞だと「～を除いて」という意味をもちます。④ of は「～の」という意味の前置詞です。

4) 訳 「今日は外出しません」「私も(外出しません)」
解説 1 文目が won't ＝ will not を含む否定文で，その返答として「私も(～しない)」と返答するときは，〈Neither＋助動詞＋主語.〉という形をとります。よって，② Neither が正解です。① So も同じように，〈So＋助動詞＋主語.〉という形をとれますが，肯定文への返答のときに使います。他の選択肢を見ておきましょう。③ None は「誰も～ない」または〈none of the 複数名詞〉で「どの～もない」で，④ Little は，文頭に置いて，〈助動詞＋主語＋動詞〉を続ける倒置の形をとって「ほとんど～しない」という意味を表します。

5) 訳 ミホヨさんと電話で話したところ，今日は出張で東京に行くと言っていました。
解説 適切な時制を選ぶ問題です。空欄の前にある動詞 said が過去形になっているのがポイント。said のあとに置ける接続詞 that は省略されていますが，主節の主語と従属節の時制を合わせる「時制の一致」のルールにより，空欄に入る時制も過去形になるとわかります。選択肢をそれぞれ確認すると，① is は現在形，②は助動詞 will を含む未来の形，③ will have been は未来完了形です。よって残る④ would be が正解です。

2 1）When (I'm) sleepy, I take a nap on the sofa.
2）It is important that all of us[we all] sleep enough to be healthy.
3）Little did I know that she was such a famous actress.

解説

1）解説 「眠いとき」は接続詞 when を使って，When I'm sleepy とします。when の後に主語と be 動詞があり，主節の主語と同じときは省略ができるので，When sleepy としても OK です。カンマで区切った後，「ソファでお昼寝をする」を「お昼寝をする」→「ソファで」の語順にして，I take a nap on the sofa. とすれば完成です。take a nap は「昼寝をする」という熟語です。When I'm sleepy を文末に置いて，I take a nap on the sofa when (I'm) sleepy. としても OK です。

2）解説 文頭に形式主語の It を置いて，that 以下でその内容を示す文をつくります。まず「大切です」を，It is important とし，その後に that を置いて「私たち全員が十分に眠る」all of us sleep enough を続けます。最後に目的を表す to 不定詞を使って「健康でいるために」to be healthy とすると文が完成します。It is ～ that を使った英文の語順は，日本語の語順と大きく異なるので，慎重に組み立てていきましょう。

3）解説 与えられた単語の中に，did があることに注目しましょう。little は，文頭に置いて，〈助動詞＋主語＋動詞〉を続ける倒置の形をとって「ほとんど～しない」という意味を表します。よって「私はほとんど知りませんでした」の部分を Little did I know と表すことができます。もうひとつの与えられた単語 such を使って，「そんなに有名な女優」を such a famous actress とします。know の後ろに，「～ということ」という意味になる接続詞 that を置いて，she was such a famous actress. とすれば，完成です。

3 It was yesterday that[when] I saw my father.

解説

解説 強調して言いたい内容を，It と that のあいだにはさんで表現する強調構文が使えます。「昨日」なので，It の後ろに置く be 動詞は過去形の was，「父に会った」は I saw my father としましょう。It と that のあいだにはさむものが変わると，強調したいことが変わります。It was my father that I saw yesterday. だと，「昨日私が会ったのは父です。」となり「父」を強調することができます。

63「言う・話す」を表す動詞の使い分け

185 ページ

1 1 (Tell / Talk) me a date and time which is convenient for you.
2 Could you (say / tell) the number again, please?
3 Do you (say / speak) Korean at home?
4 Ms. Ota is (talking / saying) to her client now.

2 1 Did Yukie say anything about her daughter?
2 He told us the long history of his family.

パッとSpeak! Please speak quietly in this room. / Speak quietly in this room (, please).

解答のヒント

1 1 直後に「人」を置けるのは tell です。
2 直後に「セリフなどのことがら」を置けるのは say です。
3 直後に言語などを置けるのは speak です。
4「人と話をしている」ので talk です。be 動詞(is)の後ろに現在分詞(-ing)を置くと現在進行形「～している」という意味を表します。

2 1 一般動詞を含む過去形の疑問文なので Did から書き出します。疑問文で「何か言う」は say anything と表せます。「～について」は前置詞 about を使いましょう。

2 日本文の「話しました」から過去のことだとわかるので, tell は過去形 told にして, 直後に「人」を置きましょう。この場合は話す相手である「私たち」us を置きます。「彼の家族の長い歴史」は前置詞 of を使って the long history of his family とします。

3 一般動詞を含む過去形の疑問文なので, Did から書き出しましょう。「人にものを貸す」場合は lend を使います。その時, lend＋人＋もの の語順で書きます。「傘」は Ms.Sugiyama のものと考えて代名詞の所有格 her を用いて, her umbrella としましょう。

64「貸し借り」「盗む」を表す動詞の使い分け

187 ページ

1
1 rented
2 borrow
3 stole
4 robbed

2
1 I borrowed three books from the library
2 The hotel rents its rooms mainly to tourists
3 Did Ms. Sugiyama lend Ms. Aoyama her umbrella yesterday

解答のヒント

1 1 お金を払って「借りる」のは rent です。過去形は rented です。

2 無償で「借りる」のは borrow です。

3「もの」を「盗む」のは steal です。過去形は stole です。

4 直後に「人」が置かれるのは rob です。過去形は robbed です。

2 1「私は」→「借りました」→「3冊本を」→「図書館から」という語順で書きましょう。「図書館」は特定の場所と考えて, 定冠詞 the を前に置いた the library としましょう。

2「そのホテルは」→「貸している」→「部屋を」→「主に」→「観光客向けに」という語順で書きましょう。「部屋」は「そのホテル」の部屋なので, 代名詞の所有格 its を伴って, its rooms としましょう。副詞の mainly は動詞の rents の前に置いても構いません。

65「書く・描く」「着る」を表す動詞の使い分け

189 ページ

1
1 Mr. Nakamura is putting ((on) / off) a jacket before leaving home.
2 First, please (write / (draw)) a straight line.
3 You should take (on / (off)) your hat before the ceremony.
4 She chose this high school because she wanted to ((wear) / put) its cute uniform.

2
1 Let's draw some pictures with these colorful pens.
2 Mari will write a report on social media after the party.
3 Japanese people take off their shoes at the entrance.

解答のヒント

1 1「着る」(動作)は put on です。on は「接着」のイメージです。put off は「延期する」の意味です。

2 線などを「描く」のは draw です。

3「脱ぐ」は take off です。off は「分離」のイメージです。

4 ものを「着る」(状態)は wear です。直後に洋服や靴などを置きます。put on で「着る」という動作を表します。

2 1「～しましょう」という文は Let's で書き出します。「描きましょう」→「何枚かの絵を」→「これらのカラフルなペンで」という語順で書きましょう。ペンで描くときは draw, 絵の具やペンキで描くときは paint です。

2「マリは」→「書く予定です」→「レポートを」

→「ソーシャルメディアに」→「パーティの後」という語順で書きましょう。「～する予定です」という文は未来を表す助動詞 will を動詞の前に置きます。

3 主語の「日本人」は Japanese people と表します。これに続けて「脱ぎます」→「靴を」→「玄関で」という語順で書きましょう。「靴」は「日本人」のものなので，代名詞の所有格 their を用いて，their shoes とします。

66「見る」「会う」「合う」を表す動詞の使い分け

191 ページ

1
1 saw
2 watch
3 met
4 see

2
1 Mio's colorful shirt goes with his plain pants
2 They came across a famous actor on the street
3 All of the students looked at the clock in their classroom

解答のヒント

1 1 景色などが「目に入る」というときは see を使います。see の過去形は saw です。

2 野球の試合などを意識的に「見る」ときは watch を使います。

3「人」に「会う」というときは meet を使います。meet の過去形は met です。ここでは「事前に約束して会う」というニュアンスが含まれています。

4「人」に初めて会うときは meet，2度目以降のときは see を使います。

2 1「ミオのカラフルなシャツは」→「合っています」→「無地のパンツと」という語順で書きましょう。「無地のパンツ」は「ミオ」のものなので，代名詞の所有格 his を用いて，his plain pants とします。

2「彼らは」→「出くわしました」→「有名な俳優に」→「道で」という語順で書きましょう。「出くわす」は come across と表します。come の過去形は came です。

3「生徒全員が」→「見ました」→「時計を」→「教室の」という語順で書きましょう。何か一点に注目するときは，look at を使います。

67「思い出す」「気づく」を表す動詞の使い分け

193 ページ

1
1 Please (remember / **remind**) me to buy some souvenirs.
2 Do you (**remember** / remind) the day we met for the first time?
3 Mika changed her style, so I didn't (realize / **recognize**) her.

2
1 notice
2 of
3 remember
4 realize

解答のヒント

1 1 直後に「人」を置いて「思い出させる」場合は remind で表します。

2 直後に「ことがら」を置いて「覚えている」場合は remember で表します。

3 ミカという知人に対して「知っていることについて気づく・認識する」場合は recognize で表します。

2 1「歌っている」ことを聴覚などの「五感で気づく」場合は notice で表します。

2「(出来事など)を思い出させる」という意味の remind は直後に「人」を置き，その後に前置詞 of と出来事の順で続けます。

3「(出来事など)を覚えている」場合は remember で表します。

4「(状況など)を考えて気づく」場合は realize で表します。

68 意外な意味をもつ動詞

195 ページ

1
1 We'd like to (**meet** / address) the requests from our customers.

2 Mr. Takemoto has ((run) / walk) his clothing shop for ten years.
3 I'll ((text) / ship) you when I get there.
4 How long did the meeting ((last) / expect)?

2 1 The shop didn't charge any shipping costs
2 Have you booked seats for two tonight
3 The CEO decided not to fire any employees

解答のヒント

1 1「(リクエストや要望など)を満たす，に応える」はmeetです。「会う」という意味ももつ単語です。
2「(会社など)を経営する」はrunです。自動詞として「走る」という意味ももつ単語です。
3 携帯電話などで「メールする」はtextです。名詞として「文章」という意味ももつ単語です。
4「続く」はlastです。形容詞として「最後の」という意味ももつ単語です。

2 1「その店は」→「請求しませんでした」→「送料を」という語順で書きましょう。否定文で「どんな～も」という意味をもつanyを名詞の前に置いて，any shipping costsとしましょう。
2「(すでに) ～しましたか？」という文は〈have＋過去分詞〉の現在完了形を使います。話し相手(あなた)に対する疑問文なので，Have youから書き出しましょう。その後は「予約する」→「席を」→「2人(のための)」という語順で書きましょう。
3「CEOは」→「決めました」→「解雇しないことを」→「(どんな)従業員も」という語順で書きましょう。「解雇しないこと」は，不定詞を使ってnot to fireと表せます。

復習タイム

196～197ページ

1 1)④ 2)④ 3)①
4)② 5)②

解説

1) 訳 駅までの道を私に教えていただけますか？
解説 空欄直後にme「私に」があります。直後に「人」を置けるのは④ tell「話す・教える・伝える」だけです。他の選択肢は，それぞれ後ろに「人」を置く時にはtalk to / with「～に / と話す」，say to「～に言う」，speak to / with「～に / と話す」というように前置詞を伴います。

2) 訳 彼は海外旅行中にスマートフォンを盗まれました。
解説 空欄直後に前置詞ofがあります。直後にofを置けるのは② robbed「盗まれた」だけです。空欄の直前にbe動詞の過去形wasがあるので，「盗まれた」という受動態になります。他の選択肢は，① rented「貸された」，② borrowed「借りられた」，③ stolen「盗まれた」という意味になります。

3) 訳 画面が小さすぎるので，私は(携帯)電話でメールを書きません。
解説 空欄直後にemail「Eメール」があるので，「(文字など)を書く」ことを表す① writeが正解です。他の選択肢は，② drawは「(絵など)を描く」，③ paintは「(絵の具などで～)を塗る・描く」，④ wearは「着る」です。

4) 訳 私は今，コンピューターで映画を見ています。
解説 空欄直後にあるmovie「映画」とon my computer「私のコンピューターで」という2点に注目します。映画を大きな映画館などで見る＝映像が目に入ってくるようなときは① seeing「見ている」も使いますが，コンピューターやテレビなど視点を集中させてみる場合は② watchingを使います。よって②が正解です。同じ「見る」でも見方によって使う動詞が異なるので注意しましょう。他の選択肢は，③ meeting「～に会っている」，④ encountering「～に出会っている」です。空欄の直前にI'm = I amがあり，amというbe動詞の現在形が動詞-ingを伴って現在進行形「～している」という形をとっています。

5) 訳 その歌はいつも私に高校時代を思い出させます。
解説 空欄直後のme（私に）という「人」，さらにその後に前置詞ofを続けられるのは② reminds「思い出させる」だけです。よって②が正解です。

他の選択肢は，① remembers「～を覚えている」，③ notices「～に気づく」，④ realizes「～だと気づく」です。動詞の語尾にある -s は主語が I, we, you, they 以外の「3人称単数現在形」の場合につける -s です。

2　1）The man started to run his company last year.
2）Do they meet our need(s)?
3）I can't stand the noise!

解説
1）解説 与えられた単語 run には「走る」のほかに「～を経営する」という意味もあります。The man という男性が主語なので代名詞の所有格 his を入れて，run his company として「(彼の)会社を経営する」というフレーズを作りましょう。「～し始める」は start to 不定詞を使いますが，「経営し始めました」という過去形になっているので，started to run his company とします。文末に時を表す last year「昨年」を置いて完成です。
2）解説 与えられた単語 meet には「会う」のほかに「(条件・要求など) を満たす」という意味もあります。「要求」は need(s)以外に request(s), demand(s)などが使えます。「私たちの」という代名詞の所有格があるので，our を入れて，meet our needs というフレーズを作りましょう。「満たしていますか？」という疑問文なので，与えられた単語 do を先頭にして，主語の「彼ら」を続けます。最後の？も忘れずに。
3）解説 与えられた単語 stand は「立つ」のほかに，can't などを伴って「耐えられない」という意味も表せます。主語の「私」は I,「騒音」は the noise を用いて文を完成させましょう。「騒音」は主語の「私」にとって，特定できるものなので，定冠詞 the をつけて使います。最後の！も忘れずに。

もっとくわしく
代名詞の所有格を忘れずに

日本語を英語にする時に気をつけたいのが「～の」という役割を担う代名詞の所有格です。日本語でいちいち代名詞の所有格を入れて「彼は彼の会社を経営する」とすると，少し不自然になります。しかし英語では名詞を使うときに「～の」ということが明らかな場合は明示したいという傾向があるので，この問題では his（彼の）という言葉を補う必要があります。日本語に書かれていなくても，英語にするときには言葉を補う意識をもってみてください。

3　The[That] colorful skirt suits you!

解説
解説 与えられた単語 colorful「カラフル」を，名詞 skirt「スカート」を修飾する形容詞として用いましょう。また，「そのスカート」と特定できるので，定冠詞 the をつけて The colorful skirt を主語にします。指示代名詞 that を使って That colorful skirt も使えます。もうひとつの与えられた単語 suit は「(～が人)に似合う」という意味の他動詞なので，目的語 you「あなた」を順に並べて完成です。その際，動詞には3単現の s をつけることを忘れずに。「その○○，お似合いですね」○○ suits you! というフレーズは，相手の服装を褒めるときによく使うフレーズなのでとっさに使えるようにしておくと便利です。

69 可算名詞・不可算名詞とは

201ページ

1　1 We must respect each other to bring (peace / peaces) to the world.
2 She has a lot of beautiful (glass / glasses).
3 Miho will attend a (meeting / meetings) and two (class / classes) today.
4 They didn't have (many / much) information about other teams.

2　1 A lot of cars are lined up in a row
2 More women should become team leaders in my company
3 Masami didn't get much sleep yesterday due to work

解答のヒント
1　1「平和」peace は不可算名詞なので，複数形にはしません。
2「眼鏡」glasses は2つのレンズがペアになっ

ているので，１組であっても複数形にします。

3　1つめの空欄の前に冠詞 a があるので，その後ろの名詞は単数形になります。2つめの空欄の前には two があり，複数なので classes と複数形になります。

4「情報」information は不可算名詞なので，「多くの」は much を使います。

2 1「たくさんの車が」→「並べられています」→「一列に」という語順で書きましょう。「たくさんの」は後ろに可算名詞も不可算名詞もどちらでも置ける a lot of が使えます。「並べられている」は〈be動詞＋過去分詞〉の受動態を用いて，are lined up と表します。「一列に」は in a row というフレーズで表します。

2「より多くの女性が」→「なるべきです」→「チームリーダーに」→「私の会社内の」という語順で書きましょう。「～するべき」は助動詞 should を使いましょう。

3「あまり眠っていません」は「たくさんの睡眠を得ていません」と言い換えます。「マサミは」→「得ていません」→「たくさんの睡眠を」→「昨日」→「仕事のせいで」という語順で書きましょう。「～のせいで」は due to と表します。

70 注意したい可算名詞と不可算名詞

203 ページ

1
1 They got new (furniture / furnitures) after moving.
2 Recently, she has been busy at (work / works).
3 Ms. Koga ate (a chicken / chicken) curry with her children.
4 We have enough (a money / money) to live happily.

2
1 pieces, cake
2 jewelry

パッとSpeak! Various kinds of people live in this shared house.

解答のヒント

1 1「家具」furniture は不可算名詞なので，複数形にはなりません。

2「仕事」という意味の work は不可算名詞なので，複数形にはなりません。

3「鶏肉」という意味の chicken は不可算名詞なので，冠詞 a はつきません。

4「お金」money は不可算名詞なので，冠詞 a はつきません。

2 1「ケーキ4切れ」は「4切れ」of「ケーキ」という語順で書きましょう。ケーキ1切れは piece，4切れだと複数形になって four pieces となります。

2「ジュエリー」は「宝石類」という不可算名詞 jewelry で表します。

71 使い分けに注意したい名詞

205 ページ

1
1 guests
2 clients
3 fare
4 fee

2
1 Tell me the shipping cost for my purchase
2 There are so many visitors to the museum today
3 The audience was very excited during the concert

解答のヒント

1 1 家に来る「客」は guest です。「5人」なので複数形にしましょう。

2 サービスを受ける「客」は client です。「ほとんどの」を表す Most がつくときは複数形にしましょう。

3 バスなどの乗り物の「料金」は fare です。

4「授業料」は tuition fee です。

2 1「教えてください」→「送料を」→「私の購入品の」という語順で書きましょう。「送料」は the shipping cost と表せます。

2「～がある」「～がいる」という文は There is [are] で書き出すことができます。「います」→「とても多くの訪れる人が」→「美術館を」→「今日」

という語順で書きましょう。美術館などを「訪れる人」は visitors と表します。many「多い」を伴うので複数形で書きましょう。

3 コンサートなどの「聴衆」は audience で表します。team や family と同じ集合名詞でコンサート1回分を「1つ」にまとめて数えます。ここでは特定の観客と考えて，定冠詞 the をつけて，The audience から書き出しましょう。「聴衆は」→「とても興奮していました」→「コンサートの間」という語順で書きましょう。人が「興奮している」という感情を表す場合は〈be 動詞＋過去分詞〉の受動態を用います。ここでは「とても」very も加えて，was very excited とします。

72 冠詞の種類

207 ページ

1 1 He gave me ((a) / an / the) famous book. (A / An / (The)) book is very valuable.
2 Please sign here. Do you have ((a) / an / the) pen?
3 I remember you told me (a / an / (the)) story.
4 Eriko bought (a / (an) / the) orange and two apples.

2 1 the, a
2 the, the, an
3 a, an, the

解答のヒント

1 1「本」が最初に登場するときは a，2度目以降に同じ「本」を指す場合は the を使います。

2 特定の「ペン」ではなく，「なにか書くもの」という不特定の意味なので，a を使います。

3「その話」と特定されているので the を使います。

4「1つ」の意味を表すのは a または an ですが，orange という単語の頭文字の発音が母音 o なので an を使います。

2 1「太陽」は一つしかないものなので，the を使います。「サングラス」は2つのレンズで1セットという意味を表す a pair of を使います。

2「年代」の前には the，「一家」の前にも the を使います。「都市部」urban area の area「地域，地区」は可算名詞で，形容詞 urban の頭文字の発音が母音 u なので，an を使います。

3 話に初めて出てきた「男性」man と「年配の女性」elderly woman はどちらも不定冠詞 a[an] を使って a man と an elderly woman となります。elderly という単語の頭文字の発音が母音 e なので an を使います。「その駅で」というのは特定できる場所なので，the を使います。

73 冠詞をつけない場合のルール

209 ページ

1 1 In ((July) / a July / the July), Noriko went to ((New York) / a New York / the New York).
2 Let's eat (a fish / the fish / (fish)) for dinner.
3 What time do you usually go to (a bed / the bed / (bed))?
4 Do you like (apple / an apple / (apples))?

2 1 She went to school by train with her
2 The Tadas moved to Tokyo a year ago
3 I looked up at the moon and took a photo

解答のヒント

1 1 July などの月や，New York などの地名には冠詞をつけません。

2 eat の後ろに置く場合，「魚肉」という食材として不可算名詞の fish を置きます。

3「寝る」という目的を表すときは，bed には冠詞をつけません。

4「～が好き」というときは，a/an＋単数形ではなく，無冠詞の複数形を使います。

2 1「彼女は」→「通学しました」→「電車で」→「友達と」という語順で書きましょう。「通学」は「学校に行く」と言い換えます。このとき,「勉強する」という目的を表すので，school の前には冠詞はつけません。また「電車で」という機能や手段を表す時も train の前に冠詞はつけません。「友達」は「彼女の友達」というように代名詞の所有格 her を使って her friends とします。

2「タダさんご一家は」→「引っ越しました」→「東

京に」→「1年前に」という語順で書きましょう。「〜家」というときには，〈The＋苗字 s〉で表します。地名の Tokyo には冠詞をつけず，「1年」は「ひとつ」という意味を表す冠詞 a をつけて，a year とします。

3「私は」→「見上げて」→「月を」→「撮りました」→「写真を」という語順で書きましょう。「月」はひとつしかないものなので冠詞 the をつけます。「写真」にはこの場合，「1枚撮る」と考えて，a photo とします。the moon の後ろには接続詞 and を置いて，文を続けましょう。

復習タイム

210〜211ページ

1 1）③ 2）② 3）②
4）② 5）③

解説

1）訳 コンサートホールには多くの人がいます。

解説 空欄直後の名詞 people「人々」に注目します。数えられる（可算）名詞で複数扱いなので，それと組み合わせが可能なのは③ many「多くの」だけなので，③が正解です。④ much も「多くの」という意味をもちますが，これは数えられない（不可算）名詞とともに用いるのでしっかり区別しましょう。他の選択肢は，① a（不定冠詞：可算単数名詞とともに），② an（不定冠詞：可算単数で，発音が母音で始まる名詞とともに）です。

2）訳 その芸術家は彼女の作品のいくつかを壁に飾りました。

解説 主語 artist「芸術家」と空欄直前の her「彼女の」が大きなヒント。代名詞の所有格の後ろには名詞がきます。「芸術家」という言葉と関連性の高い② works「作品」が正解です。他の選択肢は，① work 動詞「働く」名詞「仕事」，③ working 動名詞・現在分詞，④ worked 動詞「働く」の過去形・過去分詞です。

3）訳 先月博物館に何人の訪問者が来ましたか。

解説 文の最後の方にある名詞 museum「美術館」が大きなヒント。「美術館」と相性がいいのは，② visitors「訪問者」です。他の選択肢は，① customers「（店などの）客・消費者」，③ guests「（パーティなどの）客」，④ audience「（コンサートなどの）観客」です。日本語だとすべて「客」で表せますが，英語では場面に応じてしっかり区別しましょう。

4）訳 バスの運賃を教えていただけますか？

解説 空欄直前の名詞 bus「バス」が大きなヒント。「バス」などの乗り物と相性がいいのは，② fare（運賃）で，これが正解です。他の選択肢は，① price「（商品などの）価格」，③ cost「費用」，④ fee「（サービスなどに対する）料金・謝礼・会費・授業料」です。日本語だとすべて「料金」と言えますが，英語では対象に応じてしっかり区別しましょう。

5）訳 これは若者向けの本です。

解説 空欄直前の前置詞 for「〜のための」が大きなヒント。前置詞の後ろには名詞がくるので，③ the young「若者」が正解です。定冠詞 the＋形容詞の形で，「〜な人々」ということが表せます。他の選択肢は，① a young にはその後ろに単数名詞が，④ young にはその後ろに複数名詞が必要です。②は母音から始まらない young の前に an を置くことはできないので除外します。

2 1）Many people commute by train in Tokyo.
2）We ate chicken for dinner yesterday.
3）Please drink a glass of water after (you) exercise.

解説

1）解説 与えられた単語 many「多くの」の後ろに可算の複数名詞 people を置いて主語とします。「通勤する」は commute，「電車で」は by train と表します。train は可算の単数名詞ですが，a や the という冠詞はつけないのがポイントです。名詞が建物や乗り物などといった「物体」ではなく，学ぶ場所としての「機能」や移動するための「手段」を示す場合，冠詞はつけません。

2）解説 与えられた単語の動詞 eat「食べる」の過去形 ate「食べた」を主語 We「私たち」の後に置きます。何を食べたのかという ate の目的語である「鶏肉」は食べ物の種類を表すので冠詞をつけず，chicken とします「夕食に」は for dinner，最後に「昨日」yesterday を置いて完成です。

3）解説 「グラス一杯の水を飲んでください」というところから英語にしていきます。「～してください」は Please に続けて,「飲む」は drink,「グラス一杯の水」は与えられた単語 glass を使って, a glass of water と表せます。最後に「運動後」を表す after exercise を置いて完成です。exercise は「運動」という不特定で抽象的な意味なので，不可算名詞として用いられ，冠詞も複数形の s も不要です。また「運動後」を「あなたが運動した後」というように言葉を足して，after you exercise としても OK です。この場合の exercise は動詞として用いています。

もっとくわしく

冠詞のつけ方

a / an / the という冠詞は日本語にはない難易度の高いルールです。名詞が登場するたびに「単数？複数？」「特定？ 不特定？」「抽象名詞だから不要？」というチェックポイントを意識する必要があります。for dinner や go to school などのよく使う決まり文句はそのまま覚えてしまうのが効果的。名詞を見たら立ち止まって，冠詞の有無を考えてみましょう。練習を重ねるうちに慣れていきます。英文を書き終わった後の見直しポイントとしてもぜひ。

3 My sister likes dogs, and I like cats.

解説

解説 与えられた単語 sister「姉(または妹)」と動詞 like を使って，まずは姉の好みを述べます。その時,「姉」は「私の姉」という代名詞の所有格を伴って My sister，また動詞には3単現の s をつけるのを忘れずに。「犬」や「猫」といった「種類」を可算名詞で表すときには，複数形にして表します。よって My sister likes dogs で一度内容が切れるのでカンマを置き，接続詞 and で文をつなげます。その後「私はネコが好きです」という意味の I like cats を続けましょう。

74 使い分けに注意したい代名詞①

215 ページ

1 1 one, the, others
2 one, the, other
3 one
4 Some, others

2 1 Yukichi tried to read a book, but he gave it to Mr. Kaneko.
2 Can I have another glass of water?
3 When my friend showed me his[her] new watch, I wanted to buy one.

解答のヒント

1 1 同じチームメンバーの中で「1人」は one，複数の他のメンバーは特定できるので，冠詞 the を付けて others と表します。

2 2冊の本のうち「一方」は one,「もう一方」は特定できるので，冠詞 the をつけて the other と表します。

3 1文目に computer が登場していて，それと同じ種類のコンピューターは one で表します。

4「～の中には○○もいれば，□□もいる」という文は，some と others を使って表します。some「いくつか」と，それに対する others「その他」のようにセットで使います。

2 1「ユキチは」→「読もうとしました」→「本を」→「しかし」→「彼は」→「渡しました」→「それを」→「カネコさんに」という語順で書きましょう。「～しようとしました」は与えられた単語 tried を使って〈tried to 動詞の原形〉と表します。文前半の「本」a book，文後半の「それ」は同一のものなので，it で表します。「ものを人に渡す」は〈give＋もの＋to＋人〉で表します。

2 何かをもらいたい場合，与えられた単語 can と have を使って，Can I have ～と書き出します。「グラス一杯の水」は a glass of water と表しますが,「おかわり」は a のかわりに another を使って another glass of water とします。

3「～したとき」→「友達が」→「見せてくれた」→「私に」→「新しい時計を」→「私は」→「買いたくなりました」→「時計を」という語順で書きましょう。「友達」は私の友達なので my friend,「新しい時計」は彼または彼女の時計なので，his[her] new watch と代名詞の所有格を補いましょう。後半の「時計」は前出の時計と同じものではないので it ではなく, one で表します。

75 使い分けに注意したい代名詞②

217 ページ

1
1 When you met the brothers, did you talk to (either / neither)?
2 There were two apples. Mr. Tsuruta got (most / both).
3 (All / Most) are interested in the news.
4 (Each / All) we need is love.

2
1 None of the students were present in the class
2 I know most of the employees in my company
3 Paul speaks both English and Japanese at work

解答のヒント

1 1「どちらか」は either です。neither は「どちらも～ない」と否定の意味を含みます。
2「両方」は both です。
3「ほとんどの人」は most です。複数扱いなので, be 動詞は are になります。
4「必要なのは～だけ」という文は「必要なすべてのこと」と言い換えられます。「すべて」は all と表します。この場合の all は単数扱いなので, be 動詞は is になります。

2 1「ひとりも～ない」という意味をもつ none of the 複数名詞から書き出しましょう。複数名詞は「生徒」students を入れます。「出席している」は be present で表します。be 動詞の過去形にして were present としましょう。最後に「クラスには」in the class を置きます。
2「私は」→「知っています」→「ほとんどの従業員を」→「自分の会社の」という語順で書きましょう。「ほとんどの～」は〈most of the 複数名詞〉で表します。「自分の」は「私の」my に置き換えて, my company としましょう。
3「ポールは」→「話します」→「両方を」→「英語と日本語の」→「仕事で」という語順で書きましょう。「A と B の両方」は both A and B で表します。

76 所有代名詞と再帰代名詞

219 ページ

1
1 herself
2 yourself
3 themselves
4 yours

2
1 winning the game, they were beside themselves with excitement
2 This medicine is harmless in itself, but be careful when taking it
3 I changed my clothes and looked at myself in the mirror

解答のヒント

1 1「独り言を言う」は talk to oneself です。Ms. Ami は女性なので herself となります。
2 この文の「自分で」は「あなた自身で」ということなので yourself を使います。
3 この文の「自分たちで」は「彼ら自身で」ということなので themselves を使います。
4 文の前半で umbrella が登場し, それを受けて「あなたのもの(傘)」という場合は yours を使います。

2 1「勝った後」→「試合に」→「彼らは」→「我を忘れていました」→「興奮して」という語順で書きましょう。前置詞 After の後ろには名詞または動名詞を入れます。「勝つ」の動名詞 winning を続けましょう。「我を忘れる」は be beside oneself で表します。この場合は過去形で,「彼ら」のことなので were beside themselves とします。「興奮して」は with excitement と表します。
2「この薬は」→「無害です」→「本来」→「しかし」→「注意してください」→「服用するときは」という語順で書きましょう。「本来」は in oneself で表します。ここでは「薬」という「もの」なので, in itself となります。
3「私は」→「着替えて」→「見ました」→「自分の姿を」→「鏡で」という語順で書きましょう。「着替える」は change one's clothes で表します。ここでは過去形で「私の洋服を」ということなので, changed my clothes となります。「自分の姿」は「私自身を」ということなので, myself を使いましょう。

復習タイム

220 ～ 221 ページ

1　1）③　2）①　3）③
　4）①　5）③

解説

1）訳 このシャツは私には大きすぎます。別のものを持ってきていただけますか？

解説 1文目で This shirt「このシャツ」についてサイズが合っていないことを述べているので，持ってきてもらいたいのは「別のもの」と考えるのが自然です。よって正解は③ another「別のもの」です。他の選択肢は，① it はそれそのもののこと，② one は同じ種類のものを指します。④ other は後ろに名詞を伴って「他の～」という意味になります。

2）訳 どのケーキがいいですか？ — 私はこれにします。

解説 1文目で出てきた cake「ケーキ」を2文めで言い換えています。空欄直前の this「この」の後ろには単数のものがくるので，① one が正解です。他の選択肢は，② ones は複数のもので，③ other は後ろに名詞を伴って「他の～」，④ others は複数の「他のもの」「他人」です。

3）訳 招待された4人のうち，1人だけがパーティーに来て，他の人は来ませんでした。

解説 文前半で総数が four people「4人」だとわかります。文後半で only one「1人だけ」がパーティーに来て，「その他(の3人)」が来なかったという内容なので，特定される残りの3人＝複数という条件を満たす③ the others（その他の人たち）が正解です。よく似ている② the other は，総数が2の時に one「ひとつ」と the other「もうひとつ」という使い方をします。other の語尾に s があるかどうかで，状況が変わるので気をつけましょう。他の選択肢の，① one は同じ種類のもの，④ others は複数の「他のもの」「他人」ということを表します。

4）訳 寮には各自ベッドと机があります。

解説 空欄直後の has がポイント。動詞 have「持っている・～がある」の主語が3人称単数の場合の形が has です。よって単数を表す① Each（各自・ひとりひとり）が正解です。他の選択肢は，② Most「ほとんどの」，③ All「すべての」，④ Both「両方の」となり，どれも複数扱いの代名詞です。

5）訳 朝食は和食か洋食か選べます。

解説 文の真ん中にある or がポイントです。either A or B というフレーズで「A または B のどちらか」という意味になります。よって，③ either「どちらか」が正解です。他の選択肢は，① both「両方」，② all「すべて」，④ none「どれも～ない」という意味です。both は both A and B「A と B の両方」というフレーズも頻出です。

もっとくわしく

each / every ～を受ける代名詞

4）Each has his or her own bed and desk in the dormitory. という文で，主語の Each（各自）を指す代名詞の所有格は his or her となっていました。文字通りに訳すと「彼または彼女の」という意味になりますが，their を用いる場合もあります。Each has their own bed and desk in the dormitory. としても OK です。単数で「すべての」という意味を表す every ～や「全員」という意味を表す everyone / everybody についても同様です。

2　1）Some people work at home, and others go to the office.
　2）You can use both cash and electronic money.
　3）Ms. Nakamura went to the place by herself.

解説

1）解説「～もいれば，～もいる」という文は，some と others を使って表せます。与えられた単語 people を使って，Some people から文を始めます。「自宅で仕事をする」は work at home,「オフィスに行く」は go to the office と表現して，順につなげていきましょう。「在宅勤務をする」という意味の work from home も使えます。some と others の文のつなぎ目は，カンマ＋ and を用いるのが自然です。

2）解説「～していただけます」は「あなたは～することができる」You can ～と置き換えて文にしていきます。「ご利用いただける」は「あなたは使うことができる」と置き換えて，You can use としましょう。「現金と電子マネーの両方」は both A and B を使って，both cash and electronic money とすれば，完成です。

3）解説「ナカムラさんは」→「行きました」→「その場所に」→「一人で」という語順で書いていきましょう。「行きました」は go（行く）の過去形 went を使って，「その場所に」は与えられた単語 place（場所）を使って，to the place とします。「一人で」は与えられた単語 by を使って，by oneself（再帰代名詞）のフレーズを使います。主語の「ナカムラさん」は Ms. という敬称がついており女性だとわかるので，by herself とすれば OK です。

3 She has a bag in one hand and an umbrella in the other.

解説

解説「ひとつの手（の中）にバッグ，もう一方（の手の中）に傘」を持っていると表現しましょう。「片手に」は in one hand,「もう一方に」は in the other となります。手は２つなので，one と the other の組み合わせを使います。バッグも傘もひとつずつなので，a bag, an umbrella と冠詞をつけるのを忘れずに。主語を She，動詞を has として，a bag in one hand and an umbrella in the other とつなげれば完成です。one，the other の代わりに in her left hand / in her right hand を用いても OK です。

77 形容詞のはたらきと用法

225 ページ

1
1 Akane looked for something fun for her son's birthday
2 They didn't talk about anything important at the meeting
3 Reiko was present in the important meeting yesterday afternoon
4 The detective found a certain clue after more investigation

2
1 The tourists bought nothing expensive at a souvenir shop.
2 Is he certain that the experiment will be successful?

解答のヒント

1 1「アカネは」→「探しました」→「楽しいものを」→「息子の誕生日に」という語順で書きましょう。「探す」は look for,「楽しいもの」は something fun で表します。「息子」は「彼女の息子」なので，代名詞の所有格 her を補いましょう。

2「彼らは」→「話しませんでした」→「重要なことについて何も」→「会議で」という語順で書きましょう。「～について話す」は talk about,「重要なことは何も」は anything important で表します。

3「レイコは」→「出席しました」→「その重要な会議に」→「昨日の午後」という語順で書きましょう。「出席する」は be present なので，be 動詞を過去形にして was present で表します。

4「その探偵は」→「見つけました」→「ある手がかりを」→「さらなる調査の後」という語順で書きましょう。「ある手がかり」は a certain clue と表します。「探偵」は detective,「調査」は investigation です。「さらなる調査の後」は最初に置くこともできます。

2 1「その観光客たちは」→「何も買いませんでした」→「高価なものを」→「土産物屋で」という語順で書きましょう。「高価なものを何も～ない」は nothing expensive と表し，動詞 buy「買う」の過去形 bought の後ろに置きましょう。

2「彼は」→「確信しています」→「実験が」→「成功することを」という語順で書きましょう。「確信している」は be certain と表します。この文は疑問文なので，Is he certain ～と書き出しましょう。「～すること」という意味をもつ接続詞 that を置いて文をつなげます。「成功する」というのは，これから先のことと考えられるので，未来を表す助動詞 will を使いましょう。「成功する」は be successful で表します。

78 使い分けに注意したい形容詞

227 ページ

1 1 She runs a ((respectable) / respective) business.
2 The writer won a (literate / (literary)) award last year.
3 Takao is a ((sensible) / sensitive) adviser to us.
4 Yoko spent a (considerate / (considerable)) amount of money yesterday.

2 1 favorable
2 economical

パッとSpeak! The players went to their respective positions.

解答のヒント

1 1「立派な」はrespectableです。respectiveは「それぞれの」という意味です。
2「文学の」はliteraryです。literateは「読み書きができる」という意味です。
3「賢明な」はsensibleです。sensitiveは「敏感な」という意味です。
4「かなりの」はconsiderableです。considerateは「思いやりのある」という意味です。

2 1「好意的な」はfavorableです。
2「経済的な」はeconomicalです。

79 数量を表す形容詞

229 ページ

1 1 many
2 no
3 enough
4 much

2 1 I practice the piano a few times a month
2 Mr. Fujita talked with more students than other teachers did
3 There is little water in the glass

解答のヒント

1 1 空欄直後のbooks「本」が可算名詞の複数形で，前に置く「たくさん」はmanyです。
2「〜がありません」はhave no 〜と表します。
3「十分な」はenoughです。
4 空欄直後のinterest「興味」が不可算名詞なので，「あまり(多くの)」はmuchです。このようにmuchをnotで否定すると「あまり〜ない」という意味になります。

2 1「私は」→「練習しています」→「ピアノを」→「数回」→「月に」という語順で書きましょう。「数回」はa few timesと表します。「(ひと)月に」という場合は，回数の後ろにa monthをつけて表します。
2「フジタ先生は」→「話しました」→「(より)多くの生徒と」→「他の先生たち(がした)」という語順で書きましょう。「…より多くの〜」はmore 〜 than ...で表します。thanの後ろには「他の先生が話したよりも」という文を置きますが，talked「話した」は文の前半で出てきているので，言い換えてdidを使います。
3 不可算名詞waterが「ほとんどない」というときは，littleを使います。「〜がある」「〜がいる」ということが表せるThere isを文頭に置いて，その後にlittle waterと続けましょう。

復習タイム

230 〜 231 ページ

1 1）② 2）④ 3）③
4）① 5）②

解説

1）訳 私はたいてい夕食に冷たいものは食べません。
解説 この文がdon'tを含む否定文であることと，〈-thing＋形容詞〉という語順であることが正解のポイント。not＋anythingで「何も〜ない」という形で，〈-thing＋形容詞〉となっている② anything cold「冷たいもの(は何も)」が正解です。他の選択肢のうち，① cold anythingと③ cold nothingは語順が違うので除外，④ nothing coldは，don't = do notと否定の意味が重なってしまうので除外します。

2）訳 教室のそれぞれの席に戻ってください。
解説 空欄直後の名詞seats「座席」が大きなヒント。この単語を修飾する形容詞を選びます。選択肢はどれも形が似ていますが，この文脈に合う意味をもつのは④ respective「それぞれの」で，これが正解です。他の選択肢を見てみると，① respect は動詞「尊敬する」，② respected は動詞 respect の過去形・過去分詞，③ respectful は形容詞ですが「敬意を表する」「丁寧な」という意味なので，どれも不適切です。

3）訳 彼女は私が今まで会った中で最も思いやりのある女性です。

解説 空欄直後の名詞 lady「女性」が大きなヒント。この単語を修飾する形容詞を選びます。この文脈に合う意味をもつのは，③ considerate（思いやりのある）で，これが正解です。他の選択肢を見てみると，① consider は動詞「熟考する」，② considering は動詞 consider の動名詞・現在分詞，④ considerable は形容詞ですが「（量や数が）かなりの」という意味なので，どれも不適切です。

4）訳 あなたは今世界の読み書きができる人の割合を知っていますか？

解説 空欄直後の名詞 people「人々」が大きなヒント。この単語を修飾する形容詞を選びます。この文脈に合う意味をもつのは，① literate「読み書きができる」で，これが正解です。他の選択肢を見てみると，② literal は形容詞ですが「文字通りの」，③ literary も形容詞ですが「文学の」，④ literature は名詞で「文学」という意味なので，どれも不適切です。「読み書きができる人の割合」は literacy rate「識字率」と言い換えることもできます。

5）訳 私たちは海外旅行をする時間とお金がほとんどありませんでした。

解説 空欄直後の名詞 time and money「時間とお金」が大きなヒント。このフレーズを修飾する形容詞を選びます。time も money もどちらも数えられない（不可算）名詞です。選択肢の中で不可算名詞と組み合わせられるのは，② little（ほとんど～ない）だけなので，これが正解です。他の選択肢は，どれも数えられる（可算）名詞を後ろに置く形容詞で，① few「ほとんど～ない」，③ many「多くの」，④ several「いくつかの」という意味です。

もっとくわしく

空欄の直前直後に注目！

解説を読んでいて気づいた方もいると思いますが，空欄穴埋め問題の正解の大きなヒントは空欄の直前や直後にあることがほとんどです。というのも，英語は語順が要。「形容詞の後ろに名詞がくる」，「前置詞の後ろにも名詞がくる」というように，単語の順番がとても大事です。必ずチェックしたい基本的な語順は次のものです。

- 冠詞＋名詞
- 形容詞＋名詞
- 前置詞＋名詞（目的語）
- 動詞＋名詞（目的語）
- 副詞＋一般動詞
- be 動詞＋副詞

以上の基本的な語順に加えて，1）の問題にあったような，〈-thing＋形容詞〉といったイレギュラーなものもありますので，語順を意識して覚えていきましょう。

2　1）I'm not certain about the information.
2）They had a few days until the deadline.
3）Do you have enough time to relax?

解説

1）解説 与えられた 2 つの単語 certain about でできる「～について確信をもつ」という意味のフレーズを活用して，文を作りましょう。certain は形容詞なので，その前には be 動詞を置きます。「確信がもてません」という現在形の否定文なので，主語 I「私」に続けて，I'm not certain about とします。文末に the information（その情報）を置いて完成です。

2）解説 「彼らには～ありました」は，与えられた単語 have を用いて They had ～とします。「数日」は few を用いて a few days とすれば，They had a few days となり，文の骨格ができます。「数日ある」という表現なので，a few の a を忘れずに。その後に「締め切りまで」は until を用いて，until the deadline を置いて完成です。

3）解説 「あなたは～がありますか？」という文は，与えられた単語 have を用いて，Do you have ～と表せます。「リラックスするのに十分な時間」は「十分な時間」→「リラックスするための」という語順で，enough time to relax とすれば OK です。to relax は不定詞と呼ばれる形で「〜すること」「〜するための」「〜するために」という意味を表すことができます。

3 I'm present in the online class now.

解説

解説〉現在，オンラインクラスに出席している様子を表します。「出席する」は与えられた単語 present を使って，I'm present と表せます。続けて「オンラインクラスに」は in the online class，文末に now「現在」を置けば完成です。present を使うという制限がなければ，「出席する」は，よりシンプルな be in を使って，I'm in the online class now. としたり，in を使わずに動詞 attend を使って，I'm attending the online class now. と表現したりすることもできます。

80 副詞のはたらき①

235 ページ

1
1 He walks (slow / **slowly**) on rainy days.
2 Shinnosuke (frequent / **frequently**) eats oysters.
3 She gave the presentation very (cheerful / **cheerfully**).
4 The test was (**easy enough** / enough easy) for most applicants.

2
1 The dinner at the party was pretty good
2 Yuki completed her tasks so fast yesterday
3 Mr. Fuse always wears round glasses at work

解答のヒント

1 1 動詞 walks「歩きます」を修飾するのは副詞 slowly「ゆっくり」です。
2 動詞 eats「食べます」を修飾するのは副詞 frequently「頻繁に」です。
3 動詞 gave (the presentation)「(そのプレゼン) をしました」を修飾するのは副詞 cheerfully「元気に」です。
4 enough「十分」は，形容詞 easy「簡単」の後ろに置きます。

2 1「夕食」→「パーティの」→「かなり」→「おいしかったです」という語順で書きましょう。形容詞 good「おいしい」を修飾する「かなり」という副詞には pretty を使います。
2「ユキは」→「完了しました」→「仕事を」→「とても早く」→「昨日」という語順で書きましょう。「とても早く」は副詞2つを並べて so fast と表せます。「仕事」は彼女の仕事なので，her tasks と代名詞の所有格を用いて書きましょう。
3「フセさんは」→「いつも」→「かけています」→「丸眼鏡を」→「仕事中は」という語順で書きましょう。「いつも」という頻度を表す副詞は always で，一般動詞「かけている」＝「身につけている」wears の前に置きます。

81 副詞のはたらき②

237 ページ

1
1 Basically
2 down
3 Exactly
4 today, tomorrow

2
1 Surprisingly, then
2 there, tomorrow
3 enthusiastically, now

解答のヒント

1 1 文頭に置いて，文を修飾する副詞「基本的に」は basically です。
2「下りる」は go down です。副詞 down が「下へ」という意味です。
3 会話で返答として使う「その通り」は副詞 exactly です。
4「今日」today，「明日」tomorrow は時を表す副詞でよく文末に置かれます。

2 1 文頭に置いて文を修飾する副詞「驚いたことに」は surprisingly です。「その時」は副詞 then で表します。
2 場所を表す副詞「そこで」は there，時を表す副詞「明日」は tomorrow です。このように副詞を重ねて使う場合は,「場所→時」の順が自然です。
3 動詞の様態を表す副詞「熱心に」は

enthusiastically, 時を表す副詞「今」は now です。このように副詞を重ねて使う場合は,「様態→時」の順が自然です。

82「ほとんど」を表す副詞

239 ページ

1

1 Mr. Kawabata ate (almost all / almost) the cake at night.

2 It (rarely rains / doesn't rarely rain) here in summer.

3 They can (hardly / almost) believe the story.

4 Riyo (seldom has / doesn't seldom have) breakfast on weekends.

2

1 Akiko kept sleeping for nearly ten hours

2 I can scarcely breathe because it's very hot outside

3 He almost forgot his wife's birthday

解答のヒント

1 1「ほとんどすべて」は almost all です。

2「めったに～ない」は rarely です。この単語自体に否定的な意味が含まれているので, not は伴いません。

3「ほとんど～ない」は hardly です。almost は「ほとんど」で, 否定の意味を含みません。

4「めったに～ない」は seldom です。この単語自体に否定的な意味が含まれているので, not は伴いません。

2 1「アキコは」→「寝続けていました」→「10時間近く」という語順で書きましょう。「～し続ける」は keep -ing で表します。「～近く」「約～」は副詞 nearly を使います。「10 時間近く」は期間を表す前置詞 for を使って, for nearly ten hours と表します。

2「私は」→「ほとんど息ができません」→「なぜなら」→「とても暑い」→「外が」という語順で書きましょう。「ほとんど息ができません」は, 可能を表す助動詞 can + 副詞 scarcely「ほとんど～ない」を動詞 breathe の前に置きます。「～ので」は「なぜなら」because に置き換えて文をつなげましょう。天気を表す時は it's を使います。「外がとても暑いので」は文の最初に置くこともできます。

3「彼は」→「ほとんど忘れていました」→「妻の誕生日を」という語順で書きましょう。「ほとんど忘れていました」は副詞 almost で, 動詞 forget の過去形 forgot の前に置きます。「妻」は「彼の妻」なので, 代名詞の所有格 his を伴います。

83 副詞so「とても」の語順

241 ページ

1

1 Stop worrying about (so / such) small a matter.

2 She was (so / such) a cheerful girl.

3 Naoko waited for Mayumi for (such / too) long a time.

4 Don't carry (so / such) heavy a load.

2

1 It's too nice a day to stay inside today

2 Thank you for giving me such a great opportunity

3 I never knew he was so funny a person

解答のヒント

1 1 空欄直後の形容詞 small の前に置けるのは so です。

2 空欄直後の冠詞 a の前に置けるのは such です。

3 空欄直後の形容詞 long の前に置けるのは too です。

4 空欄直後の形容詞 heavy の前に置けるのは so です。

2 1 天気を表す時は it's から書き出します。「良すぎる日」→「室内にとどまるには」→「今日は」という語順で書きましょう。「…するには～すぎる」という文は, too ～ to … が使えます。

2「ありがとうございます」→「(私に)与えていただき」→「このような」→「素晴らしい機会を」という語順で書きましょう。感謝を述べるときには, thank you for -ing という表現を使います。「このような」は such で, その後には〈冠詞 a + 形容詞 great + 名詞 opportunity〉と続けましょう。

3「私は」→「知りませんでした」→「彼が～だったとは」→「こんなに」→「面白い人」という語順で書きましょう。「(まったく) ～ない」を表す

neverは動詞の前に置きます。「こんなに」はsoで，その後には〈形容詞 funny＋冠詞 a＋名詞 person〉と続けましょう。

84 接続副詞

243ページ

1
1 She had little money. ((However) / Therefore), she started a new business.
2 Sleep well and eat well. ((Otherwise) / But) you'll get sick.
3 It rained a lot yesterday. ((Moreover) / So), it was very windy.

2
1 Therefore
2 Nonetheless
3 Besides

解答のヒント

1 1「しかし」はhoweverです。空欄の前後で逆接の関係になっています。
2「さもないと」はotherwiseです。前に命令文を置く場合がよくあります。
3「さらに」はmoreoverです。前の文に情報を追加する場合に用います。

2 1「したがって」はthereforeです。空欄の前後で順接の関係になっています。
2「それでもなお」はnonethelessと表します。
3「その上」はbesidesと表します。情報を付け加える時に使います。

復習タイム

244〜245ページ

1　1）④　2）④　3）②
4）②　5）②

解説

1）訳 あなたはこの質問に対する答えを簡単に見つけることができます。
解説 空欄直前の助動詞can「〜できる」と空欄直後の動詞find「見つける」が正解への鍵。助動詞と動詞の間に置けるのは副詞だけなので，正解は副詞の④ easily「簡単に」です。多くの副詞の語尾は-lyなので副詞を見分ける際のヒントにしましょう。他の選択肢を見てみると，① easeは名詞で「容易さ」「気楽さ」または動詞で「和らぐ」，② easyは形容詞で「簡単な」，③ easierは形容詞easyの比較級で「より簡単な」です。

2）訳 残念ながら嵐のため，私たちのピクニックはキャンセルされました。
解説 空欄の後に続く文脈が正解への鍵です。「嵐のためにピクニックがキャンセル」という残念な内容なので，文頭に置いて自然なのは，④ Unfortunately「残念ながら」で，これが正解です。このように文頭に副詞を置くことで，その後の内容についての話し手の気持ちを表すことができます。他の選択肢を見てみると，① Fortunateは形容詞で「幸運な」，② Fortunatelyは副詞で「幸運にも」，③ Unfortunateは形容詞で「不運な」「残念な」です。

3）訳 ほとんどすべてのランナーは夏にサングラスをかけます。
解説 空欄直後の名詞runnersを修飾する表現を選びます。almostは副詞で「ほとんど」という意味で，後ろに形容詞を置きます。よって正解は② Almost all「ほとんどすべての」です。Almost runnersという誤りがよくある表現ですがalmostは副詞なので名詞を修飾することはできません。後ろに複数名詞を置くときはAlmost allをセットにして使うように意識しておきましょう。

4）訳 私は以前にそのような感動的な映画を見たことがありません。
解説 現在完了形の否定(haven't＋過去分詞）〜before「以前に〜をしたことがない」という文の形に注目します。この文脈で最も適切なのは，② such「そのような」で，これが正解です。現在完了の否定形と〈such a［an］＋名詞〉という組み合わせで，未体験の出来事を少し誇張して表現できます。他の選択肢を見てみると，① soは直後に形容詞や副詞を置いて「とても」，③ enoughは名詞の前または形容詞の後に置いて「十分な」，④ tooは直後に形容詞や副詞を置いて「あまりに」「〜すぎる」です。単語の意味はもちろん，直前や直後にどの品詞を置くかもあわせて覚えておきましょう。

5）訳 遠くから彼の声がほとんど聞こえませんでした。

解説 空欄直前の助動詞 can の過去形 could「～できた」と空欄直後の動詞 hear「聞こえる」の間に置けるのは副詞の② hardly「ほとんど～ない」だけで，これが正解です。hardly には否定的な意味が含まれるので not は不要です。① hard は形容詞で「硬い」「難しい」，副詞で「懸命に」「激しく」など，hardly とは全く異なる意味を持つので注意が必要です。

2　1）The lyrics of this song are easy enough to remember.
2）He is going down the stairs fast now.
3）It was so hot a day for the athletes yesterday.

解説

1）解説 与えられた単語 lyrics は「歌詞」という意味なので，これを使って The lyrics of this song「この歌の歌詞」を主語にします。歌詞は「この歌の」と特定されているので，lyrics には定冠詞の the をつけます。lyrics は複数形なので，形容詞 easy「簡単な」の前に置く be 動詞は are です。形容詞の後ろに置いて「十分な」という意味を表す enough を続けて，最後に「覚えるのに」を表す不定詞 to remember を置けば完成です。
2）解説「今」の動作を表す文なので，現在進行形(be 動詞＋現在分詞)を使いましょう。与えられた単語で go down the stairs「階段を下りる」と表せるので，これを当てはめて，He is going down the stairs とします。さらに fast「急いで」，now「今」を続ければ完成です。fast や now は副詞で，このように文末に置くことができます。
3）解説 天候を表すときの主語は It を使います。「でした」という過去形なので，It was で文を始めます。「とても暑い日」を与えられた単語 so と a を用いて表すと，so hot a day という語順になります。続けて「その選手たちにとって」は与えられた単語を使って，for the athletes とし，最後に yesterday「昨日」を置いて完成です。

もっとくわしく

so と such の語順は微妙に異なる！

「とても」という意味をもつ副詞 so と，よく似た単語 such は後ろに単数名詞を置く場合，語順が微妙に異なります。so の場合は，〈so＋形容詞＋a＋名詞〉というように冠詞 a が形容詞の後にきます。such の場合は，〈such＋a＋形容詞＋名詞〉というように，冠詞 a が形容詞の前にきます。3）の問題を例にとると，so hot a day と such a hot day となります。とても紛らわしいので，何度も音読や書き取りをして，定着させるのがおすすめです。

3　The children are singing cheerfully on the stage.

解説

解説 与えられた単語 children「子どもたち」を主語にして，文を始めましょう。その際，イラストにある特定の子どもたちを指しているので，children には定冠詞 the をつけます。「～している」という目の前の動作は現在進行形(be 動詞＋現在分詞)を使って，The children are singing とします。children は複数名詞なので，be 動詞は are となります。「元気に」という副詞 cheerfully と「ステージの上で」という on the stage を続けて完成です。

85 前置詞の意味と使い方①

249 ページ

1 Mr. Nakanishi used to come to the shop (at / (on) / in) Sundays.
2 My father was born (at / on / (in)) Kyoto.
3 (At / (On) / In) a rainy afternoon, I read an interesting book at a café.
4 She usually wakes up ((at) / on / in) 5 o’clock.
5 The special project started (at / on / (in)) 2020.
6 I waited for my friend ((at) / on / in) Kichijoji Station.
7 He drinks caffeine-free coffee ((at) / on / in) night.
8 Let’s concentrate on working (at / on / (in)) the morning.

9 See you (at / on / in) the bus stop (at / on / in) two hours!

解答のヒント

1 曜日の前に置く前置詞は on です。「毎週〜曜日」という場合は，Sundays のように曜日に -s をつけて表します。

2 広い範囲を表す地名の前に置く前置詞は in です。

3「午後」などの広い時間帯の前に置く前置詞は通常は in で，in the afternoon と表しますが，rainy「雨の」などの形容詞がつく場合は on を用いて，on a rainy afternoon となります。

4 時刻の前に置く前置詞は at です。

5 年号の前に置く前置詞は in です。

6 地点を表す駅名などの前に置く前置詞は at です。

7 night（夜）の前に置くのは at です。night の前に冠詞はつけません。

8「朝」「午前」などの広い時間帯の前に置く前置詞は in です。

9「バス停」などの地点の前に置く前置詞は at です。後ろに時間を置いて「〜後」という表現になるのは in です。

86 前置詞の意味と使い方②

251 ページ

1 from, to
2 by
3 until[till]
4 Before, from
5 with
6 by
7 by
8 with
9 to, in

解答のヒント

1「〜から」という起点を表す前置詞は from,「〜に」「〜へ」「〜まで」という目標を表す前置詞は to です。

2「〜までに」という期限を表す前置詞は by です。

3「〜まで」という継続期間を表す前置詞は until［till］です。

4「前」を表す前置詞は before,「〜から」という起点を表す前置詞は from です。

5「箸」などの道具を表す場合に用いる前置詞は with です。

6「タクシー」などの手段を表す場合に用いる前置詞は by です。It takes＋時間で「(時間が)かかる」という意味を表します。

7「3歳年上」などの差を表す場合に用いる前置詞は by です。

8「〜と一緒に」ということを表す前置詞は with です。

9「〜に」という目標を表す前置詞は to，後ろに時間を置いて「〜後」という表現になるのは in です。

87 前置詞の意味と使い方③

253 ページ

1 A family of ducks walked (after / across / above) the road.
2 Let's go to the city (over / under / in) the mountain!
3 Tatsuya's new book is selling well (below / beyond / behind) his expectations.
4 My cat likes to stay (through / under / above) the chair.
5 There are some pharmacies (from / behind / over) the hospital.
6 The beautiful sun rose (to / above / by) the horizon.
7 Do people (beyond / under / with) the age of 20 have the right to vote?
8 (Through / To / Until) the long tunnel, the bullet train reached the station.

解答のヒント

1「道」などを「渡って」というイメージを表す前置詞は across です。

2「山」などを「越えて」というイメージを表す前置詞は over です。

3「予想」などを「超えて」というイメージを表

す前置詞は beyond です。
4「椅子」などの「下に」というイメージを表す前置詞は under です。
5「病院」などの「後ろ」「裏」というイメージを表す前置詞は behind です。
6「地平線」などの「上に」というイメージを表す前置詞は above です。
7「20 歳未満」などの「～より下」というイメージを表す前置詞は under です。
8「トンネル」などを「抜ける」「通って」というイメージを表す前置詞 through です。

88 前置詞の意味と使い方④

255 ページ

1 of
2 into
3 against
4 among
5 between
6 about
7 out of
8 for
9 around

解答のヒント

1「記事(の)全文」と言葉を補って考えます。「～の」という関連を表す前置詞は of です。
2「～の中へ」というイメージを表す前置詞は into です。
3「～に対して」「～に反対して」というイメージを表す前置詞は against です。
4「ティーンエイジャー(たち)」という「3者以上の間で」というイメージを表す前置詞は among です。
5「あなたと私」という「2者間で」というイメージを表す前置詞は between です。
6「～について」という周辺情報を表す前置詞は about です。
7「～の外へ」というイメージを表す前置詞句は out of です。get out of ～で「～の外へ出る」「～から出る」ということを表します。
8「～へ」「～のために」というイメージを表す前置詞は for です。
9「～のまわりに」というイメージを表す前置詞は around です。

89 群前置詞

257 ページ

1 ((As of) / Ahead of) today, Azusa has the best score ever.
2 (In front of / (In case of)) bad weather, the event will be canceled.
3 They used Room A (in terms of / (instead of)) Room B.
4 (In addition to / (In spite of)) the hard schedule, Kotoko completed all the tasks.
5 ((According to) / Close to) the weather forecast, it will be sunny tomorrow.
6 ((Due to) / Up to) the blackout, all trains stopped for a while.
7 ((On behalf of) / Prior to) the company, our president gave a speech.
8 ((Thanks to) / Regardless of) your cooperation, we achieved our goal.

解答のヒント

1 後ろに日時を置いて「～現在」を表すのは as of です。
2 後ろに天気などの条件を置いて「～に備えて」を表すのは in case of です。
3 後ろに元の案を置いて「～の代わりに」を表すのは instead of です。
4 後ろに障害となる状況を置いて「～にもかかわらず」を表すのは in spite of です。
5 後ろに情報源を置いて「～によると」を表すのは according to です。
6 後ろに原因を置いて「～のため」「～のせいで」を表すのは due to です。
7 後ろに会社などの集団を置いて「～を代表して」を表すのは on behalf of です。
8 後ろに助けになったことを置いて「～のおかげで」を表すのは thanks to です。

90 句動詞

259 ページ

1 for
2 over
3 off
4 out
5 on
6 in
7 out
8 after
9 in

解答のヒント

1「～を探す」を表す句動詞は look for です。
2「～を乗り越える」を表す句動詞は get over です。
3「～を延期する」を表す句動詞は put off です。ここでは受け身になっています。
4「発生する」を表す句動詞は break out です。
5「～に…を求める」を表す句動詞は call on です。
6「～を提出する」を表す句動詞は turn in です。
7「目立つ」を表す句動詞は stand out です。
8「～の世話をする」を表す句動詞は look after です。
9「訪ねる」「立ち寄る」を表す句動詞は drop in です。

91 前置詞withと相性のいい動詞

261 ページ

1
1 fill, with
2 associate, with
3 provides, with
4 compare, with

2
1 Volunteer workers supplied people with clean drinking water
2 Can you help me with my work tonight
3 Masahiro replaced the old bulb with a new one

解答のヒント

1 1「～で…を満たす」を表す動詞は fill で,「～で」を前置詞は with で表します。
2「～といえば…を連想する」を表す動詞は associate で,「…を」を前置詞 with で表します。
3「～に…を提供する」を表す動詞は provide で,「…を」を前置詞 with で表します。主語が The website という 3 人称単数なので,現在形の動詞には s をつけます。
4「～を…と比較する」を表す動詞は compare で,「…と」を前置詞 with で表します。

2 1「ボランティア職員は」→「供給しました」→「人々に」→「きれいな飲み水を」という語順で書きましょう。「ものを人に供給する」は〈supply 人 with もの〉という形で表します。
2「～をしてくれますか」という依頼は can you で書き出します。続けて「手伝う」→「私を」→「私の仕事に関して」→「今夜」という語順で書きましょう。「人の～を手伝う」は〈help 人 with ～〉という形で表します。
3「マサヒロは」→「交換しました」→「その古い電球を」→「新しいものに」という語順で書きましょう。「A を B に交換する」は replace A with B という形で表します。「新しいもの」a new one の one は bulb（電球）を指しています。

92 前置詞from/intoと相性のいい動詞

263 ページ

1
1 We couldn't distinguish him (with / **from** / into) his twin brother.
2 Did the government forbid us (with / **from** / into) going out at night?
3 Please translate these Japanese sentences (with / from / **into**) English.
4 Let's divide this cake (with / from / **into**) six pieces.

2
1 Mr.[Ms.] Kimura changed his[her] garage into a garden
2 The president prohibited his[her] employees from working overtime
3 You should protect your eyes from computer screens

解答のヒント

1 1「～を区別する」を表す動詞は distinguish で，区別する対象を前置詞 from で表します。
2「禁止する」を表す動詞は forbid で，「～することを」を前置詞 from で表します。
3「～を…に翻訳する」を表す動詞は translate で，「…に」を前置詞 into で表します。
4「～を分ける」を表す動詞は divide で，分け方を前置詞 into で表します。

2 1「キムラさんは」→「変えました」→「車庫を」→「庭に」という語順で書きましょう。「A を B に変える」は change A into B という形で表します。「車庫」は「彼[彼女]の車庫」なので代名詞の所有格 his[her]をつけて，his[her] garage としましょう。
2「社長は」→「禁止しました」→「従業員に」→「残業するのを」という語順で書きましょう。「人が～するのを禁止する」は〈prohibit 人 from ～〉という形で表します。「社長」は特定のひとりを指すので，定冠詞 the をつけた the president とします。「従業員」は「彼[彼女]の従業員」なので代名詞の所有格 his[her] をつけて，his[her] employees としましょう。「残業する」は work overtime と表します。前置詞 from の後ろには動名詞を置くので，working とします。
3「あなたは」→「守るべきです」→「目を」→「パソコンの画面から」という語順で書きましょう。「守るべき」は助動詞 should＋動詞の原形 protect で表します。「目」は「あなたの目」なので代名詞の所有格 your をつけ，「目」も両目なので複数形にして，your eyes としましょう。

93 前置詞for/asと相性のいい動詞

265 ページ

1 1 I mistook a stranger (to / for / with) my cousin.
2 I couldn't recognize him (for / as / to) my cousin because we hadn't met for a while.
3 Can you exchange a 1,000-yen bill (with / for / as) coins?
4 All members see him (as / for / at) a great leader on their team.

2 1 Shingo has regarded Tsuyoshi as his best friend for a long time
2 A lot of readers praised the author for his exciting stories
3 We thank our parents for raising us in a loving home

解答のヒント

1 1「～を見間違える」を表す動詞は mistake で前置詞は for を使います。
2「～として認識する」を表す動詞は recognize で前置詞は as を使います。
3「～を交換する」を表す動詞は exchange で，交換結果を前置詞 for で表します。
4「～とみなす」を表す動詞は see で前置詞は as を使います。

2 1「シンゴは」→「みなしています」→「ツヨシを」→「彼の親友として」→「長い間」という語順で書きましょう。「A を B とみなす」は regard A as B と表します。「(ずっと) ～している」というのは，have[has]＋過去分詞の現在完了形で表します。「長い間」は for a long time と書きましょう。
2「多くの読者が」→「ほめています」→「その著者を」→「わくわくするストーリーが理由で」という語順で書きましょう。「人の～をほめる」は praise 人 for ～と表します。「わくわくするストーリー」は「著者のストーリー」なので代名詞の所有格 his をつけて，his exciting stories としましょう。
3「私たちは」→「感謝しています」→「両親に」→「(私たちを)育ててくれたことを」→「愛情深い家庭で」という語順で書きましょう。「人に～を感謝する」は〈thank 人 for ～〉と表します。「両親」は「私たちの両親」なので代名詞の所有格 our をつけて，our parents としましょう。前置詞 for の後ろには動名詞を置くので raising とし，さらにその後ろに「私たちを」を表す代名詞の目的格 us を置きましょう。

94 前置詞of/onと相性のいい動詞

267 ページ

1
1 The medicine will relieve you (on / (of) / with) your headache.
2 The strict trainer imposed hard exercises ((on) / at / to) her students.
3 The melody reminds me ((of) / with / for) my trip to London.
4 Can you put a compress ((on) / for / at) my back?

2
1 informed, of
2 deprive, of
3 force, on

解答のヒント

1 1「～を取り除く」を表す動詞は relieve で,「～を」を前置詞 of で表します。
2「～に…を課す」を表す動詞は impose で,「…を」を前置詞は on で表します。
3「～を思い出させる」を表す動詞は remind で,「～を」を前置詞 of で表します。
4「～を貼る」を表す動詞は put で,貼る場所を前置詞 on で表します。

2 1「人に～を知らせる」は〈inform 人 of ～〉と表します。「知らせました」という過去形なので informed としましょう。
2「人から～を奪う」は〈deprive 人 of ～〉と表します。
3「人に～を押し付ける」は〈force ～ on 人〉と表します。

95 前置詞toと相性のいい動詞

269 ページ

1
1 I will adjust my schedule to your plans
2 I've attached a document to this email
3 Mr. Mori owes his victory to his effort
4 Please limit your speech to ten minutes

2
1 I can (remind / (relate)) these stories to our own experiences.
2 Our physical health is ((linked) / lined) to our mental condition.
3 The research (acknowledged / (attributed)) the phenomenon to global warming.

解答のヒント

1 1 主語に「私は」I を置いて,それに続けて「合わせます」→「私のスケジュールを」→「あなたの予定に」という語順で書きましょう。「合わせます」というのはこれからのことと考えて,未来を表す助動詞 will をつけて, will adjust とします。「A を B に合わせる」は〈adjust A to B〉と表します。
2「私は」→「添付しました」→「書類を」→「このメールに」という語順で書きましょう。「A を B に添付する」は〈attach A to B〉と表します。
3「モリさんは」→「～によるものです」→「(彼の)勝利は」→「彼の努力」という語順で書きましょう。「A は B によるものだ」は〈owe A to B〉と表します。
4「限ってください」→「あなたのスピーチは(を)」→「10 分に」という語順で書きましょう。「A を B に限る」は〈limit A to B〉と表します。

2 1「A を B に関連付ける」は〈relate A to B〉と表します。
2「A は B に結びついている」は「結びつけられる」と考えて,〈A is linked to B〉と表します。is linked は be 動詞+過去分詞で受動態「～られる」の形をとっています。
3「A は B に起因する(と考える)」は〈attribute A to B〉と表します。

復習タイム

270 ～ 271 ページ

1 1) ③ 2) ① 3) ④
4) ③ 5) ①

解説

1) 訳 このカフェでは通常, 10 月にパンプキンパイを提供します。
解説 空欄直後の名詞 October「10 月」が最大のヒント。「月」の前に置く前置詞は③ in で,これが正解です。in は「月」以外にも「年」「場所」「乗り物」とともに使います。他の選択肢を見てみると,① at は「時刻」や「地点」,② on は「曜日」

や「接着」するもの，④ to は「～へ」という到達点を示すときに使います。

2）訳 今年の年末までにその書類を提出してください。

解説 空欄直後の the end of this year「今年の年末」とこの文の動詞 turn in「提出する」が正解への鍵です。「今年の年末までに提出する」という「期限」を示せるのは① by「までに」で，これが正解です。他の選択肢は，② until「～まで」，③ with「～とともに」，④ to「～へ」です。特に「期限」の by と「期間」の until はしっかり区別しましょう。

3）訳 この建物の後ろに大きなスーパーマーケットがあります。

解説 建物の位置を表す文で，空欄直後の this building「この建物」と相性のいい前置詞を選びます。「この建物の後ろに」という表現になる④ behind「後ろに」が正解です。他の選択肢は，① above「上方に」，② below「下方に」，③ across「～を渡って」で，どれもこの文には不適切です。文頭の There is 単数名詞 / There are 複数名詞は「～がある」というフレーズです。

4）訳 私たちは会議であなたの意見に反対しませんでした。

解説 空欄直後の your opinion「あなたの意見」とともに用いて自然な文脈になるものを選びます。③ against には「～に対して」「～に反対する」という意味があり，「意見に反対する」と組み合せることができます。よって，これが正解です。他の選択肢は，① of「～の」，② off「～から離れて」，④ through「～を通って」という前置詞です。

5）訳 限られた時間にもかかわらず，彼らは顧客からの要求にすべて応えました。

解説 前半の内容と，後半の内容がつながる前置詞句を選びます。前半では「限られた時間」と述べられ，後半では「すべての要求に応えた」とあり，自然なつながりになる① In spite of「～にもかかわらず」が正解です。他の選択肢は，② Because of「～のため」，③ Instead of「～の代わりに」，④ On behalf of「～を代表して」で，どれもこの文には不適切です。

2
1）The government will provide students with enough scholarships.
2）The new system prevented its users from making simple mistakes.
3）Please inform us of your current health status.

解説

1）解説 与えられた単語 government「政府」を主語にして，provide「提供する」を動詞として使います。特定の政府を指した文と考えて，government には定冠詞の the をつけます。「提供するでしょう」という推定なので助動詞 will をつけて，The government will provide とします。provide は，〈provide 人 with もの〉という形をとるので，「人」の部分に students（学生）を，「もの」の部分には与えられた単語 scholarships「奨学金」を入れます。「十分な」enough は scholarships の前に入れて，provide students with enough scholarships とし，The government will の後に続ければ完成です。

2）解説 与えられた単語 prevent「防ぐ」は，〈prevent 人 from ことがら〉という形をとるので，「人」の部分に users「ユーザー」を，「ことがら」の部分に making simple mistakes「単純な間違いをすること」を入れましょう。動詞 prevent を過去形 prevented にし，users の前に，「その（システムの）ユーザー」ということを表す代名詞の所有格 its もつけ加えて，prevented its users from making simple mistakes とします。主語の The new system「新しいシステム」の後ろに続ければ，完成です。

3）解説 与えられた単語 inform「知らせる」は，〈inform 人 of ことがら〉という形をとるので，「人」に us（私たち），「ことがら」に your current health status（あなたの現在の健康状態）を入れます。「お知らせください」という文なので，文頭に Please を置いて，inform us of your current health status と続ければ完成です。

もっとくわしく

動詞＋「人」＋前置詞をセットで覚える

上の問題 1）〈provide 人 with もの〉，2）

〈prevent 人 from ことがら〉, 3)〈inform 人 of ことがら〉などのように，英語には動詞の後ろに目的語として「人」を置き，それぞれ相性のいい前置詞をその後に置く場合が多数あります。動詞を意味だけではなく，その後に続く目的語や相性のいい前置詞もセットで覚えるようにしましょう。

3 The teacher is looking for his watch.

解説

解説 与えられた単語 teacher「先生」を主語にして文を始めましょう。イラストの中の特定の「先生」なので，定冠詞 the をつけて The teacher とします。「探している」という進行中の動作を表す時は現在進行形(be 動詞＋現在分詞)を使います。与えられた単語 look は for とあわせて「探す」という意味になるので，The teacher is looking for としましょう。先生は自分の腕時計を探しているので，与えられた単語 watch（腕時計）に代名詞の所有格 his をつけた his watch を続ければ，完成です。

96 接続詞の種類

275 ページ

1
1 but
2 for
3 and
4 not, only, but, also

2
1 Yusuke is good at both fishing and cooking
2 Get up right now, or you will be late for the concert
3 It was cold outside, so I wore a jacket

解答のヒント

1 1「〜ですが」という逆接の等位接続詞は but です。
2「〜ので」「というのも〜」という理由を表す等位接続詞は for です。文をカンマで区切った後に for を置くのが通例です。
3「そして」「〜して」という順接の等位接続詞は and です。
4「A だけでなく B も」は not only A but also B と表します。

2 1「ユウスケは」→「得意です」→「両方」→「釣りも」→「料理も」という語順で書きましょう。「〜が得意」は be good at,「A も B も両方とも」は both A and B と表します。
2「起きなさい」→「今すぐ」→「さもないと」→「遅れますよ」→「コンサートに」という語順で書きましょう。「〜しないと…」「さもないと」は，命令文の後にカンマと等位接続詞 or を置くことで表します。「遅れますよ」の前には，主語 you(あなた)を補って書きましょう。また「〜に遅れますよ」というのはこれからのことなので，未来を表す助動詞 will を伴って will be late for としましょう。
3 気温や天気を表す文の主語は It から書き出しましょう。「寒かった」→「外が」→「なので」→「私は」→「着ました」→「ジャケットを」という語順で書きましょう。「〜なので」は，文中でカンマの後に等位接続詞 so を置いて表します。「着ました」wore は動詞 wear の過去形です。

97「理由」を表す接続詞

277 ページ

1
1 Hanako wants to practice calligraphy, she wakes up early
2 Kaede's cat broke this toy, she bought another
3 put off the meeting because some of them were absent
4 sing this song since we all know the lyrics

2
1 Risa is happy because she passed a difficult exam
2 As the rain had stopped, Ms.[Mr.] Matsumoto went on a picnic

解答のヒント

1 1 文頭の As は「〜なので」という従属接続詞で，後ろには理由を置きます。「ハナコは」→「練習をしたい」→「書道の」→「彼女は」→「起きます」→「早く」という語順で書きましょう。「練習をしたい」は wants to practice,「起きる」は wakes up です。

2 文頭の Because は「～なので」という従属接続詞で，後ろには理由を置きます。「カエデのネコが」→「壊した」→「このおもちゃを」→「彼女は」→「買いました」→「別のおもちゃを」という語順で書きましょう。2回目の「おもちゃ」は，「別のもの」という意味が表せる不定代名詞 another を使いましょう。

3「彼らは」→「延期しました」→「会議を」→「何人かが」→「欠席だった」という語順で書きましょう。some of them「何人かが」以降の文が始まる前に，従属接続詞 because（～なので）を置いて，文と文をつなげましょう。「延期しました」は put off,「欠席だった」は were absent と表します。

4 文頭の Let's「～しましょう」の後ろには動詞の原形を置きます。「歌いましょう」→「この歌を」→「私たち全員」→「知っている」→「歌詞を」という語順で書きましょう。we all「私たち全員」以降の文が始まる前に，従属接続詞 since「～なので」を置いて，文と文をつなげましょう。

2 1「リサは」→「うれしいです」→「彼女は」→「合格した」→「難しい試験に」という語順で書きましょう。she「彼女は」以降の文が始まる前に，従属接続詞 because（～なので）を置いて，文と文をつなげましょう。「合格した」は動詞 pass の過去形 passed を使いましょう。

2 文頭に理由を表す従属接続詞 As を置いて書き出しましょう。その後は「雨が」→「止んだ」→「マツモトさんは」→「出かけました」→「ピクニックに」という語順で書きましょう。「ピクニックに出かけた」という過去の出来事よりもさらに前に，「雨が止んだ」と考えられます。「止んだ」は「出かけた」という過去の時点までに「止んでいた」ということを表す過去完了形を用いて had stopped とします。

98「目的」「結果」を表す接続詞(句)

279 ページ

1 1 ((In case) / In order that) it snowed, Kyoka left home early.

2 They study English hard (in case / (in order that)) they may live abroad.

3 He won't drive ((for fear that) / such that) he'll have another accident.

4 Your mother is (so / (such)) a cheerful person that everyone likes her.

2 1 Take some coins lest some shops don't accept electronic payment

2 Haruka bought many snacks in case her son wanted to eat something

解答のヒント

1 1 後ろに万が一起こるかもしれない状況を示す文を置いて「～に備えて」を表すのは in case です。

2 後ろに目的を示す文を置いて「～するために」を表すのは in order that です。

3 後ろにネガティブな状況を示す文を置いて「～することを恐れて」を表すのは for fear that です。

4 後ろに〈冠詞＋形容詞＋名詞＋that〉を置いて「とても～なので」を表すのは such です。

2 1「持っていってください」→「コインを」→「(いくつかの)お店もあるといけないので」→「受け付けていない」→「電子決済を」という語順で書きましょう。「(いくつかの)お店もある」some shops 以降の文が始まる前に，接続詞 lest（～するといけないので）を置いて，文と文をつなげましょう。

2「ハルカは」→「買いました」→「たくさんのおやつを」→「～に備えて」→「(彼女の)息子が」→「食べたい」→「何かを」という語順で書きましょう。her son「(彼女の)息子が」以降の文が始まる前に，接続詞句 in case「～に備えて」を置いて，文と文をつなげましょう。In case で始まるカタマリから文を始めることもできます。

99「時」を表す接続詞(句)

281 ページ

1 1 Once

2 until[till]

3 by, the, time

4 before

2 1 While I was studying in the library, I met my best friend. / I met my best friend while I was studying in the library.

2 When she reads a book, Miho usually takes notes. / Miho usually takes notes when she reads a book.

解答のヒント

1 1 後ろに文を置いて「一度～したら」ということを表す接続詞は once です。
2 後ろに文を置いて「～するまで」ということを表す接続詞は until です。
3 後ろに文を置いて「～する頃には」ということを表す接続詞句は by the time です。
4 後ろに文を置いて「～する前に」ということを表す接続詞は before です。

2 1「～している間に」を表す接続詞 while を文頭に置く場合は，その後ろに「私は」→「勉強していた」→「図書館で」→「私は」→「会いました」→「(私の)親友に」という語順で書きましょう。この場合,「図書館で」の後にカンマを置きましょう。「勉強していた」は過去の進行中の動作を表す〈be 動詞＋現在分詞〉の過去進行形 was studying で表します。「私は」→「会った」→「(私の)親友に」の後ろに while を置いて，残りの部分を続けることもできます。
2「～するとき」を表す接続詞 when を文頭に置く場合は,その後ろに「ミホは」→「読む」→「本を」→「彼女は」→「たいてい取ります」→「メモを」という語順で書きましょう。この場合,「本を」の後にカンマを置きましょう。「ミホは」→「たいてい取ります」→「メモを」の後ろに when を置いて，残りの部分を続けることもできます。

100「条件」「譲歩」を表す接続詞(句)

283 ページ

1 1 (If / (Unless)) he concentrates, he can't play the piano well.
2 The concert will be held ((as long as) / as far as) the weather permits.
3 (But / (Although)) Ms. Fujii was very busy, she kept studying English.
4 I want to go there ((even if) / even though) it snows tomorrow.

2 1 you are tired, eat your favorite food and sleep well
2 far as Akiko knows, the store is open today

解答のヒント

1 1 後ろに文を置いて「～しないと」という意味を表す接続詞は unless です。
2 後ろに文を置いて「～する限り」という条件を表す接続詞は as long as です。
3 後ろに文を置いて「～にもかかわらず」という譲歩を表す接続詞は although です。
4 後ろに仮定を含む文を置いて「たとえ～だとしても」という譲歩を表す接続詞は even if です。

2 1 文頭の接続詞 If（もし)の後に，主語 you（あなた)を補います。その後は「疲れたら」→「食べて」→「(あなたの)一番好きな食べ物を」→「そして」→「眠りましょう」→「よく」という語順で書きましょう。「疲れたら」の後にはカンマを置いて，文を区切ります。
2「～する限り」には文頭の As を含む As far as という接続詞句を使いましょう。その後は,「アキコが」→「知る」→「その店は」→「開いています」→「今日」という語順で書きましょう。「知る」の後にはカンマを置いて，文を区切ります。

復習タイム

284 ～ 285 ページ

1 1)② 2)① 3)③
4)① 5)②

解説

1) 訳 あのドラマを一度見たら，あの俳優を決して忘れないでしょう。
解説 適切な接続詞を選ぶ問題です。その場合は，まず文の前半と後半の文脈を確認します。前半は「あのドラマを見る」で，後半は「その俳優を忘れないでしょう」という内容です。これらの内容をつないで最も自然な流れになるのは② Once「一度～したら」で，これが正解です。他の選択肢は，① Though「～ではあるが」，③ Before「～する前に」，④ For「～なので」です。
2) 訳 電車が止まらなければ，私は時間通りに空港に着きます。

解説 これも適切な接続詞を選ぶために，文の前半と後半の文脈を確認します。前半は「電車が止まる」で，後半は「私は時間通りに空港に着くだろう」という内容です。これらの内容をつないで最も自然な流れになるのは① Unless「～しないなら」で，これが正解です。他の選択肢は，② If「もし～ならば」，③ As long as「～する限りは，～さえすれば，～するだけずっと」，④ As far as「～する限りは，～（という遠いところ）まで」です。選択肢をひとつひとつ当てはめて，最も文脈にあうものを選びましょう。前の(1)でもこの問題でもメインの文は未来の文ですが，「～したら」「～しなければ」という従属節は現在形になっていることに注意しましょう。

3）訳 彼は寝坊するのではないかと恐れて，いつもアラームをセットしています。

解説 適切な接続詞句を選ぶ問題です。空欄の前後の内容を確認しましょう。空欄の前は「彼はいつもアラームをセットする」で，空欄の後は「彼は寝過ごす」という内容です。これらの内容をつないで最も自然な流れになるのは③ for fear that「～することを恐れて」で，これが正解です。空欄が文中にある場合には，空欄の後から前，という順で内容を確認すると，適切な文脈が読み取れます。他の選択肢は，① in order that「～するために」，② such that「～であるような」，④ so that「～するように」です。

4）訳 私たちは友達が来るときまでには駅に着いているでしょう。

解説 この問題でも適切な接続詞(句)を選びます。空欄の前の内容は「私たちは駅に到着しているだろう」で，空欄の後は「私たちの友達が来る」です。空欄が文中にあるので，空欄の後ろから前の順で内容を確認して，最も自然な流れになるのは① by the time「～するときまでには」で，これが正解です。これは完了形とともに用いられることが多い接続詞句なので，空欄の前の動詞が未来完了形の will have arrived で「(未来のある時点ですでに)到着しているだろう」となっていることも大きなヒントになります。他の選択肢は，② since「～なので，～して以来(ずっと)」，③ as「～なので，～のように，～のままに，～につれて，～している最中に，～だけども」，④ because「～なので」です。

5）訳 この本は読みにくかったですが，私は読み終えました。

解説 適切な接続詞を選ぶために，文の前半と後半の内容を確認しましょう。前半は「この本は読みにくい」で，後半は「私は読み終えた」という内容です。これらの内容をつないで最も自然な流れになるのは② Although「～ではあるが」で，これが正解です。他の選択肢は，① If「もし～ならば」，③ When「～するときに」，④ After「～した後に」です。

もっとくわしく

さまざまな意味をもつ as

4）の問題の選択肢③で登場した as。接続詞では「～なので」「～のように」「～のままに」「～につれて」「～している最中に」「～だけども」と文脈に応じてさまざまな意味を表します。接続詞の as は後ろに〈主語＋動詞〉が続きますが，as は前置詞としての役割ももち，後ろに名詞を置くことができます。ただしその場合は「～として」というまた違う意味になります。なんと多様な意味をもつ，守備範囲の広い単語でしょう！　文中で as が登場したら，as に続く形と内容をしっかり見極めましょう。

2
1）As far as we knew, he was the best leader on this team.
2）Even if he were tired, he would keep practicing the piano.
3）In case you forget my phone number, I will tell[give] you my email address.

解説

1）解説 文の前半の「私たちが知る限り」は，与えられた単語 far を使って As far as we knew とします。文末が「～でした」と過去形になっているので，動詞 know を過去形 knew にすることをお忘れなく。日本語同様，ここで内容が区切れるので，この後にカンマを置きます。文の後半は，「彼は」→「～だった」→「最高のリーダー」→「このチームで」という語順にして，he was the best leader on this team とします。

2）解説 文の前半の「たとえ疲れていても」は，与えられた単語 if を含む Even if で表せます。文後半に登場する主語「彼は」の he を使って Even if he were tired となります。現在の事実と異なる「仮定法過去」という形を作る場合，if 節の中で使う be 動詞はどんな主語が来ても were とするのが通例です。tired の後にはカンマを置き，後半の文を続けます。「仮定法過去」の主節（if 節ではない主語と動詞を含むカタマリ）では，助動詞 would をつけます。「彼はピアノの練習を続けるでしょう」は he would keep practicing the piano と表せます。「～し続ける」は keep＋-ing で表し，楽器「ピアノ」の前には定冠詞 the をつけます。

3）解説 文の前半の「あなたが私の電話番号を忘れた場合に備えて」は，与えられた単語 case を使って，in case「～した場合に備えて」というフレーズで表現できます。英文にするときには，「～した場合に備えて」→「あなたが」→「忘れる」→「私の電話番号を」という語順に組み替えて，In case you forget my phone number と表します。この後にカンマを置き，後半を続けます。「メールアドレスをお伝えします」は主語に I（私），「伝えます」というのは，これからすることなので，動詞の前に未来を表す助動詞 will を置いて，I will tell[give] you としましょう。「メールアドレス」の前には代名詞の所有格 my「私の」を補い my email address. とします。

2 Every morning, I eat breakfast after I wash my face.

解説

解説 与えられた単語 morning を使って，Every morning「毎朝」というフレーズを文頭に置き，カンマで区切ります。英語では「朝ごはんを食べる」→「洗顔した後」という語順にするのが自然なので，I eat breakfast after I wash my face. とします。このように「習慣」を表すときは，eat や wash というように動詞の現在形を用います。また名詞 face「顔」の前に，代名詞の所有格 my「私の」を補うことも忘れずに。every morning は文末に置いても OK です。